プランター　鉢　袋

でここまでできる

コンテナ菜園の
完全攻略レシピ

農文協

はじめに

『プランター・鉢・袋でここまでできる コンテナ菜園の完全攻略レシピ』というタイトルには、私のいくつかの思いを込めています。

「レシピ」というタイトルにしたのは、コンテナ菜園の手順や方法を料理のレシピのように豊富な写真で具体的にわかりやすく示したからです。読者が、まるで料理を作るように楽しみながら、ステップバイステップで野菜を育てることができるように工夫しました。

「コンテナ菜園」にしたのは、欧米では植物を育てる容器全般を「コンテナ」と総称するからです。日本では「プランター」という言葉が一般的に使われていますが、実際には鉢や袋なども含めた場合、「プランター」は容器のひとつの形態に過ぎず、広い意味では「コンテナ」のほうがより適切だというのが私の考えです。このため、本書ではプランター、鉢、袋を含めて「コンテナ」としています。

コンテナ栽培のメリットは次のように多岐にわたります。

- ベランダやバルコニー、屋上など少しの空間さえあれば手軽に始められる。
- 「遠くの畑より近くのコンテナ」。日々の変化を毎日確認でき、新鮮な野菜を収穫できる。
- 移動ができるので、台風などの悪天候から植物を守ることができる。
- 畑と比べて容易に新しい土に替えることができるので、土壌病害のリスクを減らせる。

私は、この本が畑での野菜栽培へのステップになると考えています。私自身がそうだったように、コンテナ菜園は、栽培の基本を理解するための貴重な学びの場となります。まずコンテナで成功体験を積むことで、将来的に畑で本格的な野菜栽培に挑戦する際の自信と知識を得ることができるでしょう。

この本が、皆さんの家庭菜園ライフを豊かにし、さらなる挑戦への第一歩となることを願っています。

２０２５年3月

淡野一郎

目次

栽培の基本 編

栽培編

葉菜類

果菜類

※本文中の太字は重要な園芸用語です。

- 栽培編の頁端にある品目ごとの種まき時期を示す 春まき 夏まき 秋まき 冬まき （インデックス）は、温暖地を基準にしています。
- 本書では種まきの粒数は予備分を考慮していません。例えばミニトマトは1鉢1株分の材料として、種は間引いて1株残すために3粒としています。実際の栽培では発芽率、病虫害などを考慮して、種や苗数を増やしてください。

栽培の基本編

ミニトマトを作って子どものお弁当に入れたい！
焼き肉を巻くために新鮮なサンチュを採りたい！
いいですねえ！　野菜を栽培したい理由は人それぞれ。
栽培は、種から、それとも苗から始めますか？
おっと、その前に今は育てるのに適した時期ですか？
どんな土を使いますか？　肥料の量は？
放っておいたら葉に穴が開いています。　さて何でしょう？
野菜の栽培は、料理のようなものです。
レシピに合わせて材料を揃え、分量を守り、手順にしたがい
栽培すれば、意外とうまく（成功体験）できます。

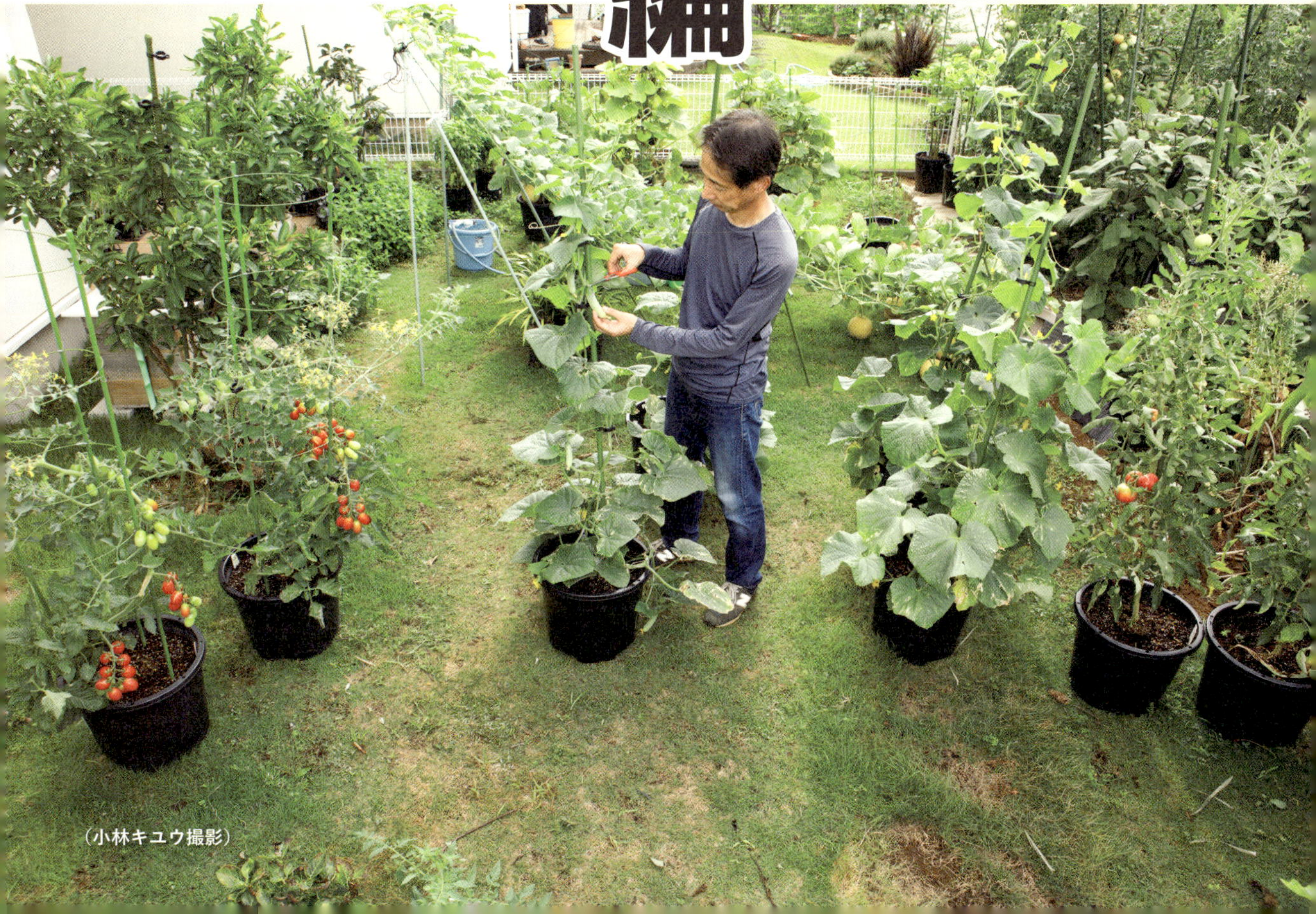

（小林キユウ撮影）

Step 1 野菜の好む環境で栽培しよう

原産地の環境に近づけるのがコツ

縦に長い日本列島は、地域によって気象や気候が異なります。自分が住んでいる地域の環境を知り、育てやすい時期を選んで栽培することが大切です。

ミニトマト、ダイコン、ホウレンソウなどの**品目**には、ミニトマトなら「アイコ」とか、ダイコンは「冬自慢」、ホウレンソウでは「ジャスティス」といった**品種**があります。品種は、目標とする性質や栽培する地域、季節などに応じてそれぞれ育てやすいように人の手が加わっています。品種は数限りなく増えても、基本的な性質はどれも共通していて、それぞれの植物が最初に自生した**原産地**、あるいは品目として発達した**2次中心**と呼ばれる第二の故郷の環境に合っています。例えば大玉トマトの原産地は南米のアンデス高地ですが、品目として成立したのは2次中心の北米はメキシコの標高２０００ｍ付近で、その環境の影響を強く受けています。

多くの野菜の原産地は日本以外にあります。原産地の気象・土壌・生物的な環境を知り再現することが、それぞれの野菜を上手に栽培する第一歩です。世界中の多様な環境を再現するなんて無理！と、あきらめなくても大丈夫。日本には四季があり、気温や日（夜）長などが季節により異なります。また南北に長く、標高の違いなどから、地域によっても気候は大きく異なります。この違いを利用すれば、原産地の異なるさまざまな野菜が栽培できます。原産地との多少の環境の違いは、栽培方法や品種の選択で工夫をすれば乗り切れます。

発芽や生育に適した温度が大事

自然環境には、気温や地温といった温度、日長、土壌などの要素があり、どれも大切ですが、中でも温度は重要です。発芽前後は土の温度である**地温**にとても敏感で、出芽後の生育は気温の影響を強く受けます。

生育ステージの最初である**発芽**（**↓21頁**）に適した地温を、**発芽適温**といいます。出芽後は、品目ごとに生育できる気温の温度域（**生育温度**）があります。この温度域の中でも特に光合成が盛んで、最も成長が早く生育に適した気温の範囲を**生育適温**といいます。生育適温は、一生を通じて常に同じではなく、多くは生育ステージごとに異なります。その変化は一般に原産地の気温の変化に合っています。

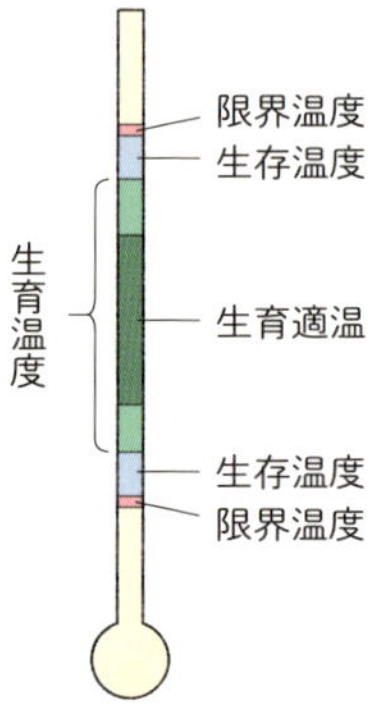

図1　生育と温度

ダイコンなら秋まきが一番育てやすい

生育ステージごとの適温の変化が、1年のうちのどこかの気温変化に合っている場合は、そこがその作物にとって最も栽培しやすい時期になります。このような時期にストレスなく育った野菜は味もよく、その収穫時期がいわゆる旬となります。

例えばダイコンは30℃ぐらいの暑さでも発芽できますが、生育のはじめは温暖、葉の数を増やす中頃からは冷涼、根が太る生育後期はさらに低い温度が適しています（➡100頁）。この生育適温の変化が、秋から冬の気温変化に合致していることから、ダイコンは秋まき秋冬どりが1年のうちで一番栽培しやすく、この時期がダイコンの旬となります。

適温を再現しよう

生育温度の最高と最低の外側には、障害を受けながらも、なんとか生きていける**生存温度**、さらにその高温側と低温側に短時間であれば耐えられる**限界温度**があります。これらは育苗の温度管理で特に必要になってきます。生育適温外の温度域で栽培したい場合は、暑さや寒さに強い品種を使い、資材を活用して生育に適した時期の環境を再現するようにします。

　例えばエダマメの発芽適温は25～30℃ですが、需要の多い夏に収穫するために地温の低い春に種まきします。この場合、早生品種を選び、加温して発芽させたり、フィルムをかけたトンネルで保温をして栽培したり、たいへん手間がかかります。

　ただし、夏まきなら十分に温度がとれるのでストレスフリーで栽培できます。トマトは6月、ナスは5月、トウモロコシは5～8月など、夏野菜の多くは、少し種まき時期をずらせば、手間をぐっと減らすことができ、秋に収穫できます。

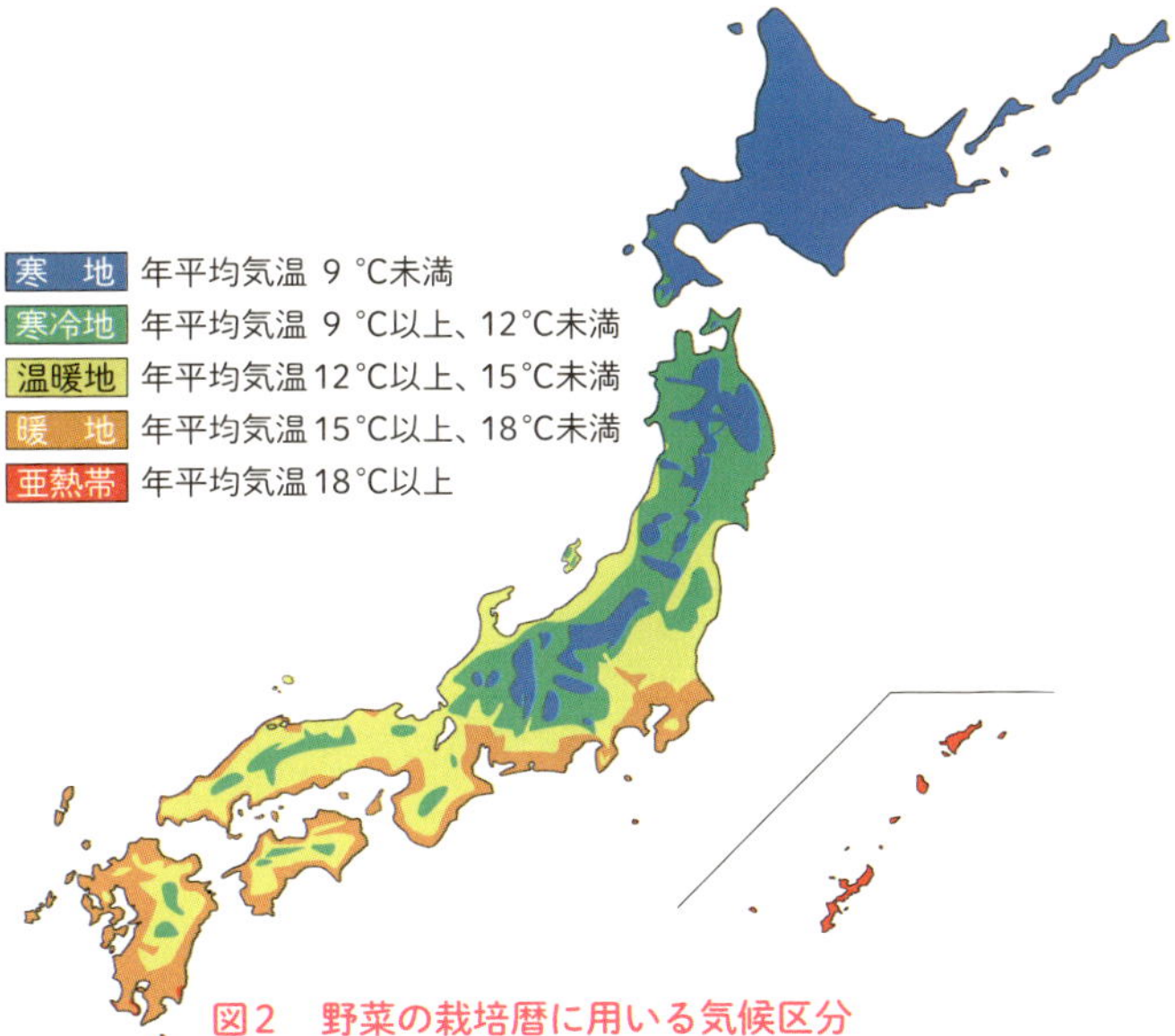

図2　野菜の栽培暦に用いる気候区分
1キロメッシュデータの平年値（1991～2020年）から作成

栽培する（住んでいる）場所の気候区分を知ろう

　自分が育てたい野菜、その中でも選んだ品種の栽培適期は、種袋などに記載された**栽培暦**で知ることができます（品目ごとの大まかな栽培時期は37頁からの「栽培編」の各品目の栽培暦を参照）。

　栽培暦は、多くの場合、横軸に月、縦軸は**気候区分**に従って作られています。暦を見るには自分の栽培（住んでいる）する場所が、どの気候区分に属するのか知る必要があります。

　農林水産省は、気候区分を年平均気温によって、大きく5つの地域に区分しています（図2）。年平均気温は、気象庁のホームページ（過去の気象データ検索 ＞ 平年値（年・月ごとの値））から、簡単に調べられます。それが左記のどの区分に当てはまるのか確認しましょう。

・寒　地：年平均気温9℃未満
・寒冷地：年平均気温9℃以上、12℃未満
・温暖地：年平均気温12℃以上、15℃未満
・暖　地：年平均気温15℃以上、18℃未満
・亜熱帯：年平均気温18℃以上

　例えば、筆者の住む横浜は16・2℃なので暖地です。少し前までは温暖地でしたが、温暖化で区分も大きく変わっています。

　ただし、暦によっては、寒地と寒冷地、あるいは暖地と亜熱帯をまとめて3区分で表現したり、温暖地を中間地と呼んだり、温暖地や暖地の標高が高く気温が低いところを高冷地とし、それに対して標高の低いところを平坦地として表現することもあります。

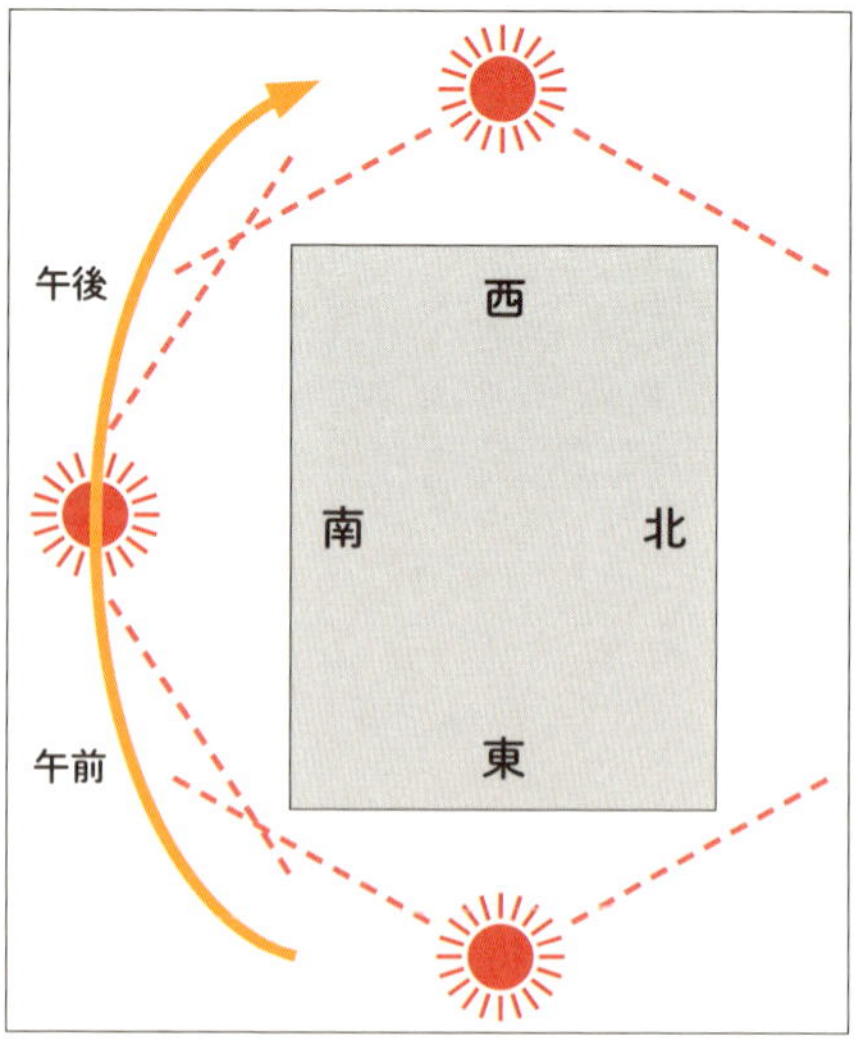

図3　方角ごとの日当たり

栽培場所の日当たりを考えよう

　野菜の多くは生育のために強い光を必要とします。日当たりがよい畑や広い庭などがあれば問題ないのですが、昨今の住宅事情では必ずしも栽培に適した環境に恵まれているとは限りません。幸いコンテナ栽培の利点は移動できることなので、ベランダ、バルコニー、屋上、テラス、エントランスまわり、庭先など日当たりと風通しのよい場所を選んで野菜を栽培できます。

　私たちの住む北半球では太陽は、南寄りに東から昇り、西へ沈みます。ベランダの場合、南向きが一番日の当たる時間が長くなります。次に植物が好むのが午前中の東からの光です。それは午前中にしっかり光合成できれば、午後は光合成によってできた糖やでんぷんなどをゆっくり分解して、エネルギーを取り出すことができるからです。次が西向きで、最後が北向きになります。北側は日当たりが期待できないので、栽培できる野菜はかなり限定されます。

　それでも日当たりが悪いからと野菜作りをあきらめる必要はありません。中には、半日陰、あるいは日射量の多い夏場などならば日陰でも育てられるものがあります。日当たりを好む野菜は6時間以上、半日陰でも育つ野菜は4時間ほど直射日光が必要です。栽培場所の日当たりに応じて野菜を選びましょう。

ベランダで日当たりをよくする工夫

　太陽の位置や出ている時間は、季節によっても大きく変わります。冬至（12月21日頃）は、一日のうちで太陽が一番南にくる南中の高度が32度しかなく、昼間が最も短くなります。逆に夏至（6月21日頃）は太陽が最も北に位置し、東京で南中高度は78度で、真上から照りつけているような感じになり、昼間が最も長くなります（図4）。

　ベランダのフェンスが格子の場合は太陽光を得やすく、冬は室内まで日が射します。

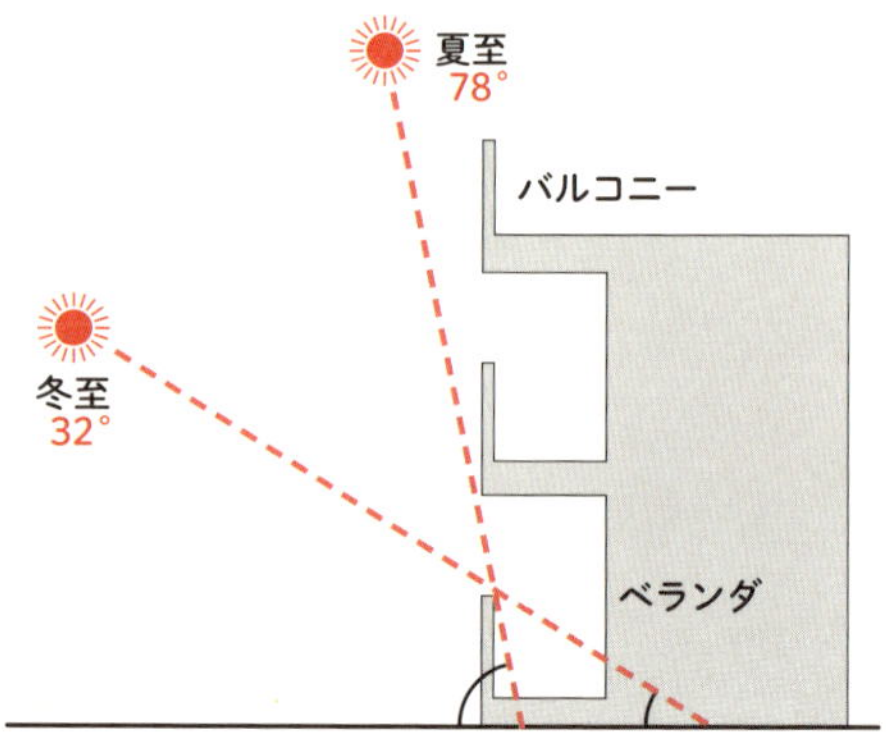

図4　季節による日照の違い

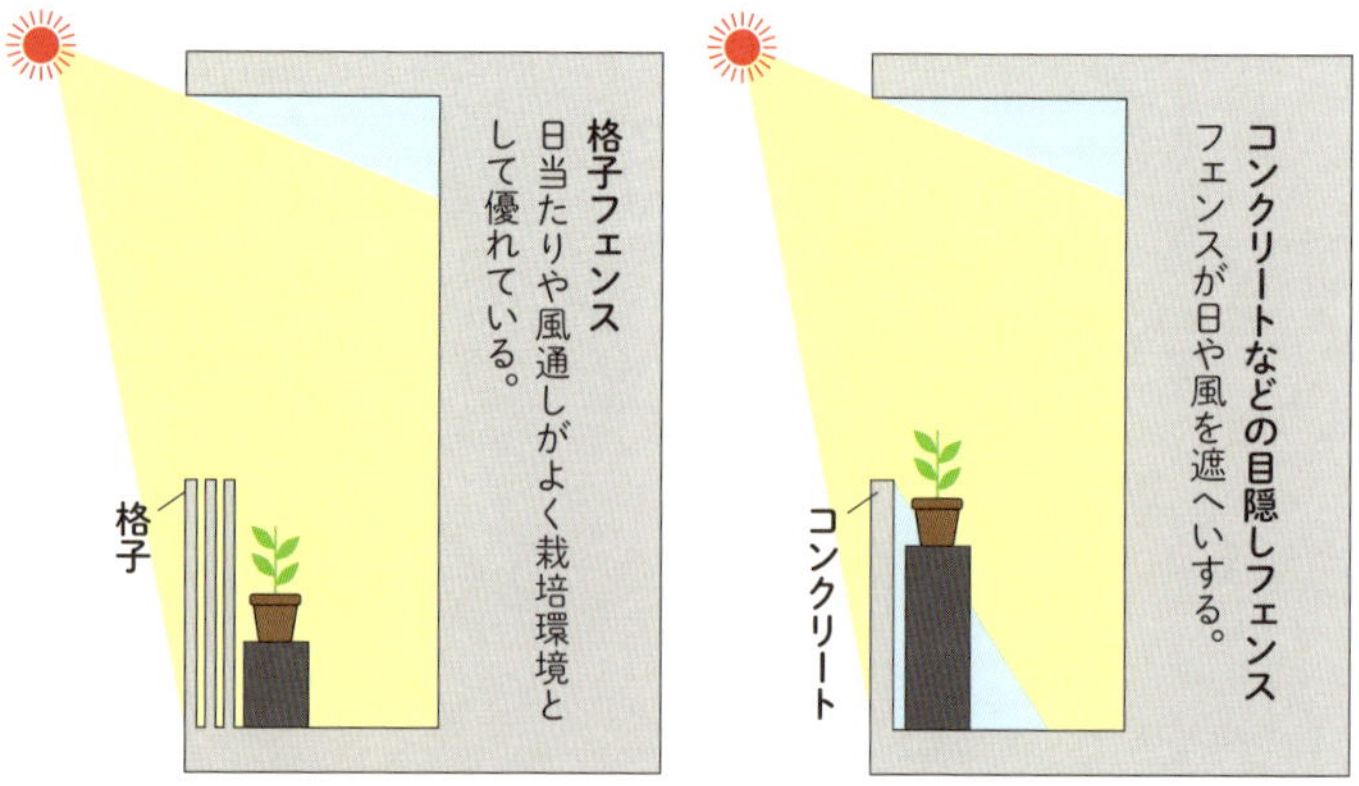

図5　フェンスの構造による栽培環境の違い

ベランダでの実際の栽培の様子

冬のベランダ　冬はベランダの奥まで日が入るので横方向に床面を活用する。

夏のベランダ　夏は日がベランダ内部に入りにくいので、縦方向にフェンス面を活用する。

一方でフェンスがコンクリートなどになっていると、低い位置からの太陽光が遮られて十分な太陽光が得られません（図5）。

近年、多くの集合住宅が、省エネ効果を期待して軒を張り出し、真夏の日中はベランダ内へ日が入らないように設計されています。そこで格子のフェンスの場合はコンテナをできるだけフェンスに寄せて植物に日を当てます。さらに1週間に1回はコンテナを回して植物にまんべんなく太陽光が当たるようにします。

フェンスがコンクリートの場合は、コンテナの位置を高くすることで日当たりを改善できるので、**L字ハンガー（フック）**や台などの上に載せるとよいでしょう。ただし台の使用は、誤って子どもが転落しないよう、注意が必要です。さらにフェンスの上にコンテナを置くのも危険なのでやめましょう。

集合住宅のベランダでは、その方角と構造に配慮して、一日のうちの日の当たる時間と一年を通した季節ごとに変わる日当たりに注意し、少しでも長く日が当たる場所を選びましょう。

季節ごとの品目選びと温度管理の工夫

植物は、発芽前後は地温の、出芽後は気温の影響を受けます。そこで土から芽を出すまでは発芽に適した地温の発芽適温を、土から芽が出たら生育に適した気温の生育適温が維持できるようにします。適温と四季の温度変化をできるだけ合わせることで、栽培は楽になり、旬の一番おいしい野菜を味わえるようになります。

春まき（2～5月まき）

種まきは早ければ2月下旬から始まります。発芽適温の最低温度が15℃でも発芽できる主にアブラナ科やネギなどの**葉菜**《ようさい》**類**やジャガイモなどの低温性作物のグループと、発芽に20℃以上の高温を必要とする主にナス科・ウリ科などの**果菜**《かさい》**類**、スイートコーンやオクラ、インゲンやエダマメなどのマメ類、さらにサツマイモやサトイモなどの高温性作物のグループに分けられます。いずれも発芽をそろえるために十分な温度をとる必要があります。

低温性の野菜でも強い寒さに弱いジャガイモなどは早い時期は簡単な保温が必要で、高温性作物は5月上旬頃までは加温や保温をします。

夏まき（6～8月まき）

夏まきは比較的高温（25～30℃）でも発芽し、生育適温が概ね20℃未満で秋から冬にかけてある低温性作物のアブラナ科のキャベツ類、ニンジンなどの普通栽培がこれに当たります。また、春まきで登場した高温性作物のトマトやナス、スイートコーンやマメ類なども夏まきができます。キャベツ類は、強い日差しと高温下で育苗するため、半日陰や遮光ネットを使い、風通しもよくして栽培します。高温性作物は、適温で種まきできるので、春まきよりも栽培しやすい抑制栽培（晩まき）という作型になります。それぞれ適した品種を選び、秋の気温低下を考慮して栽培を計画します。

秋まき（9～11月まき）

秋に種をまいて年内、もしくは年明けに収穫する野菜で、いずれも生育適温が20℃未満の冷涼な気温を好む低温性作物です。高温性作物は生育適温の幅が8～10℃ほどあるのに対し、低温性作物はその幅が5℃ほどと狭いのです。秋は、冬に向けて気温が急激に下がるので、種まきできる時期が限られています。「種まきが1日違うと収穫が3日遅くなる」といわれ、時期を逃すと生育が極端に遅くなります。地域ごとの適期を逃さず種をまくことが大切で、寒い地域は特に顕著です。

コマツナなどアブラナ科のツケナ類やホウレンソウなどの葉菜類、ダイコンやカブといった**根菜《こんさい》類**をまきます。ツケナ類は春になるとトウが立ち、ナバナとして食べることもできます。

冬まき（12～2月まき）

耐寒性とは、0℃以下の低温に耐えられる性質のことで、低温性作物の中でも特に最低気温が0℃でも耐えられる野菜で、ホウレンソウ、ツケナ類、ルッコラなどがあります。しかし、これらの野菜も生育温度は0℃より高く、発芽や生育の適温は15～20℃ほどなので、園芸用フィルムなどのトンネルで保温して栽培します。

育てやすい野菜、難しい野菜

野菜は収穫する部位によって、葉や花蕾（**➡60、62頁**）部分を収穫する葉菜類、地下の塊根や塊茎などを収穫する根菜類、果実や子実を収穫する果菜類に分類できます。

種をまいて最初に出るのは子葉ですが、その後出てくる本葉の数を増やせば収穫できる葉菜類は、栽培が簡単で比較的短い期間で収穫できます。さらに葉で作った栄養分で根などを肥大させる根菜類は中ぐらいの難しさです。一番難しいのが果菜類。これは体を作った後に、花を咲かせてからやっと果実や子実を作ることから、時間やさまざまな技術が必要になるためです。

同じ土で続けて作れない野菜

植物分類上の同じ科の野菜を同じ土で続けて栽培することを**連作**といいます。連作すると、その野菜につきやすい病害虫が増えたり、生育を阻害する物質が蓄積したり、特定の養分が欠乏するなどして、通常の生育が妨げられることがあります。これを**連作障害**といい、障害の出やすさは野菜の種類によって異なります。

トマトやナスなどのナス科、インゲンやサヤエンドウ、ソラマメなどのマメ科、キュウリやスイカ、メロンなどのウリ科の野菜は特に連作障害が出やすいので、同じ土を使う場合、次は他の科の野菜を作り、最初の科の野菜は3～4作（1年に1作なら3～4年はあける）は栽培しない**輪作**をしましょう。ただし、その都度、土の消毒（**➡36頁**）をすれば続けて栽培できます。アブラナ科の野菜やウリ科でもカボチャなどは連作障害が出にくく続けて栽培できる野菜です。

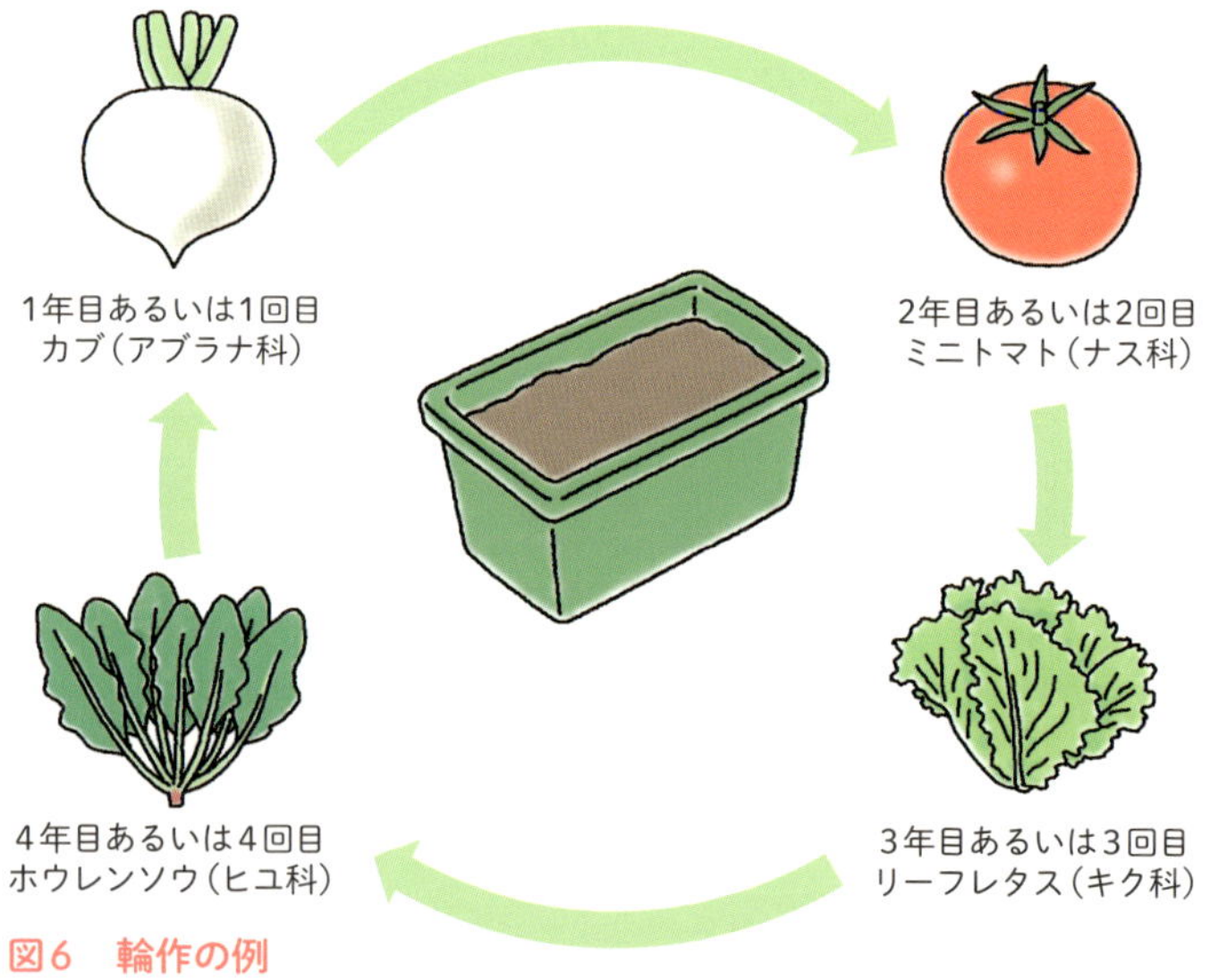

図6　輪作の例

Step 2

栽培の準備をしよう

コンテナとは？

コンテナとは、野菜を育てるための容器のことです。形や素材、大きさはさまざまで、栽培する野菜の種類、栽培方法、ライフシーンに合わせた見せ方などを考慮して選びます。ここでは、収穫時点で使うコンテナを紹介します。種まき・育苗のためのコンテナは、種まき（↓24頁）で説明します。

〈種類〉主に1株なら鉢や袋、複数ならプランター

コンテナには円形の鉢（ポット）、長方形のプランター、袋などがあります。

鉢（ポット）　鉢には丸や四角のものがありますが、丸型の鉢は、大きさが豊富で入手しやすいので、広く使われます。また、鉢では主に1鉢で1株を栽培します。鉢を回すことで株全体に光を当てられるという利点もあります。

プランター　上から見ると長方形をした容器です。大きさや深さの違いなどでさまざまな種類があり、1個で複数の株を栽培するときに便利です。水抜き穴が側面下部に1～2個あるプランターは、底にすのこがあります。すのこは水切りや外部からのダンゴムシやナメクジなどの侵入を防ぐ効果も期待できます。ただし、筆者は少しでも多く土を入れたいので、すのこを外し、底にハンダゴテで穴を開けて使っています。最近はすのこがなく底全体にスリットが入った製品も増えているようです。

底に水抜きのためのスリットが入ったプランター

袋　培養土や肥料、コメの空き袋、厚手のごみ袋やレジ袋などを再利用しますが、最近は栽培専用の袋もあります。主に1袋で1株を栽培します。縁を巻き下げたり、上げたりできるので、根菜類などで土を足す際に深さの調整が簡単です。使用後は折りたたんで保管でき、場所をとりません。使う際には底に水抜き穴を開けます。ただし、自立性は低いので、草丈が高くならない葉菜類や根菜類の栽培に向いています。袋へひと手間かけると（↓101頁ダイコン）設置の際に収まりがよくなります。

〈素材〉プラスチック製がおすすめ

素材は素焼きや木、金属などの天然素材とプラスチックに分けられます。特に海外の素焼きの製品は見た目もお洒落です。多孔質なので通気性がよい反面、乾きやすく、割れやすく、重たく、高価なのが欠点です。重い＝倒れにくいので、プラスチックのコンテナを入れて装飾用に使うとよいでしょう。木製のコンテナは腐りやすいので、素焼き素材同様に装飾目的での利用が無難です。

機能性を求めるなら、ポリプロピレンやポリエチレン製のプラスチックのコンテナがおすすめ。軽く、割れにくく、乾きにくく、衛生的で移動しやすいといった多くの長所をもっています。

〈サイズ〉
品目と栽培方法に合わせる

鉢（ポット）のサイズは、直径3㎝（約1寸）を「号」という単位で表します。**10号鉢**は直径30㎝になります。支柱を使う大型の作物やつる性のものは大鉢が便利です。果菜類1株の植え付けには10号鉢（約15ℓ）以上の鉢を使います。このサイズでも夏は乾きやすかったり、草丈が伸びると風で倒れやすかったりするので、**13号鉢**（約25ℓ・直径39㎝）を使うとよいでしょう。

草丈が高くなる葉菜類（シソ、バジルなど）は**7号鉢**（5ℓ・直径21㎝）から。成長しながら果実をつける果菜類（トマト、ナス、ピーマンなど）、つる性果菜類（スイカ、メロンなど）や、マメ類（エンドウなど）などは10～13号の大鉢を使います。

プランターは、**小型**、**標準**、**深型**、**大型**などがあります。小型32や40などの小型プランター（長さ30～40㎝ほど）は、サイズが小さく、栽培期間が1カ月程度と短い葉菜（ベビーリーフ、サンチュ、コマツナなど）や根菜類（ハツカダイコンなど）が適しています。ベランダでは、太陽光が一方から射すので定期的にコンテナを回す必要があります。小型プランターならば女性や子どもでも動かしやすく、狭いベランダでも管理が楽なのでおすすめです。また、小型や標準サイズの場合、手すりに掛けられるL字ハンガー（フック）に載せることもできます。標準60や65などの標準プランター（長さ60～65㎝ほど）は、多くの葉菜類や、根が深く張らない根菜類（カブなど）、つるが伸びないマメ類（エダマメやサヤインゲンのつるなし品種など）の栽培や、小型プランターに適した野菜をより多く収穫したい場合にも向いています。深型55や70などの深型プランター（長さ55～70㎝・深さ32㎝ほど）と大型73や90などの大型プランター（長さ70～90㎝ほど）は、体が大きく、かつ複数株を植えたい野菜（スイートコーン、セルリー、ソラマメなど）が適しています。土を足しながら複数の株を栽培する野菜（根深ネギなど）も深型は重宝します。

袋は、14～30ℓサイズのものを使います。根が伸びる、あるいは土を足す根菜類（ダイコン、ゴボウ、ジャガイモなど）や、草丈の短い葉菜類（コマツナ、ホウレンソウなど）が適しています。また、深型プランターは場所をとり、重たいのが難点。その

鉢
①2.5号（0.2ℓ・直径7.5㎝×高さ6.4㎝）
②3号（0.3ℓ・直径9㎝×高さ7.5㎝）
③3.5号（0.6ℓ・直径10.5㎝×高さ9㎝）
④4号（0.7ℓ・直径12㎝×高さ10㎝）
⑤5号（1.5ℓ・直径15㎝×高さ13㎝）
⑥7号（5ℓ・直径21㎝×高さ21㎝）
⑦8号（7ℓ・直径24㎝×高さ24㎝）
⑧10号（15ℓ・直径30㎝×高さ30㎝）
⑨13号（25ℓ・直径39㎝×高さ31㎝）

プランター
①小型32（2.5ℓ・長さ32㎝×幅13㎝×深さ12㎝）
②小型40（5ℓ・長さ40㎝×幅16㎝×深さ14㎝）
③標準60（14ℓ・長さ60㎝×幅29㎝×深さ19㎝）
④深型55（26ℓ・長さ55㎝×幅30㎝×深さ32㎝）
⑤深型70（36ℓ・長さ70㎝×幅30㎝×深さ32㎝）
⑥大型73（45ℓ・長さ73㎝×幅40㎝×深さ27㎝）
⑦大型90（58ℓ・長さ90㎝×幅35㎝×深さ30㎝）

袋（空き袋）
①用土（25ℓ）、②肥料（30ℓ）の空き袋

場合、1株～数株単位を、袋を使って栽培します。

肥料を準備しよう

自然界では植物が落とした葉が、あるいは動物の糞や死骸などが、少しずつ微生物によって分解され、植物が必要とする養分は絶えず循環しています。それに対し、コンテナの環境は、落ち葉や動物の死骸などが絶えず供給されるわけではありません。しかも栽培用に作られた品種は野生種よりも品質が向上した分、多くの養分が必要です。収穫により使われた養分が戻されることもありません。

植物は、さまざまな成分からできています。水分を除くと92％が炭素（C）・酸素（O）・水素（H）で、残りの8％が13種類の成分からできています。この13種類は肥料で補う必要があります。中でも大量に必要な**窒素（N）**、**リン酸（P）**、**カリ（K）**は、**肥料の三要素**と呼ばれ、植物にとって主食に当たります。窒素は**葉肥《はごえ》**とも呼ばれ葉緑体などの主成分で葉や茎の成長を促し、葉色を濃くします。リン酸は**実肥《みごえ》**ともいいDNAなど核酸の成分で開花・結実、根の成長を促します。カリは**根肥《ねごえ》**といい、根や茎葉を強くして耐病性を高めます。

次に必要なカルシウム、マグネシウム、イオウは、副食のようなもので**中量要素**と呼ばれていますが、イオウは土に含まれ、カルシウムとマグネシウムは苦土石灰の施肥で十分補給できます。

残りの鉄、ホウ素など7種類の成分は**微量要素**と呼ばれ、ビタミンのような働きをします。これらは堆肥や腐葉土など有機質肥料を施すことで補給できます。

肥料の三要素は、通常は種まきや苗の植え付け前に施す**元肥**を中心に施します。元肥だけで肥料の効果が収穫まで維持できない場合は、**追肥**で後から肥料を補います。

0・01gから量れる電子ばかりは、微量の肥料や農薬を量るのに便利です**（↓栽培編の各品目頁参照）**。頻繁に使うので重宝します。

電子ばかり

極意

コンテナは地面や床に直置きしない

コンテナを地面や床に直接置くことはすすめられません。直接置くと次のような問題が起きます。

1. 底から水がうまく抜けず土が過湿になる。
2. ダンゴムシやナメクジなどが侵入しやすくなる。
3. 風通しが悪くなる。
4. 日当たりが改善されない。

コンテナの下にすのこなどを敷くのもよいですが、代わりにポリ鉢を入れるシステムトレーがおすすめです。

ホームセンターや園芸店で購入した苗の持ち帰り用に置いてあるので、これを入手して逆さにして敷き、その上に鉢やプランター、箱に入れたセルトレーを置き、地面との間に空間を作ります。水はけがよくなり、穴から根が出ないので、しっかりした根鉢ができます。プラスチック製で腐らず、ベランダや庭の芝の傷みも減らせます。土が乾きにくいと普段感じている方は積極的に取り入れてください。ただし、深型や大型プランター、大鉢を載せるとつぶれてしまうので、その場合は直置きもやむをえないでしょう。

ベランダに敷いたシステムトレー

化学肥料と有機質肥料

肥料の三要素を主成分とする肥料には、工業的に作られた**化学（無機質）肥料**と、動植物を原料とした**有機質肥料**があります。

化学肥料は、石油から作ると勘違いしている人が多いですが、原料は空気や水、鉱物です。化学合成や採掘のためのエネルギーとして石油や天然ガスが使われています（窒素肥料の原料であるアンモニアの製造に使われる水素の原料として、水の代わりに天然ガスなどが使われることがある）。衛生的で、保存でき、使いやすい形に加工されています。肥料成分の量は袋などに成分比として、全体を100とした時、各成分の重量を**N（窒素）－P（リン酸）－K（カリ）**の順番に表現します。例えば、8－8－8と表記された化学肥料は、窒素、リン酸、カリを化学合成し100g中に8g（8％）ずつを混合した**化成肥料**です。

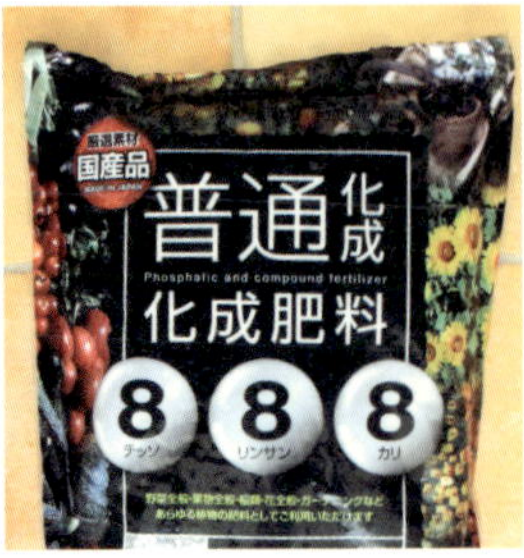

袋に書かれた肥料成分

「8-8-8」とは、肥料100g中に窒素、リン酸、カリがそれぞれ8g含まれていることを示している。

コンテナ栽培で使う主な肥料

有機配合肥料

油かすなどの遅効性の有機質肥料に速効性の化学肥料を混ぜた1カ月ほど肥効が続く元肥向きの肥料。

化成肥料

窒素、リン酸、カリがバランスよく含まれ使いやすい。速効性の場合3～4週間で肥効が切れる。元肥・追肥両用肥料。

IB化成

緩効性の化成肥料で60～70日肥効が続く（**➜15頁参照**）。本書では（10–10–10）を使っている。

過リン酸石灰（過石）

速効性の元肥用のリン酸肥料で堆肥と一緒に施すと肥もちがよくなる。

熔成リン肥（熔リン）

緩効性の元肥用リン酸肥料。

硫酸カリ（硫加）

速効性の元肥・追肥用カリ肥料。

多くは固体ですが、液体で施す**液体肥料（液肥）**もあります。また、果菜類には実肥として**過リン酸石灰（過石）**や**熔成リン肥（熔リン）**、**重焼リン**などを、根菜類には根肥として**硫酸カリ（硫加）**を施すことがあります。

有機質肥料は、動物や植物が原料で、動物質の魚かす、骨粉などと、植物質の油かす、米ぬかなどがあります。いずれも土のなかで微生物の働きによって分解され、無機化されてから植物に利用されるので、効き目がゆっくりで、元肥として使うのが一般的です。**有機栽培**では欠かせませんが、供給量が安定しないので価格が高めで、成分が一定でないこと、虫やカビが発生しやすいなどの欠点もあります。また、生のまま土に入れると腐敗して根を傷めることがあるので、使い方に気をつけましょう。

ただし、最初から発酵させてある**発酵鶏ふん**、**ぼかし肥料**、有機質肥料に化学肥料が配合された**有機配合肥料**は肥料成分が早く、長く効き、使いやすい肥料です。

液体肥料（液肥）

化成肥料よりも速効性で、肥効は一般的に1週間ほどしかない。まめに施すことがコツ。写真は有機系の液肥。

速効・緩効・遅効性肥料

肥料成分は、土の温度や水分量、種類によって溶け出す量が異なります。肥料はその速さで**速効性**と**緩効性**、さらに**遅効性**に分類できます。特に成長に欠かせない窒素（N）の効き方に注意して肥料を選びます。

肥料成分がすぐ溶け出し、植物に吸収され、効果がすぐ表れる肥料を速効性肥料といいます。肥料の効果が地温の高い時期は1カ月ほどしか持続しません。短期間で収穫する葉菜類などでは元肥として使いますが、長く栽培する野菜では元肥の効果が切れる頃に施す追肥としても使われます。本書では速効性肥料として広く普及し入手しやすい**普通化成**（8―8―8）を使っています。

さて、肥料の施し方を私たちの普段の食事に置き換えてみましょう。1日1食、夕飯で1日分をドカ食いすると体によくないのと同じように、植物も元肥の肥料が切れて、空腹な状態で追肥として肥料をたくさんもらうと消化不良を起こしやすく、ストレスです。量は多くなくてよいので、コンスタントに養分が根から吸収できる状態が理想です。一つは速効性肥料をこまめに施す、あるいは薄めた液体肥料を水代わりに毎回使う方法ですが、なかなか手間がかかります。

緩効性肥料は、養分（肥料成分）が少しずつ溶け出して効果が持続する肥料です。適量を施すことで作物がいつでもご飯にありつけ健康的に育ちます。また、植物体内の窒素によってできる栄養（アミノ酸など）が急激に増えにくく、栄養のにおいを嗅ぎつけてやって来る害虫の被害を小さくでき、追肥の回数を減らせるメリットもあります。一方で、栽培期間の短い野菜には肥料分が無駄になってしまいます。

例えば、本書で使っている**IB化成**（**↓14頁**）は広く普及し、成分が安定している緩効性肥料です。窒素成分が加水分解されて効くタイプで、低温でも水さえあれば養分が溶け出て使えます。1粒の直径が5～10㎜（平均0・7g）の大粒で60～70日ほど効果が期待できます。

一方、**CDU化成**（CDUタマゴ化成、S555など）という化成肥料などは、主に微生物の分解によって成分が使えるようになるタイプです。そのため効き方は微生物の働きが大きく影響してきます。CDU化成は優れた緩効性肥料です。一袋20kg入りで量は多いのですが、JAなどで入手できます。

植物や動物が原料の有機質肥料の多くは、効き目が緩効性よりもさらに遅いため、遅効性肥料と呼ばれます。ゆっくり分解されて植物に利用されるので元肥として使うのが一般的です。土の改良用土として使われる完熟牛糞堆肥（**↓培養土の作り方19頁**）は、平均で2・3％の窒素を含んでいるので、施用時はその分を減らして施します。

極意

局所施肥なら ゆっくり長く効く

ここで肥料の窒素が植物に使われるまでを見てみましょう。例えばIB化成の場合は下の図のように窒素（N）の形態が変わります。

植物が使える窒素の形態は主に**硝酸態窒素**（一部**アンモニア態窒素**）です。IBDUが加水分解することで尿素がで

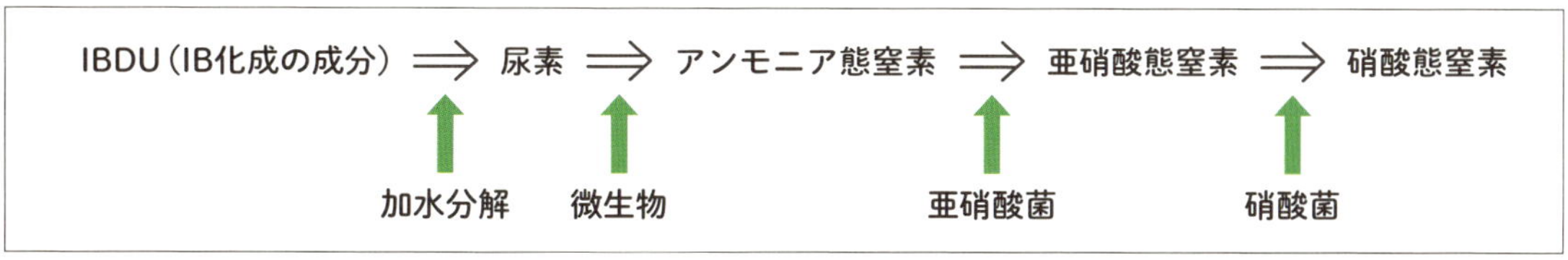

きます。意外かもしれませんが、その後は、土中の微生物によって形態が変わります。硝酸態窒素が主成分の肥料（チリ硝石など）は施肥後ただちに植物に使われますが、多くの肥料はそれ以外のどれかの形態をしています。

ポイントは微生物です。例えば私たちが料理に使う塩。適量なら料理の味を引き立てておいしさが増します。一方で濃すぎたらどうでしょう。塩でさえ毒になります。

これと同じように微生物は溶け出した成分を少しずつ分解しますが、1カ所にまとまってあると、微生物の分解は緩慢になります。この性質を活用したのが、**植穴施肥**で、速効性肥料も緩効性同様の効き方をします。これは**局所施肥**と呼ばれる方法のひとつです。施肥量を10～30％削減でき、環境負荷を減らせます。植物は肥料がまとまってあるところを避けて根を張るので、少しずつ、常に養分を使えます。結果的に健康な育ち方をし、環境にも、懐にもやさしい栽培方法です。果菜類（**↓トマト71頁、ナス76頁など**）で紹介しています。

土のpHを測定しよう

pHは土の酸性度合いを示す値です。土の**好適pH**は、野菜の種類により異なります（**↓巻末表参照**）。これは原産地の土の条件が大きく影響しています。多くの野菜は、**微酸性**（6・0～6・5）から**弱酸性**（5・5～5・9）の土が適しています。日本は雨が多く、大気中に溶けている炭酸ガスが雨水を酸性にし、この雨水が土壌を酸性にします。土が酸性（アルカリ性でも）になると養分が溶け出しにくくなります。特にリン酸はカルシウムとくっついた状態では使えますが、酸性ではリン酸が鉄やアルミニウムと結合するため、植物はリン酸を使えず欠乏しやすくなります。また、酸性だと根も傷み、栽培が難しくなります。

そこで、土のpHを矯正する必要が出てき

施肥量を計算しよう
——分量を守ることが成功の近道

野菜の栽培は料理によく似ています。成功への近道はレシピどおりにやってみること。そして分量を守ることです。特に肥料は多すぎれば病虫害が多発し、生育も悪くなり、環境へも影響します。

本書では、速効性肥料は普通化成（8-8-8）、緩効性肥料はIB化成（10-10-10）を使っていますが、ホームセンターやJAでは、いろいろな肥料が販売されていて、その成分量もさまざまです。

本書で解説している分量からそれらの肥料の量を換算できるので、ぜひやってみてください。

① 手持ちの肥料の効き方と成分量を確認

手元にある肥料が速効性の高度化成肥料（14-14-14）だとします。※窒素・リン酸・カリの成分量の合計が30％を超えると普通（低度）化成に対して高度化成と呼びます。

② 本書で使っている肥料の量から成分量を算出

施肥成分量＝施肥量×窒素成分（含有）割合…A

例えば、1株に速効性の化成肥料（8-8-8）を元肥として10g使うとします。これをAの式に当てはめると、施肥成分量は、10 g ×（8/100）=0.8 gと出ます。※1株当たりの成分量は巻末の表にも掲載しています。

③ ②の成分量から手持ちの肥料の施肥量を求める

施肥量＝施肥成分量÷窒素成分（含有）割合…B

1株の栽培に必要な窒素の成分量は0.8g、手持ちの化成肥料（14-14-14）は窒素を14％含むので、Bの式に当てはめると、化成肥料（14-14-14）の施肥量は、0.8 g ÷（14/100）≒ 5.7gと出ます。

肥料の種類によって、リン酸やカリの量が異なるものがありますが、まず窒素の量を基準に調整します。窒素成分同様、リン酸やカリの計算を行ない、リン酸やカリが多くなる場合はそのまま、少ない場合はリン酸は過リン酸石灰など、カリは硫酸カリで補います。

ます。まず市販の**pHメーター**や**pH測定液**を使ってpHを測定します。測定は作物の栽培後、または土を再生した後など肥料を施す前にします。理由は肥料分が残っていると正確なpHが測定できないためです。できれば**ECメーター**でECを測定し、ECが0・5mS/cm以上の場合はpHが低くても石灰質資材は施しません（**↓18頁**）。その上で、作物ごとの好適pHに至っていない場合は、**苦土石灰**、**消石灰**、**貝化石（有機石灰）**などの**石灰質資材**を用いてpHを矯正します。

施す量は、厳密には土の性質と腐植（植物などの有機物が微生物によって分解された物質）の量からpHを上げる際の石灰量を換算するためのアレニウス表で算出しますが、大まかには1ℓの土のpHを1・0上げるのに、苦土石灰なら1・0～1・5g（消石灰は2割減、貝化石は2割増）を施します。1年に1回は計測してpHの矯正をします。土壌pHが好適だと病害虫の軽減にもなります。

pH測定のための道具

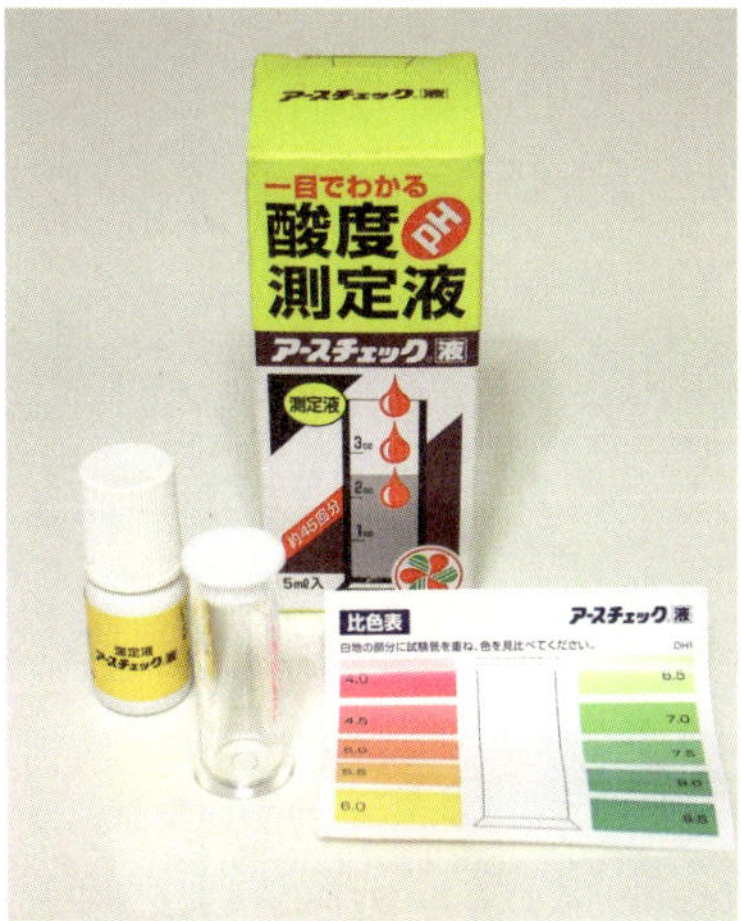

pH測定液（住友化学園芸アースチェック液）

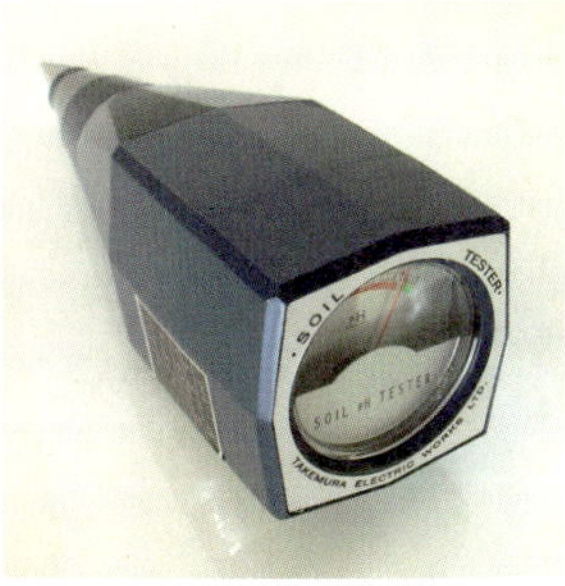

pHメーター（竹村電機製作所土壌酸度測定器 DM-13）

pH矯正に使う石灰質資材

苦土石灰

貝化石（有機石灰）

培養土を用意しよう

培養土とは、水もちがよく養分を蓄える赤玉土、田土などの**基本用土**、土を団粒化させることで水はけや通気性をよくする**腐葉土**や**牛ふん堆肥**などの有機物の**改良用土**、さらに通気性・保水性をよくする**バーミキュライト**や**鹿沼土**、**パーライト**などの**調整用土**を混ぜ、養分としての肥料や、野菜の好むpHに整える苦土石灰など石灰質資材を加えた土のことです。培養土は自分でも作れます（**↓19頁**）。基本がわかれば古い土の再生にも活用できます。

植物が好む団粒構造の土

植物が育つには、土に適度な水（20～30%）と空気（20～30%）が含まれている必要があります。なぜならば土中では根も呼吸していて、養分の吸収も空気の助けが必要だからです。

例えば、砂のように土の粒子が単一な土（**単粒構造**）は、水や空気があまり含まれていないので、植物を育てるのには向いていません。一方、土の粒子が団子状の塊になって集まった土（**団粒構造**）は、一つ一つの土の団子は水と肥料分を適度に保持でき、すき間部分は水や空気もよく通すため、植物の栽培に適しています（図7）。

この土団子は時間がたつと壊れてしまいます。土の粒子を団子状にするには、堆肥などの有機物を加えることです。有機物をエサとするミミズや微生物が生息して、納豆菌のネバネバが納豆の豆をつなぐように、彼らが出すネバネバが土の粒子を塊にしやすくします。石灰質資材にも同様の効果があります。石灰質資材はソバのつなぎの小麦粉のような役目を果たします。

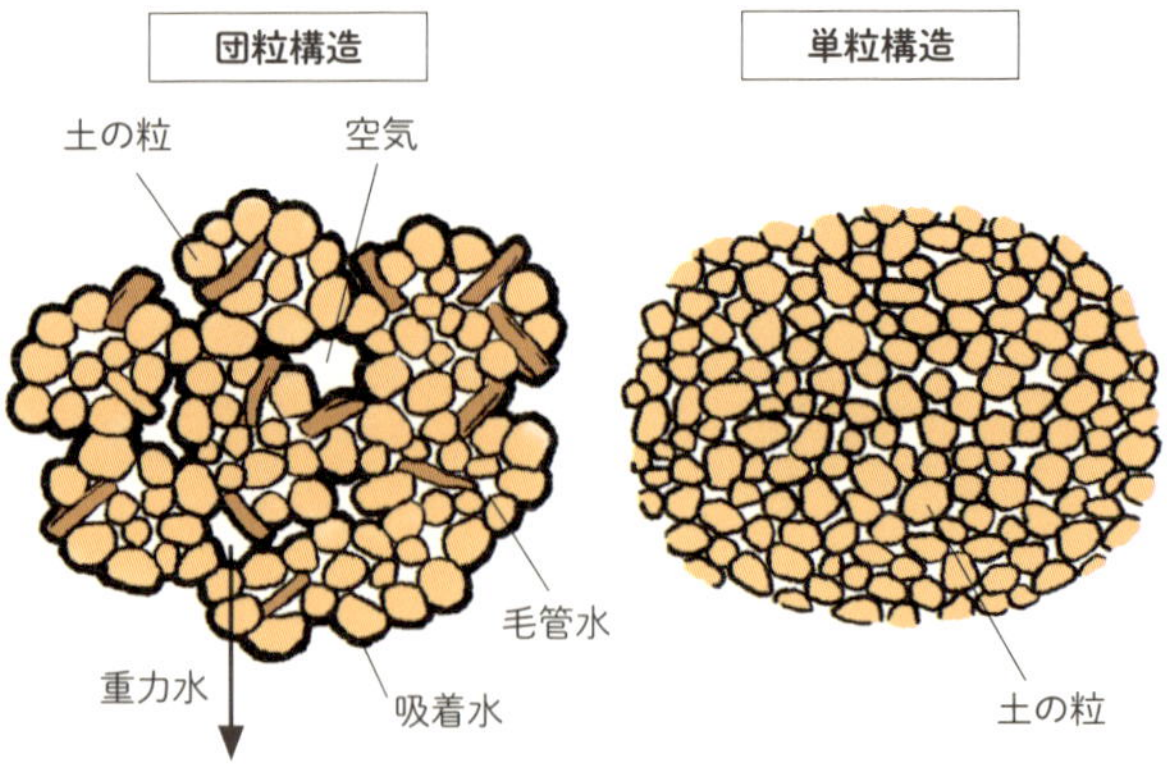

図7　単粒と団粒構造

市販の培養土

初心者は市販されている野菜用の培養土を使うとよいでしょう。pHが矯正され必要な肥料が添加されていればなお便利です。購入の際は、混ぜてある用土の種類、肥料の成分、pH、何を育てるための土か、メーカーがわかる品質のともなった製品を選びましょう（図8）。ただし、そういった土はとても高価です。

筆者は、新規に土を購入する際は、大手ホームセンターのオリジナル培養土（25ℓ・500円程度）を使っています。安さが魅力ですが、用土の種類の記載は「など」表記で曖昧、具体的なpHの表記はなく「調整済み」、肥料も「初期肥料入り」の記載のみです。情報としてかなりお粗末ですが、実際に測定してみると、pHは6.5で申し分ありません。肥料成分量を示すEC※は0.4mS/cmで、これは無視してよい量です。触ってみると有機質が少ないので、腐葉土を2割程度混ぜ、標準量の元肥を施して使っています。

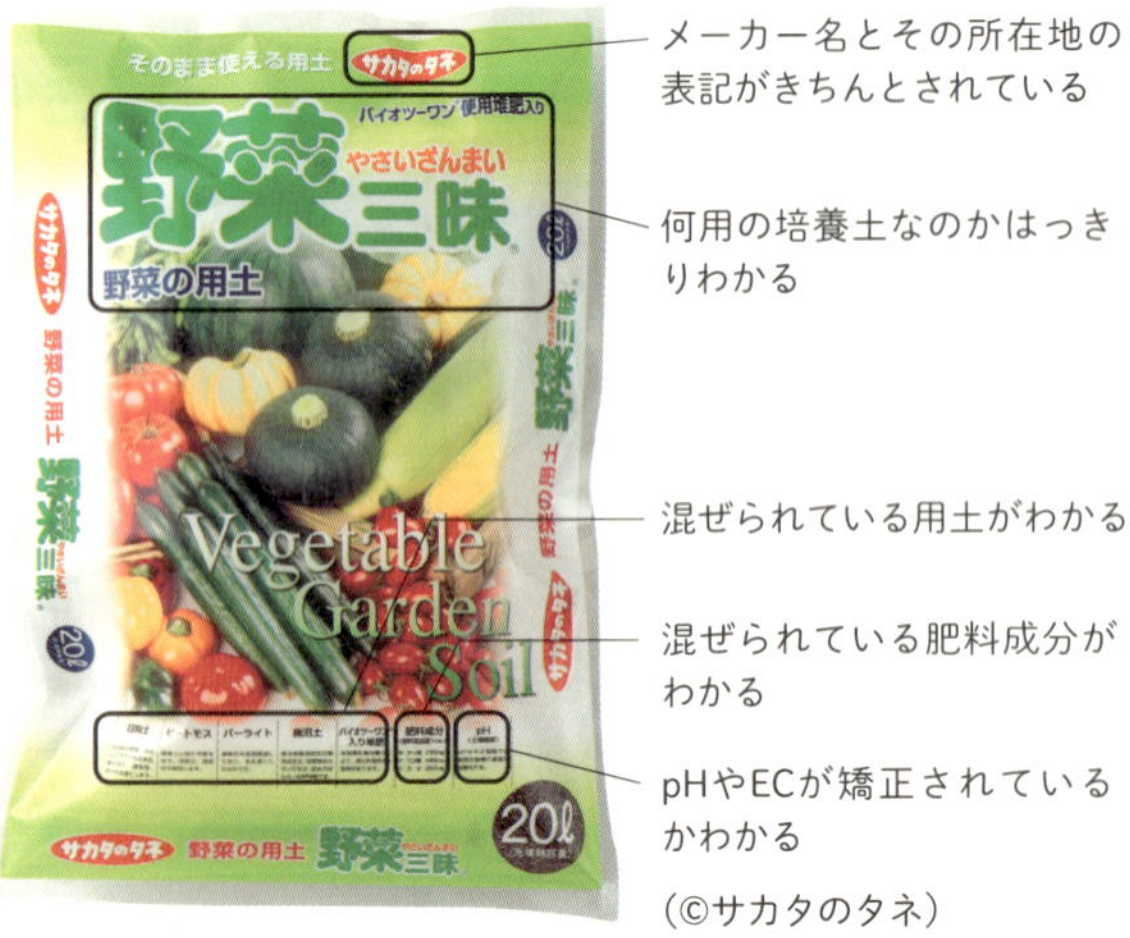

図8　市販の野菜用培養土の選び方

種や苗を購入しよう

昔から「種半作」「苗半作」あるいは「種半作苗七分作」という言葉があります。これは種や苗の時期で作物栽培の半分、あるいは苗で7割は決まるという意味です。それほど種や苗の品質は、栽培の成否を決めるといっても過言ではありません。種苗は、種苗店や園芸店、ホームセンター、インターネットなどで入手できます。入手の際は、

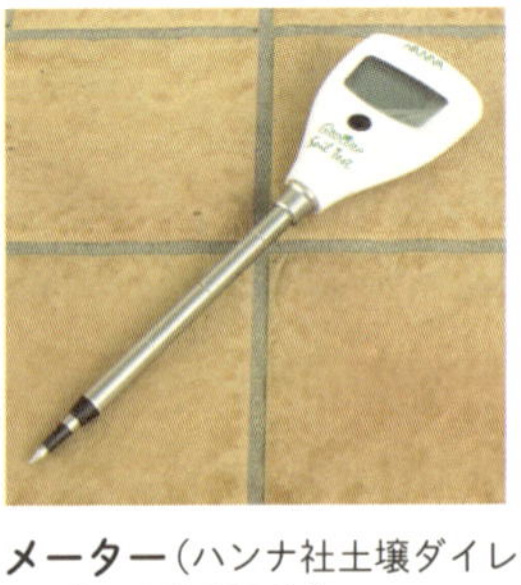

ECメーター（ハンナ社土壌ダイレクトECテスター HI98331N）

★本書では市販の培養土を使う場合でも土を使用する前にECを測定して施肥量を決めることをすすめます。わからないときは、ほぼ問題ないので本書の品目ごとの施肥量を施してください。

※EC（電気伝導度・単位mS/cm）：土壌の水分中に溶け出た窒素肥料成分の残存量を示すもので、EC値が高ければ、窒素成分濃度が高い。ECは**電気伝導度計**で測定する。作物や土質により適正値は異なり、一般に収穫後（肥料施用前）のECが0.5mS/cm未満であれば元肥は標準量を、0.5〜1.0 mS/cmなら1/2を施し、1.0 mS/cm以上なら施さない。石灰質資材は0.5mS/cm以上なら施さない。

自前でチャレンジ

培養土の作り方

基本用土の赤玉土や田土（50〜60％）に、改良用土の完熟した牛ふん堆肥もしくは腐葉土（20〜30％）、調整用土としてバーミキュライト（10％）を混ぜます（図9）。バーミキュライトの代わりに**パーライト**（10％）を加えてもよいでしょう。土壌消毒した古土などの**再生土**を使うときは、再生土を70〜80％にして残りは改良用土を入れます。

土を混ぜたらpHを測定し、2週間前までに好適pHに矯正します（**➜土のpH16頁**）。有機配合肥料なら1〜2週間前、化成肥料は直前に施せば、自前の培養土のできあがりです。ちなみにECは、苦土石灰などの石灰質資材を混ぜる前に測定して、ECが0.5mS/㎝以上のときは、pHが低くても矯正の必要はなく（**➜18頁**）、EC値によって肥料の施用量を加減でき、環境にもやさしくなります。

ダイコンなどの根菜類は、腐葉土や堆肥が未熟だと、そこで根が分かれて肥大する岐根《きこん》（＝またね）になってしまうことがあります。それを防ぐため、堆肥は前作で施すか、堆肥の代わりに**ピートモス**を使います。用土の混合や植え替えは、左官屋さんが使う35〜70ℓの**タフブネ**があると重宝します。

図9　用土のベストブレンド

※「園芸培土」の表記を見かけますが、本来「培土」とは「株元への土寄せ」の意です。元々培養土の誤用ですが、培土という表記も今日では培養土と同義で使われています。

タフブネ
①70ℓ、②35ℓ

コンテナ栽培で使う主な用土

赤玉土
関東ローム層の中層にある赤土を乾燥させてから粒の大きさで分けたもの。無菌の弱酸性土で水もちや肥もちがよい。小粒か中粒を基本用土として使う。

完熟牛糞堆肥
牛糞を発酵させて作る有機質肥料のひとつだが、完熟したものは改良用土として使われ、臭いが少なく、病原菌や雑草の種がほとんど含まれていない。養分もバランスよく含む。

腐葉土
広葉樹の落ち葉を腐らせたもので、よく分解したものを使う。通気性、水はけ、肥もちに優れ、微量要素を含み、微生物のエサにもなり土の物理的な性質を改善する改良用土。

調整ピートモス
pHを中性または弱酸性に調整したピートモス。改良用土としてすぐに使える。保水性に富み、通気性もあり、有機物の供給源として微生物の活性を高める。

バーミキュライト
蛭石（ひるいし）を高温で焼いて膨張させた改良用土。層状の構造のすき間に水分や養分を蓄える性質に優れる。

パーライト
真珠石や黒曜石を焼成・発泡させた無菌の改良用土。通気性と水はけの改善に用いる。

① **品種名**

② **科・属名**　植物としての分類

③ **原産地**

その植物が最初に自生した場所、もしくは誕生地で、環境条件の多くが栽培条件に合致

④ **品種の特長**

商品特性を簡潔に表現

⑤ **栽培解説**

平易な文章とイラストでわかりやすく解説

⑥ **芽出し処理（予措）について**

芽出し処理されている場合の表示

⑦ **気候区分**

自分の住んでいる地域の栽培区分が確かめられるが、具体的には7頁の方法に従って正確に調べる

⑧ **栽培暦**

その品種の気候区分ごとの種まき、植え付け（定植）、収穫などの時期がわかる

⑨ **発芽までの日数**

⑩ **発芽適温**　発芽に適した地温

⑪ **生育適温**　発芽後の生育に適した気温

⑫ **袋詰め種子量**

⑬ **発芽率**

⑭ **有効期限表示**

種は生き物なので原則として有効期限内にまき切る

⑮ **生産地**　どこで生産された種かわかる

⑯ **種子消毒**

種子消毒がされた場合は薬剤と回数を表示

⑰ **相談先**

メーカーによっては、さらに詳しい情報を得るためのWEBサイトへの誘導や問い合わせができる

図10　種袋の見方

種袋には栽培のための情報がコンパクトにまとめられている

遺伝的に優れた品種を選びます。それはおいしさや収量性だけでなく、病虫害に強く、発芽性能が高く栽培しやすいことを意味しています。さらに高品質な種かどうかも重要で、次の条件を満たしています。

①遺伝的に品種の特性を維持している。
②清潔で病虫害に遭っていない。
③新鮮で発芽能力が高い。
④充実していて加工・調整され、品種固有の種の形状をしている。

また、種は生き物なので寿命があります。店頭で種袋にある発芽率・有効期限などを確認します。期限切れでないことは当然ですが、発芽率は、その率に応じて種まきする種の数が決まります。例えば90％ならば、10粒まいて1粒は出ないので、10株欲しい場合は種を12粒はまく必要があります。ただし、この％は条件が揃った場合の数字で、実際の環境はさまざまですから、これに＋α分の種をまきます。加えて、種袋に栽培のための情報として、品種名、野菜の種類、植物分類、原産地、その品種の特長、栽培方法、栽培暦などがあれば、参考になります（図10）。2次元コードでWEBサイトに紐づけされ、さらに詳細を閲覧できる場合もあります。良い苗の見分け方については30頁を参照してください。

Step 3

栽培を始めよう

1 芽出しと種まき

野菜栽培の極意は、収穫までの生育をいかに均一にできるかです。まずは良い種を入手して一斉に出芽させることが、最初の重要なポイントになります。

芽出し（催芽・予措）

野菜によって、種まき前に吸水させ、一定期間高い、もしくは低い温度に遭わせたり、ジベレリン水溶液に浸けたりして発芽を促し、早く、一斉に出芽させることを**芽出し（催芽・予措）**といいます。ひと手間かけることで後の栽培が大変楽になるので、ぜひ取り入れてください。

高温・低温処理

種を数時間～半日程度水に浸した後、湿らせたガーゼやペーパータオルなどで包んで密閉容器などに入れ、高温もしくは低温で処理します。高温処理は、育苗に加温が必要な時期のみならず、他の時期でも単に出芽をそろえるためだけにも利用でき、主にスイカなどのウリ科野菜の種を適温で処理します。処理は加温箱の代わりに温度設定できるヨーグルトメーカーも使えます。冷蔵庫を使う低温処理は、レタス類に効果の高い方法です。いずれも根が伸び過ぎないよう注意します。

芽出しに使える

ヨーグルトメーカー

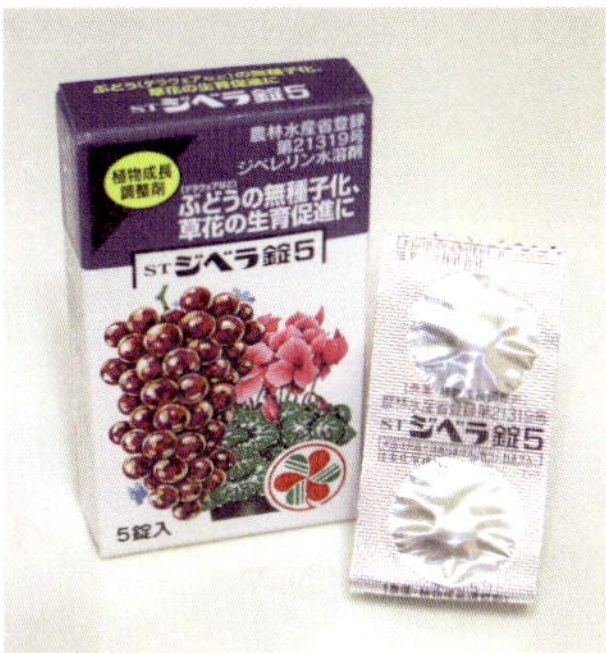

植物成長調整剤
（写真はジベレリン「STジベラ錠5」）

ジベレリン処理

植物ホルモンのジベレリン（↓上写真）もさまざまな野菜の芽出しに使えます。中でもナス科の果菜類を低温期に種まきする場合に重宝します（↓81頁）。ジベレリンは取扱説明書に従って、野菜の種類に応じて濃度が50～200ppmになるように水に溶かして使います。種をガーゼやペーパータオルに包み、ジベレリン水溶液に浸します。加温箱などを使って適温で処理するとさらに効果的です。ただし、処理時間が長いと芽が徒長するので必ず時間を守りましょう。

種皮が硬い、あるいは水やガスを通しにくく発芽が妨げられる種を**硬実**《こうじつ》といいます。エンドウ、インゲン、オクラ、エンサイ、ホウレンソウ、シソは硬実で、一晩ほど水に浸けると発芽しやすくなります。ホウレンソウは事前に処理されたプライミング種子（PRIMAX種子など）を選べば、芽出しの必要はありません。

種まきの方法

直まき栽培と移植栽培

ダイコンなど根菜類の多くは、苗を移植すると、根が傷んで形が悪くなるので、種は収穫する場所に直接まきます。これを**直まき栽培**といいます。それ以外にもホウレンソウなど、ひげ根（側根）が少ない「直根性」の葉菜類も直まきします。

種まき時期の気温が低いとか、高過ぎる場合に、発芽や生育適温を確保するため、また生育初期に病虫害や鳥獣害に遭う恐れがある場合は、小鉢やセルトレーへ種をまき、「育苗」してから植え付ける**移植栽培**をします。移植栽培は、ほかの野菜の栽培が先にあり、スペースが確保できないときに、省スペースでやり繰りする場合にも使えます。

マメ類やスイートコーンは、移植すると植え傷みしやすいので直まきしますが、発芽適温の保持、鳥害予防、乾燥を避けたい場合は育苗します。この場合、ジフィー製品（↓24頁）の使用や適期の植え付けをすることで、傷みをより小さくできます。

発芽と出芽

種は子孫を残す繁殖のほか、寒さや乾燥などの生育に不都合な環境に耐えるための器官でもあります。一度根を張れば動けない植物も、種の時期は風や水、動物によって移動できます。そのため種は乾いた状態で過ごします。

種から根が出ることを**発芽**といい、土から芽が出ることを**出芽**といいます。種を目覚めさせるために最初に必要なのは**水**です。水を吸うと種の中の胚で、目覚めを促す植物ホルモンの**ジベレリン**が合成され、一方で目覚めに抑制的にはたらく**アブシジン酸**というホルモンは薄まります。ジベレリンの働きで酵素（アミラーゼなど）が動き出します。酵素は炭水化物を分解し、エネルギーを作り出すために働きます。酵素が十分働くには、その植物に適した**温度**が必要です。そして、土中の**酸素**を使い、呼吸によってエネルギーを取り出します。

このように発芽のために外から与えられる水・酸素・温度は**発芽の3条件**、ジベレリン合成に光が関わる場合は、光を加えて**発芽の4条件**と呼び、どれかひとつが欠けても発芽しません（図11）。

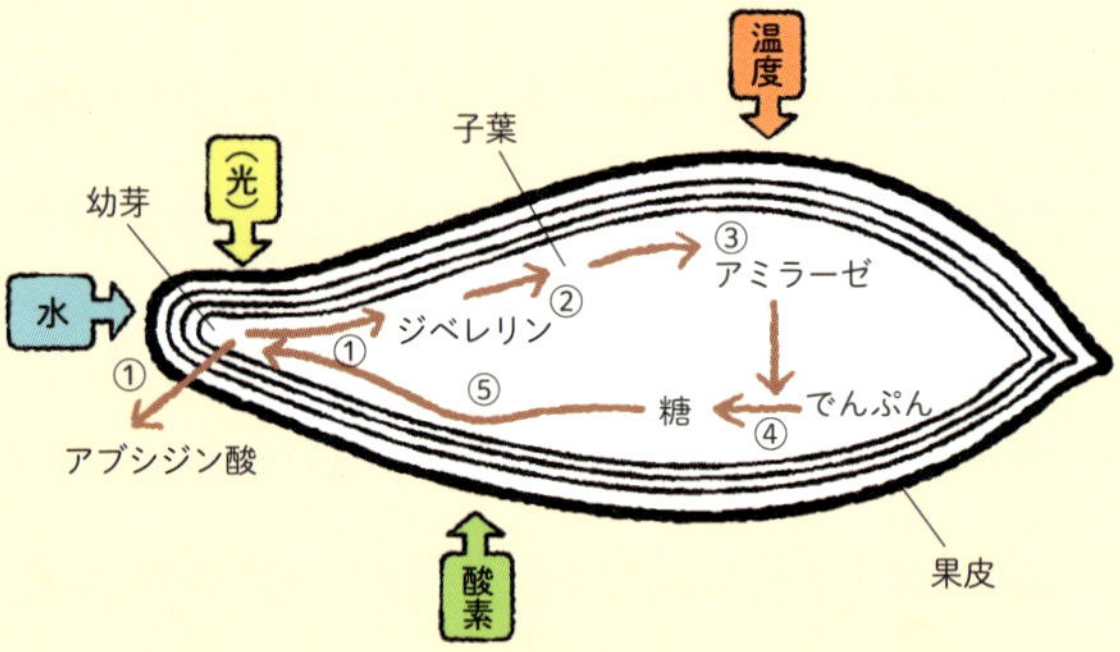

図11　発芽に必要な条件と発芽までの種の中での反応

①吸水すると植物ホルモンのジベレリンが活性化、一方で発芽を抑制するアブシジン酸が種から抜ける。
②③ジベレリンが種内部で物質の分解などを仲立ちする各種の酵素を作り出す。
④アミラーゼはでんぷんを糖に変える。この時、温度が好適なほど酵素反応は活発になる。
⑤酸素を使う呼吸作用により、糖は根を出すための、つまり出芽のためのエネルギーを作り出す。

発芽の第一歩は吸水なので種まきしたらしっかり水やりし、出芽まで土は乾かさないようにします。さらに、土の温度（地温）を発芽適温にします。この時、土に挿して使う**地温計**があると便利です。

多くの野菜の発芽適温は20～25℃ですが、主に熱帯原産の野菜は25～30℃の高温域、冷涼地域が原産の野菜は15～20℃の低温域です。高温が好適な野菜はウリ科作物、ピーマン、ナス（20℃程度との変温の方がより効果的）、スイートコーン、オクラなど、低温はホウレンソウ、セルリー、レタスなどです。

酸素は通気性が確保された土であれば土中で十分得られます。一般的に種まきでかける土（**覆土**）の厚さは種の厚さの3倍程度ですが、覆土の量は、品目によって異なるので、各野菜に適した量をかけます。

植物の中には、吸水後の光の有無が発芽に影響するものがあります。発芽に光が必要な種を**光発芽（好光性）種子**、光があると発芽しない種を**暗発芽（嫌光性）種子**といいます。前者はレタス、セルリー、シソ、ミツバ、ゴボウ、シュンギクなど、後者はダイコン、ネギ、タマネギ、ナス、トマト、ピーマン（トウガラシ）類、スイカ、キュウリ、メロンなどです。光発芽種子は覆土をしないかバーミキュライトを薄くかけ、暗発芽種子はしっかり覆土します。

温度計

①最高最低温度計（シンワ測定社デジタル温度計D-10）
②積算温度計（シンワ測定社防水型73480）
③地気温度計
④棒状温度計

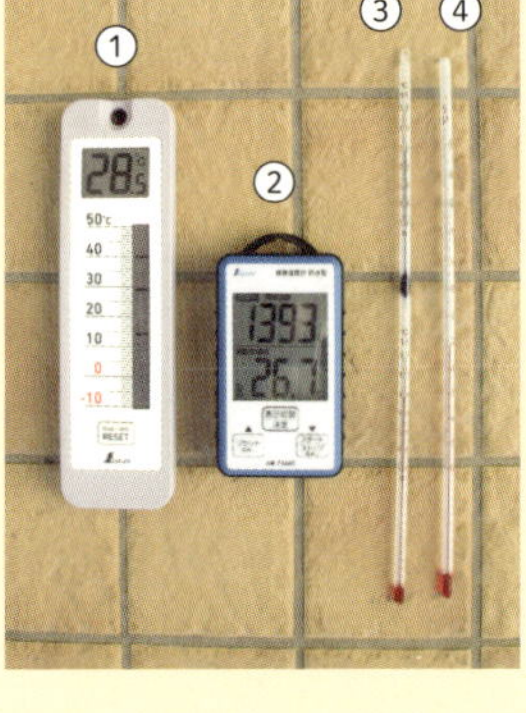

ばらまき・すじまき・点まき

種のまき方には、ばらまき、すじまき、点まきの3つがあります。作物の種類や収穫の方法などでまき方を変えます。

ばらまき　土の表面に種をまばらにまく方法。細かな種が多い花で多く使われ、野菜では葉菜類のベビーリーフ栽培で用います。

すじ（条）まき　割り箸や板などで溝を作り、そこに種をまきます。少しずつ間引き、残す株の成長を揃え、目標の株間にします。ニンジンなどでは雑草に負けないようにするためにあえて株間を空けないすじまきにする場合があります。間引きには手間がかかるので、最初から株間を空けて点まきすることが多くなっています。

点まき　まき穴をひとつ、あるいは一定間隔で複数開けて、そこへ種まきします。株が大きくなる、種が大きい、高価で無駄に種まきできない、間引きの手間を省きたい場合に用います。

ばらまき

① 土の表面は、出芽が揃うようできるだけ平らにする。

② 赤飯にゴマ塩をまく要領で種をまく。砂などを混ぜるとムラなくまける。

③ 種が隠れる程度に土をかける。ふるいを使うと均一になる。

④ 土表面を軽く手で押さえる。

⑤ 種が流れないように注意して噴霧器などでしっかり水やりする。

すじ（条）まき

① かまぼこの板や割りばしなどですじ状に溝を作る。

② 種が重ならないようにできるだけ間隔を空けて均等にまく。

③ 土をかけるか、周りから寄せるようにして溝を埋める。

④ 土表面を軽く手で押さえる。

⑤ 種が浮いて出てこないように注意深く水やりする。

点まき

① ペットボトルのふたなどを使ってまき穴を開けるときれいに開けられる。

② 種が重ならないようにまく。

③ まき穴に土を入れる。

④ 土表面を軽く手で押さえ、平らにする。

⑤ やさしく何回かに分けて水やりする。

ジフィー製品

①ジフィーストリップ（5㎝角）
②ジフィーセブン（4.2㎝）
③ジフィーポット（直径5.5㎝）
④ジフィーポット（直径8㎝）

セルトレー

①200穴
②128穴
③72穴

種まき用のコンテナ

直まきは、**鉢**や**プランター**、**袋**へ直接種をまきます。一方、移植栽培は、ポリ鉢、セルトレー、土でできた鉢（ジフィーストリップ、ジフィーポットなど）へまきます。

移植栽培では2・5号（直径7・5㎝）や3号（直径9㎝）などのポリ鉢で苗を仕立てますが、より集約させて効率的に育て、多くの幼苗を均一に出芽させ育てるには、セルトレーやジフィー製品が便利です。

セルトレー　小さな鉢（セル）を連結した、幅30㎝×長さ60㎝程度のプラスチックなどでできた資材。品目に応じてセル数を変えることで、土の量と株間を変えられます。72、128、200穴程度のトレーが便利です。

低温期用の黒と高温期用の白いトレーがあります。コンテナ栽培は苗数が少ないので、使い勝手のよいサイズに切って使うとよいでしょう。

ジフィー製品　鉢そのものが天然素材のピートモスやココピートなどの用土でできています。そのため鉢から苗を外さずそのまま植え付けることができ、根が十分に育っていない若苗でも根傷みさせずに植えられます。本来、直まきが適している、あるいは移植では植え傷みが心配なマメ類（**→124頁など**）やスイートコーン（**→94頁**）、レタスの仲間（**→40頁**）で重宝します。ただし、鉢自体から水分が蒸発しやすいので、乾燥に注意が必要です。ジフィーセブン（直径3、4・2㎝）やジフィーポット（75mℓ、直径5・5㎝）、ジフィーストリップ（55mℓ・5㎝角）などがあります。

種まき用培養土

容量が多いポリ鉢やジフィーストリップ（8㎝角）の種まきには、市販や自作の培養土を使います。それに対し容量の少ないセルトレーやジフィーポット（直径5・5㎝）には、種まき専用の培養土を使います。

普通の培養土は土の目が粗いため、容量の少ないセルや鉢だときれいに収まらず、空気の層が多くなったり、水分や熱の伝わり方も不均一になったりして出芽や生育が揃いません。ジフィーセブンは、ピートモスなどでできた種まき用の土を一体成型してあるので土は必要ありません。

セルトレーでの種まき

培養土は軽く握って固まる程度に湿らせ、セルトレーへ詰める。乾いていると水の通りが悪く、種が浮いたり、湿り具合にムラができたりして出芽の揃いが悪くなる。

空のセルトレーを重ね、上から押して凹みをつける。深さは一般に10㎜ほど。大きな種はより深く、光発芽種子は5㎜程度。深さを均一に。ムラがあると発芽が揃わない。

種は、できるだけ同じ向きにまく。小さな種は難しいが、平たい種は平らな面を下に。

覆土はバーミキュライトの細粒を。通気や保水性があり、衛生的で、良好な発芽、出芽が期待できる。光発芽種子は薄くかければ光を通し、乾燥防止になる。大きな種には、種まき用の培養土をかける。

覆土を板や手のひらや指の甲で押さえ、鎮圧する。種と土が密着し、水を吸いやすくなり、根がしっかり伸びる。余分な覆土は板や手のひらで落とす。

数回に分け、やさしく、トレーの底から水が出るまで水やりする。細かな種や覆土が薄い場合、種が流れないように、ハンドスプレーや噴霧器など霧かん水するとよい。

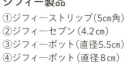

種の保存

種の保存

「種は使い切る」のが基本ですが、余ることがあります。その場合は、開封前の有効期限内の発芽は期待できませんが、よりよい状態で保存しましょう。

種の寿命は、湿度や温度で成分が化学変化することで短くなるので「低温低湿」で保存します。特に湿度は大敵で、含水率5・5〜9％以下ならば温度の影響も受けにくくなります。ただし2％以下の乾き過ぎも禁物で寿命が短くなります。

種袋の口を折り、テープで閉じ、プラスチック製の食品保存容器やファスナー付きのポリ袋に乾燥剤と一緒に入れ、冷蔵庫で保存します。使う時は室温に戻してから取り出します。マメ類は乾燥すると割れやすいので乾燥剤を入れずに保存します。

水やり（かん水）

水は、種が吸うことで発芽が始まり、出芽後はしおれないように植物の体を維持します。根の先付近にある根毛から養分と一緒に吸収され、光合成の結果できた有機物の運搬にも使われ、大部分は葉などにある気孔から蒸散します。植物の栽培は水なしでは始まらず、そのやり方が重要です。

水やりの留意点

種まきから出芽までは、土を乾かさないことが大切です。乾かさないとは、一日中土が湿っていること。しかも適度に空気もある状態です。出芽後、本葉が出るまでは、乾かし過ぎないように注意します。本葉が十分開いたら「土が乾いたら株元へたっぷりやる」が基本です。

この「たっぷり」とは、コンテナの縁からあふれるほどを意味していて、縁からあふれても構いません。余分な水は重力の作用でコンテナの底から排出され、上から大気圧がかかって水が抜ける時に、サイフォンの原理で土の表面から中へ空気を引っ張り込み、根と微生物が必要とする新鮮な空気が取り込まれます。

この時、土の団子には粒子の間に毛管水が残り、団子と団子の間の大きな隙間は空気が満たされ、植物は水と空気を使えるようになります（➡18頁）。

土はコンテナの縁ぎりぎりではなく、8〜9分目まで入れ、残り1〜2割に水が一

ネギ用の種まき用培養土で品目に合った種まき培養土を作る

種まき用の培養土は、主にセルトレー向けに作られています。混ぜられている用土は、目が細かく、均一で、用土ごとの比重の違いが考慮され、土目や水、肥料分などの偏りが少なくなっています。育苗は、野菜の種類により、土に含まれる肥料の量とその肥効期間が大切です。肥料が切れる前に液肥を施しますが、慣れていないとタイミングを逸しやすいです。

野菜の種類に合わせて肥料分やその肥効期間を考慮した培養土もありますが、それぞれ購入するのは現実的ではありません。

筆者の場合、野菜ごとに自分で培養土を作っています。ネギやタマネギは育苗時間が長く、約60日かかります。そのため種まき用に専用の培養土（「葱キング」など）があります。筆者は肥料も長期間ゆっくり出続けるこの土を活用しています。

トマトやレタス、ツケナ類は、葱キング430mℓ＋肥料の入っていない調整ピートモス570mℓ、ナスやピーマン、キャベツ類は葱キング570mℓ＋ピートモスを430mℓで、肥料切れの少ない培養土として使っています。

ネギ・タマネギ専用培養土「葱キング」
（©サカタのタネ）

時的に溜まる**ウォータースペース**を作ります。

一方、あふれるぐらいやらない（部分的にしかやらない）場合はどうでしょう。新鮮な空気が引き込まれないばかりか、水が鉢底からしっかり抜けず土の中に**停滞水**として溜まってしまいます。その部分は空気の層が少ないため、根が呼吸できず、根腐れなどの原因になります。

では、土が乾いているかどうかの判断はどうすればよいのでしょう？　一番わかりやすいのは、水やり直後の鉢やトレーを持ち上げ、その時の重さを感覚で覚えておくことです。乾いていると軽くなっていることがよくわかります。植物の萎れ、土表面が白っぽいなど、見た目でも判断できますが、それでも持ち上げて確認する習慣をつけることは大切です。昔から「水やり10年」といわれるほど。五感も含め、状況に応じた総合的な判断が求められます。

ウォータースペース
（写真はバジル）

「乾いたら」とは、カラカラに干上がった状態ではなく、多少萎れても水やりすれば復元する状態のことです。水やりのタイミングは、冬は早朝を避け昼までに、春から秋の季節は午前10時頃までです。夕方に軽く萎れる程度なら気にする必要はありません。曇りや雨の日は、よほど乾いていなければ、翌朝に水やりします。手で水の温度を確かめ、株の上からではなく、できるだけ土へ直接やりましょう。

水やり道具
①バケツ（15ℓ）、②計量カップ（3ℓ）、③同（1ℓ）、④ハンドスプレー（霧吹き）、⑤ジョウロ（8ℓ）、⑥プレッシャー式噴霧器（4ℓ）

コンテナは畑と違い、地下からの水分の供給がありません。梅雨明け以降は乾きやすく、朝・夕に2度やらないと追いつかない日もあります。あまり乾くようなら、一回り大きなコンテナへの植え替えや、タイマー付きの散水装置の導入をする方法もあります。ナスなどは**更新剪定（↓78頁）**すると乾きにくくなります。

道具は、**ジョウロ**、**プレッシャー式噴霧器**、**ハンドスプレー（霧吹き）**や**バケツ**、1～3ℓの**計量カップ**がおすすめ。液体肥料の施肥や農薬散布にも使えます。

種まき直後のセルトレーは、ハンドスプレーや目の細かなハス口《くち》（ジョウロの口）を使い、何回かに分けてやさしく水やりします。育苗中の小さな鉢はジョウロで、標準や深型プランター、10号（直径30cm）以上の大鉢はバケツで縁からあふれるくらいたっぷり水やりします。

長期不在時の水やり

家を空けるときの水やりは、時期にもよりますが、2日ほどならば、果菜類は無駄な枝や葉を整理して、しっかり水をやり、地表面にぬれ新聞や腐葉土などを敷きます。そして直射日光の当たらない北側、室内の風呂場など多少光が入る閉所空間に置きます。

ひと回り大きな鉢へ植え替える、庭があれば早めに鉢ごと植えておく手もあります。簡易の水やり装置や、保水剤を土に混ぜてもよいでしょう。長期の不在には**電池式かん水タイマー**が便利です。

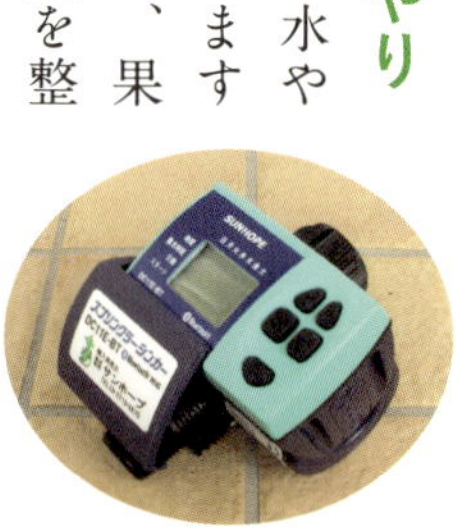

電池式かん水タイマー
（サンホープ社DC11E-BT）

保温・加温／遮光

夏まき野菜（ダイコンやキャベツ類など）の多くは、25～30℃の高温でも発芽しますが、生育時は比較的涼しい気候を好みます。近年、夏場の気温は35℃を超える日

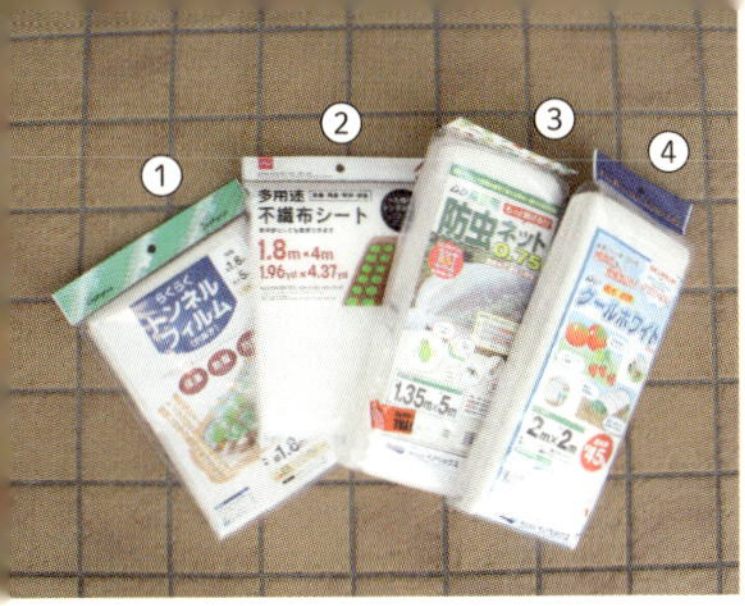

被覆資材
①園芸用フィルム（有孔）、②不織布、③防虫ネット、④遮光ネット

も多く、強い日差しと高温下で上手に発芽させる工夫が必要です。出芽直前までは冷房の効いた室内や、日陰や遮光ネットをかけ、風通しのよい場所で育てます。

低温性の春まき野菜は低い温度でも時間をかければ出芽しますが、不織布を1〜2枚かける、または出芽直前まで暖房の効いた室内に置くと、発芽を促せます。

春まきのナス、スイカ、サトイモなど発（萌）芽適温が25〜30℃程度の高温域にある高温性の野菜は、生育適温も高いので、外気が適温になるのを待って種まきします。しかし、真夏の暑さを避けて収穫したい、栽培期間を少しでも長くしたい場合は、気温の低い時期に種まきしなければなりません。そんなときは、**ヒーター**で温度を高められる**加温箱（↓28頁）**を使います。出芽も早く、均一で、その後の成長もスムーズ。何より温度管理のストレスからも解放されます。

被覆資材

外気や光線を遮り、寒さや暑さから作物を守る農・園芸業用の被覆資材には、園芸用フィルム、不織布、遮光ネットや、害虫の侵入を防ぐ防虫ネットがあります。

園芸用フィルム　素材は保温性の高い順にポリ塩化ビニール（農ビ）、ポリオレフィン（農PO）、ポリエチレン（農ポリ）など。穴あき（有孔）フィルムは昼夜の温度格差が小さく、日中の開閉が難しいときなどに便利ですが、保温性は劣ります。

不織布　化学繊維を織らずに布状に加工した資材。商品によって透光性や素材、耐用年数が異なります。保温性は園芸用フィルムに及ばないものの、年内の霜よけ程度なら十分機能し、防虫効果も期待できます。保湿効果があり、上から水やりできるものもあります。

遮光ネット　遮光のほか防風も期待できます。遮光率を変えると高温を抑制できるので、夏場に多用されますが、目が粗く、防虫効果は期待できません。防虫を兼ねる場合は、防虫ネットの上にかけます。

防虫ネット　目合い0・8㎜以下のものを使うと多くの害虫の侵入を防げます。種まきや苗の植え付け直後から使うのがポイント。さらに上から殺虫剤を1回散布することで効果が増し、上から水やりもできます。

これらの資材は、プランターに支柱を渡して上にかける**トンネル**や、不織布は作物の上に直接かける**べたがけ**に使えます。植え付け時に苗を中心に四隅に支柱を立て、不要になった肥料や培養土の袋、あるいはポリエチレン袋の底を切り取り筒状にした資材で覆う**あんどん**は、保温、防風に有効です。

園芸用フィルムのトンネル
（換気のためにすそを開けた状態）

防虫ネットのトンネル

不織布のべたがけ

あんどん

春まき野菜の種まき・育苗が断然楽になる

加温箱を作ろう

高温性の夏野菜の苗を4月下旬〜5月に植え付けるためには、低温期に種まき・育苗しなければならず加温が必要です。種まきは3号ポリ鉢（直径9㎝）などへしてもよいですが、鉢は、ヒーターから種までの距離が遠くなる分、土が温まりにくいことから、春先の加温はセルトレーの方が出芽揃いはよくなります。

加温箱のヒーターの温度は地温で設定します。土だけを入れたセルや鉢に**サーモスタット**のセンサーを挿し、設定します。

日中の温度管理は、加温箱にかけたフィルムの枚数や天井部分の開け方で調整します。

仕事などで留守にする場合、出かける前にトンネル天井のフィルムの口を開けます。開け方の加減は、箱内に**最高最低温度計（➜22頁）**を入れて帰宅後に日中の温度を確認しながら会得するしかありません。春先のトマト、ナス、ピーマンなどナス科果菜類の育苗でも、一時的に最高が45℃近くに、最低は10℃を下回っても、すぐに大きな障害になることはほとんどありません（ナス科果菜類の育苗については81頁参照）。

苗が育ってきたら晴天日は毎日水をやり、曇雨天はよほど乾かない限り水やりしませんが、ヒーターを使うと意外と早く乾くことがあるので注意します。

加温箱の作り方

❶ ヒーターの入る大きさの発泡スチロールの箱にヒーターの電源コードを出すための口を側面下方に作る。口はカッターナイフで四角く切り抜き、コードを通す凹みを作っておく。
❷ 風で箱が転がるのを防ぐ目的で、箱の底へタイルなどの重石を入れる。ヒーターを入れて電源コードを箱から出して口をふさぐ。
❸ 箱の四隅と真ん中の6カ所に加熱した金串で穴を開け、アーチ状に曲げた支柱を挿す。
❹ 二つ折り（二重）にし、天井の真ん中で開閉できるように切り込みを入れた園芸用フィルムをかけ、洗濯ばさみで仮留めする。
❺ フィルムの短辺のすそを縛る。
❻ さらにひもでフィルムを縛る。
❼ 天井部分は洗濯ばさみで開閉できるようにする。
❽ ヒーターの電源プラグをサーモスタットに挿し、サーモスタットを電源に繋げばできあがり。
❾ サーモスタットの温度センサーを土を入れた鉢やセルトレーのセルに挿す。同様に地気温度計（➜22頁）も挿し、温度管理する。
❿ 使用時、箱は地面に直接置かず、システムトレーなどの上に設置する。室内へ取り込みやすい場所で使う。ヒーターを使わなければ**保温箱**（➜45、84、87、90、113頁）としても使える。

材料（1箱分）

- 発泡スチロール（ふたつきでヒーターが入る大きさの物）…1箱
  ※スーパーマーケットや鮮魚店などから入手可能
- サーモスタット…1台
- ヒーター（園芸・ペット用）…1枚　※水洗いできるもの
- 園芸用フィルム（農POフィルム）…1枚　※二重にして使う
- ラン用鉄線またはトンネル支柱（1ｍほど）…3本
- ひも…1本　• 洗濯ばさみ…3〜5個
- タイル（30㎝角）など重石…適宜

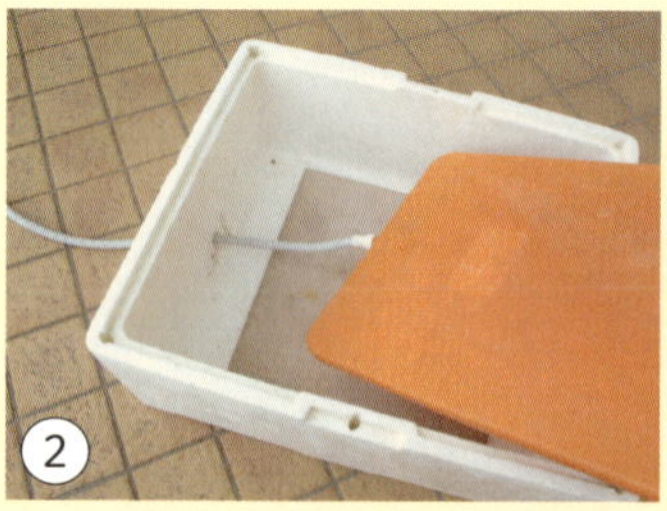

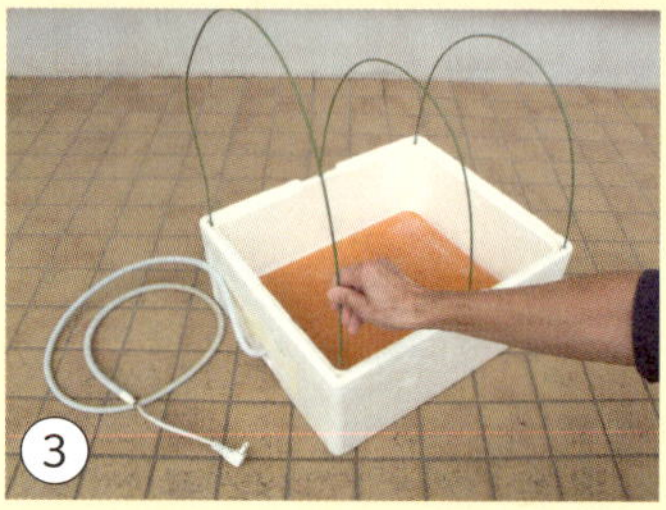

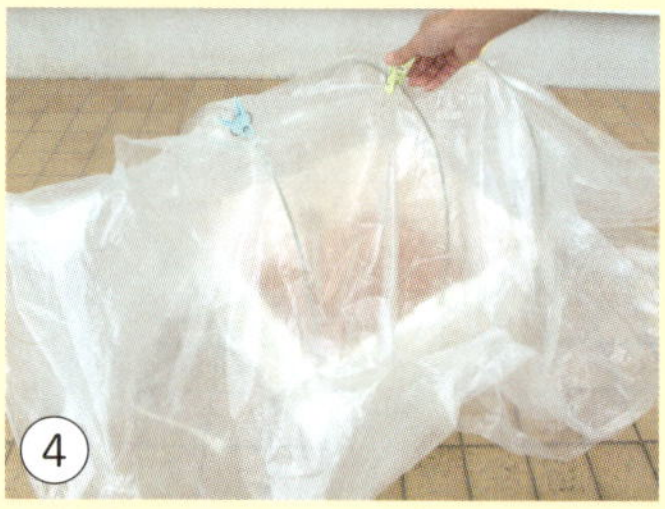

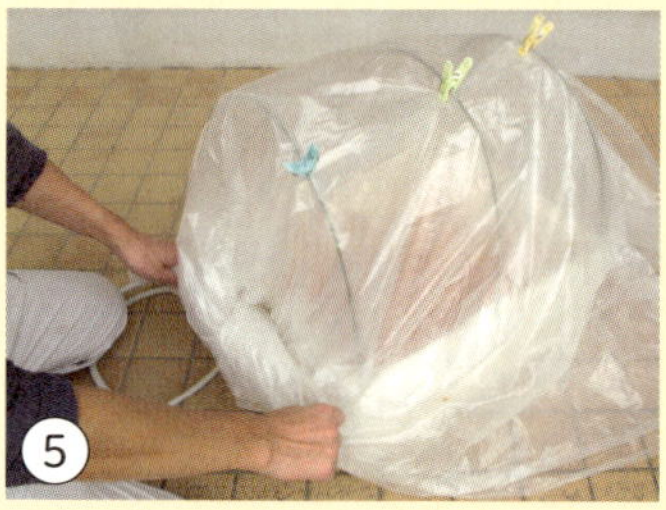

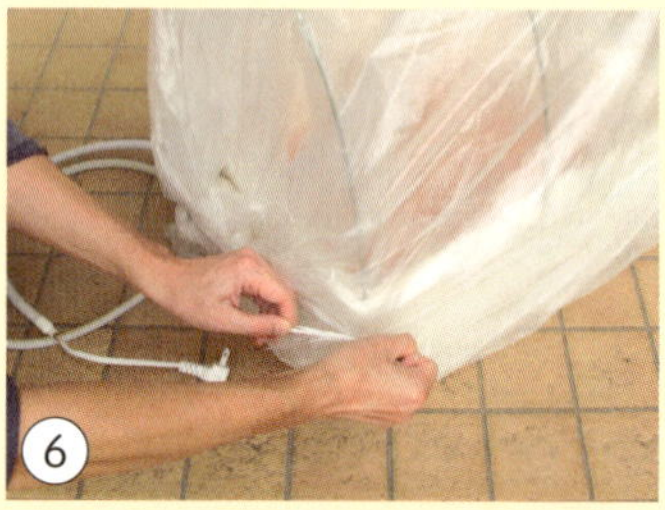

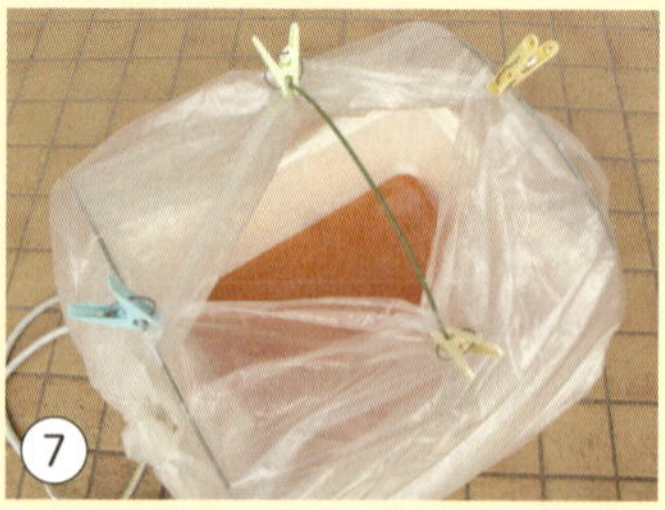

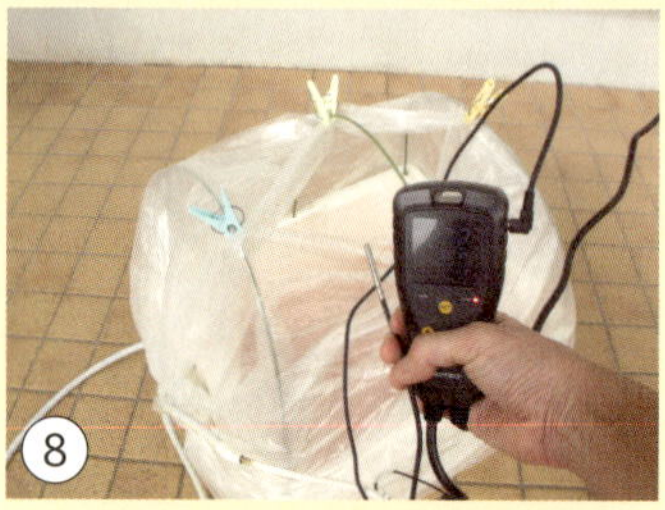

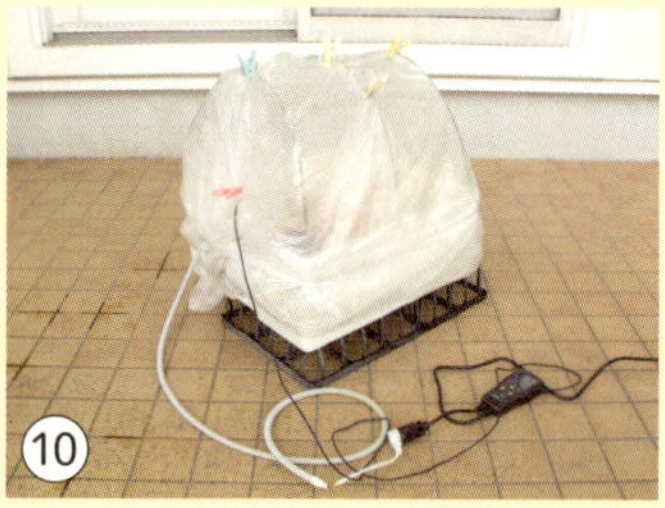

2 間引き

間引きの目的は、株同士の競合をさけ、生育を揃えることです。間引きは1回〜数回に分けて行ないます。出芽が早過ぎたり、遅過ぎたりする株、子葉や本葉の数、形それに色などが他と違う株を間引いて平均的な株を残し、葉と葉が触れないよう、一定の間隔（**株間**）を空けます（図12）。

競合が少なくなることで生育が揃い、その後の作業を一斉に行なえ、効率的に栽培できます。間引きは、初期はピンセットで、大きくなったら地際からはさみで切れば、残す株の根を傷めずにできます。ピンセットで抜きとった後は、**根締め**のために水やりして土を落ち着かせます。

土に雑草の種が多い場合は、雑草に負けないようにすじまきにして少しずつ間引き（ニンジンなど）、虫害に遭う率が高い場合は多めに種をまき、間引いて健苗を残します（ダイコンなど）。発芽勢・率が高くよく揃う、種の価格が高い場合は、セルトレーの1穴に1粒をまき、間引かずに育てます。

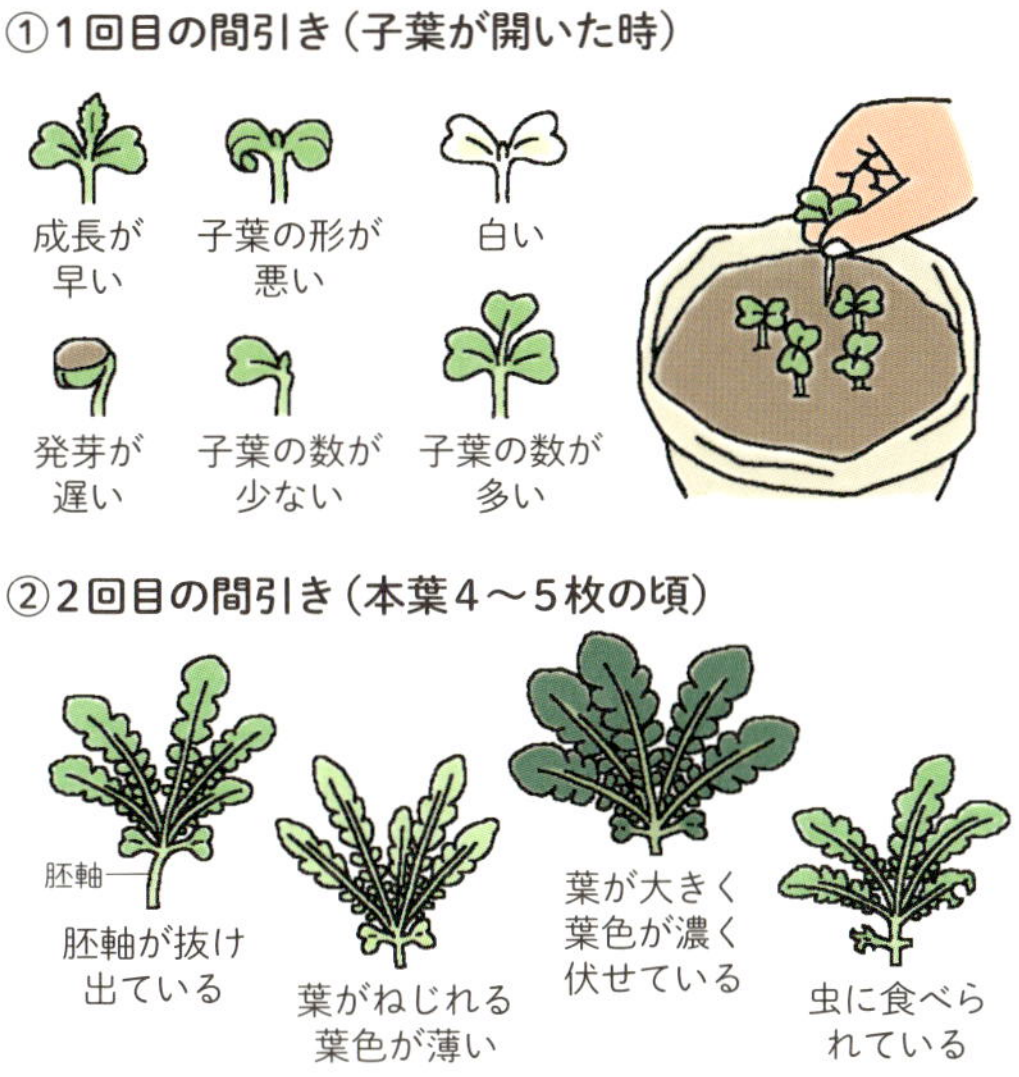

図12　間引き（ダイコンの2回の間引き）

3 植え替え

小さな鉢（またはセル）から大きな鉢へ植え替えることを**植え替え**（**仮植**）といい、それまで使っていた鉢では根が回って苗が老化する場合に行ないます。

さらに土を有効に使う目的もあります。植物の根は主根も側根も直進して鉢の壁面にぶつかると、そこから壁面に沿って伸び、巻く性質があります。大きな鉢へ種まきすると壁面までの間の土を有効利用できません。こまめに植え替えることで、新鮮な根が増え、吸肥力も高まり、土が増えることで肥切れや乾燥も防げます。

鉢やセルの中に根が軽く回り、外した時に土に新鮮な根が回り塊になった**根鉢**《ねばち》ができたら植え替えます。

セル苗の植え替え（ミニトマト）

鉢縁まで土を入れ、真ん中に指で穴を開ける。

水やりしておいた苗をセルトレーから根鉢を崩さないように取り出す。

植穴に根鉢を挿しこむ。

株元を両手でそっと押さえて根鉢と鉢土を密着させる。

たっぷり水やりする。土が落ち着き、ウォータースペースもできる。

ポット苗の植え替え（ナス）

鉢底の穴をタマネギの皮でふさぐ。

苗を植えた時にウォータースペースができる量の土を入れる。

事前に水やりしておいた苗を植える。

鉢と根鉢の間に土を入れ、指で土を締め、十分土を入れる。

最後にたっぷり鉢底から水が出るまでしっかり水やりする

4 植え付け

苗がある程度大きくなったら、収穫のための最終のコンテナに**植え付け**（**定植**）ます。保温や加温箱で育てた苗は、数日前から徐々に外気温にならす**ならし**（**馴化**）を行なうと、その後の生育が順調になります。

鉢で育てた苗（ポット苗）の場合、根鉢と土の上面が同じ高さか、根鉢の上面が少し出て浅くなるように植えます。特に、ナス科やウリ科の**接木**《つぎき》**苗**は、深く植えると**穂木**（収穫する品種）から根が出て、根の側の**台木**（病気に強い品種）の耐病性などが生かせません。セルトレーで育てた**セル苗**も植え付け後の乾燥から守るため、土を株元へ寄せる程度のやや深めに植えます。

ブロッコリーなどのキャベツ類の葉菜類は、ぐらつきの予防と、高温期の根付きをよくするため深植えに。ただし子葉に土がかかると病気の原因になるので、子葉または子葉がついていた位置に土がかからない程度にします。

植え付けは、雨や風の強い日は避けます。丈のある苗は、直後に（仮）支柱へひもで茎を結びつけて誘引し（➜33頁）、倒れないよう、また風で揺さぶられないようにしておきます。

植え付け（メロン）

苗は定植前にしっかり水やりを。バケツなどに張った水に浸してもよい。

コンテナへウォータースペース（➜26頁）分の余裕を持たせて土を入れる。少しでも多く土を入れたいので鉢底石は入れない。鉢底の穴を腐りにくいタマネギの皮でふさげば初期の土漏れを少なくできる。

植え穴を開け、穴に水をやっておくと根付きやすくなる。

根鉢を崩さないように鉢を外して植え付ける。

土を寄せ、そっと押さえて根鉢と土を密着させる。

必要に応じ仮支柱を立てる。

ひもなどで誘引する。

コンテナの底から水が出るまでたっぷり水をやる。

良い苗　異なる鉢サイズの苗の違い（ミニトマト「アイコ」定植時の苗）

左：9㎝ポリ鉢、右：12㎝ポリ鉢

① 品種名から病害虫抵抗性品種なのかを確認

② 茎葉がしっかりしていて株がふらつかない

③ 草姿は長方形に近い楕円形

④ 下葉の黄化、枯れがない

⑤ 葉が肉厚で間延びしていない

⑥ 茎は節間が均等で徒長などがない

⑦ 損傷や病害がない

⑨ できれば健全な子葉が残っている

⑧ 鉢底穴、あるいは鉢を外してみて白い健康的な根が張っている

良い苗の見分け方

良い苗作り・選びは、その後の栽培の成否を決める大きな要因になります。自作の苗でも購入苗でも、左の条件にできるだけ合う苗を育て、選択します。栽培は、十分な太陽光の下で適温を維持して、昼と夜の温度差をしっかりとるようにしましょう。購入した苗が植え付け適期でなければ、ひと回り大きな鉢に植え替え、適期まで待ちます。

5 病害虫防除

化学農薬は効き目が確かですが、それだけに頼ると、人工の化合物を自然界へ放出することになり、健康や環境への影響が懸念されます。そこで、健康や環境への負荷を最小限に抑え、手間や費用をかけずに管理することが大切です。それにはまず**予防**をします。

病気や害虫が発生していないか毎日よく観察し、情報も集めて、病害虫の発生時の対策を**判断**します。病害虫が発生したらさまざまな手法で**防除**します。適切な方法を選んで総合的に防ぐことが大切です（図13）。

予防は、次の方法によって病害虫や雑草の発生しにくい環境を作ります。

①病気に抵抗性のある品種を使う。
②同じ科の作物を続けて栽培しない輪作**（↓10頁）**。
③防虫ネットのトンネルや不織布のべたがけをする**（↓27頁）**。
④種子消毒された種を使う**（↓20頁）**。
⑤栽培する野菜の種類を多くし、特定の病害虫が大量発生しないようにする。
⑥土は太陽熱や還元によって消毒する**（↓36頁）**。
⑦病害虫の伝染源になる雑草を除去する。

判断は、日々の観察はもちろんですが、記録をつけ、各都道府県の試験場などから出される病害虫の発生予察情報を活用し、環境や病気、害虫の発生時期や勢いなどをよく知り、防除方法や時期を決めます。

実際に病害虫などが発生し被害が生じると判断したら防除をします。

物理的な方法　手で捕まえる（**捕殺**）、防虫ネットなどで遮断する、**気門封鎖剤**（害虫を窒息死させる薬剤）を使うなど。

生物的な方法　**天敵昆虫**を使う（野菜や天敵の好きな植物を混植する方法を含む）、微生物を用いた殺菌や殺虫、細菌の一種であるバチルス チューリンゲンシスの持つ**殺虫タンパク質**（**BT剤**）を用いた防除など。

化学的な方法　化学農薬を使う方法は、物理的、生物的な方法を実施した上で最後に、あるいはそれらと併用してできるだけ使う回数を減らすことが大切です。併用の例として、防虫ネットの上から農薬を散布、気門封鎖剤と農薬と合わせるなどがあり

総合的病害虫管理（IPM）の方法

予防的措置

まず病害虫や雑草の発生しにくい環境を作ります。
- 輪作をする
- 防虫ネットを張る
- 土を太陽熱や還元によって土壌消毒
- 種子消毒された種を使う
- 病気などに対する抵抗性の品種を使う
- 栽培する野菜の種類を多くして特定の病害虫が大量発生しないようにする
- 病害虫の伝染源になる雑草の除去　など

↓

判断

栽培環境や対象とする病気や害虫の発生時期や勢いなどをよく知り、防除方法や時期を判断する
- 各都道府県の試験場などから出される病害虫の発生予察情報を活用
- 日々栽培している野菜を観察　など

↓

防除

実際に病害虫などが発生し被害が生じると判断したらさまざまな手法で防除する

【物理的防除】
- 害虫を手や粘着くんなど気門封鎖剤で殺す
- 防虫ネットなどで遮断する　など

【生物的防除】
- 天敵昆虫による防除
- 微生物を用いた殺菌や殺虫
- バチルス・チューリンゲンシスの持つ殺虫タンパク質（BT剤）を用いた防除　など

【化学的防除】
- 害虫だけに効果のある選択性農薬
- 害虫の成育を制御する農薬
- 食品添加物で殺菌作用のある農薬　など

図13　総合的な病害虫管理

ます。

農薬の中には有機栽培で使える天然物や無機物由来、あるいは有機栽培では使えない化合物でも有用生物や**天敵**への影響が少ないといった自然に優しい製品があります。特に有機栽培に使える農薬は、対象作物が「野菜類」の場合は作物が限定されません。限定されていた場合も含め回数制限はなく、予防的に使えます。これらを安心して使える農薬としてストックしておくと便利です（表1）。

使用する際は、使ってもよい品目（**適用品目**）、使用回数、時期、自治体ごとの使用基準に注意し、決められた方法に従いましょう。農薬の使い方はクロップライフジャパン（旧農薬工業会）のHP（https://www.jcpa.or.jp/）を参照してください。

病害虫の総合的な管理は、予防→判断→防除の順で適切な方法を選択し、効果的に実施しましょう。

観察の方法

害虫はその発生時期や活動時間、活動場所が種類や齢によって異なります。発生時期は、**発生生態**（**消長**）を知ることで対策しやすくなります。各都道府県の病害虫防除所などのHPを参照します。「害虫名発生生態」で検索してもよいでしょう。病害

表1　主な自然に優しい農薬　　2025年2月現在

	登録種類名	商品名	有効成分	主な適用病害虫（主に野菜類として）*1	*1、*2 有機JAS対応	由来
殺虫剤 殺ダニ剤	燐酸第二鉄粒剤	スラゴなど	燐酸第二鉄	ナメクジ類、カタツムリ類、アフリカマイマイ、ヒメリンゴマイマイ	○	無機物
	調合油乳剤	サフオイル乳剤	調合油（サフラワー油および綿実油）	アブラムシ類、ハダニ類、チャノホコリダニ、トマトサビダニ（トマト・ミニトマトのみ）、コナジラミ類、うどんこ病	○	天然物
	スピノサド水和剤	スピノエース顆粒水和剤など	スピノサド	ヨトウムシ類、コナガ、アオムシ、アザミウマ類、ハモグリバエ類、ハイマダラノメイガなど	○	天然物
	脂肪酸グリセリド乳剤	アーリーセーフ、サンクリスタル乳剤	脂肪酸グリセリド	アブラムシ類、コナジラミ類、ハダニ類、うどんこ病など	○	天然物
	ミルベメクチン水和剤／乳剤	コロマイト水和剤／乳剤	ミルベメクチン	ハダニ類、コナジラミ類（乳剤）、トマトサビダニ（乳剤：トマト・ミニトマトのみ）など	○	天然物
	BT（バチルス チューリンゲンシス菌）水和剤	エスマルクDF*3、フローバックDF*3、トアロー水和剤CT*3、ゼンターリ顆粒水和剤、サブリナフロアブル*3など	バチルス チューリンゲンシス菌の生芽胞及び産生結晶毒素	ヨトウムシ、アオムシ、コナガ、オオタバコガ、アワノメイガ*3など	○	天然物
	ボーベリア バシアーナ水和剤／乳剤	ボタニガード水和剤、ボタニガードES	ボーベリア バシアーナの分生子	アブラムシ類、コナジラミ類、アザミウマ類、コナガ（ES）、ハダニ類（ES）、うどんこ病（ES）	○	天然物
	除虫菊乳剤	パイベニカVスプレーなど	ピレトリン	アブラムシ類など	○	天然物
殺菌剤	バチルス ズブチリス水和剤	バチスター水和剤、ボトキラー水和剤など	バチルス ズブチリスの芽胞／生芽胞	うどんこ病、灰色かび病	○	天然物
	シュードモナス ロデシア水和剤	マスタピース水和剤	シュードモナス ロデシア HAI-0804株	軟腐病、黒斑細菌病、黒腐病など	○	天然物
	バチルス アミロリクエファシエンス水和剤	インプレッションクリア	バチルス アミロリクエファシエンスの生芽胞	うどんこ病、灰色かび病など	○	天然物
	炭酸水素カリウム水溶剤	カリグリーン、家庭用カリグリーン	炭酸水素カリウム	灰色かび病、うどんこ病、さび病など	○	無機物
	炭酸水素ナトリウム水溶剤	ハーモメイト水溶剤	炭酸水素ナトリウム	うどんこ病、灰色かび病、さび病	○	無機物
	炭酸水素ナトリウム・銅水和剤	ジーファイン水和剤	炭酸水素ナトリウム、無水硫酸銅	白さび病、軟腐病、うどんこ病など	○	無機物
	水和硫黄剤	イオウフロアブルなど	硫黄	うどんこ病、トマトサビダニ（トマト・ミニトマトのみ）	○	天然物
	ポリオキシン水和剤	ポリオキシンAL水和剤	ポリオキシン複合体	灰色かび病、うどんこ病、ネギアザミウマなど	× *4	天然物
	銅水和剤	Zボルドー、コサイド3000など	塩基性硫酸銅	べと病、斑点細菌病、黒腐病、軟腐病、褐斑細菌病など	○	無機物
	シイタケ菌糸体抽出物液剤	レンテミン液剤など	シイタケ菌糸体抽出物	モザイク病感染防止	○	天然物
	非病原性エルビニアカロトボーラ水和剤	バイオキーパー水和剤など	非病原性エルビニア カロトボーラ CGE234M403	軟腐病	○	天然物
展着剤 *5	展着剤	アビオンーE	パラフィン	ー	○	天然物

*1　使用に当たっては、農薬ごとの適用品目および病害虫、使用方法、地方自治体の定める農薬使用基準などを必ず確認する
*2　○印は有機農産物で使用できる
*3　スイートコーンは穀類、雑穀類、トウモロコシ及び未成熟トウモロコシで登録のある農薬が使用できる。アワノメイガはエスマルクDF、フローバックDF、トアロー水和剤CT、サブリナフロアブルに雑穀類で適用あり。
*4　自治体によっては特別栽培（地域の慣行レベルに比べて化学肥料や化学合成農薬の使用量を50％以上削減した栽培）で農薬としてカウントされない
*5　植物や病害虫への付着を促し、水和剤が水に均一に混じりやすくするために用いる

虫防除所は病虫害の**発生予報**（**予察**）も発表しているので、重大な病害の発生を知ることができます。例えばヨトウムシ類は、種類にもよりますが、5～10月中旬に数回発生します。

害虫の活動が1日のどの時間帯が一番活発かを確認し、その時間に観察します。ヨトウムシ類はその名の通り夜間に活動するので、夜に懐中電灯で照らして観察しますが、早朝は葉の上にいることが多いので、夜や早朝に捕殺します。日中は地中へ潜り、夜に食害するのは老齢幼虫です。卵は葉裏に卵塊の状態でまとめて産卵され、若齢幼虫も1、2枚の葉に集まり地中へは潜らないので、早めにまとめて捕殺します。

大切なのは記録をつけておくこと。翌年も同じ時期に発生する確率が高いので、早めに対策できます。

台風対策

昨今の温暖化の影響で、台風や春の季節風はその規模も大きく、農作物の被害も少なくありません。襲来の際には、風の影響が少ない方角や屋内へコンテナを移動して避けるのがベストです。難しい場合は、できるだけ風よけになる場所へ移動して縛る、または襲来前に倒しておくなど、対策を講じます。

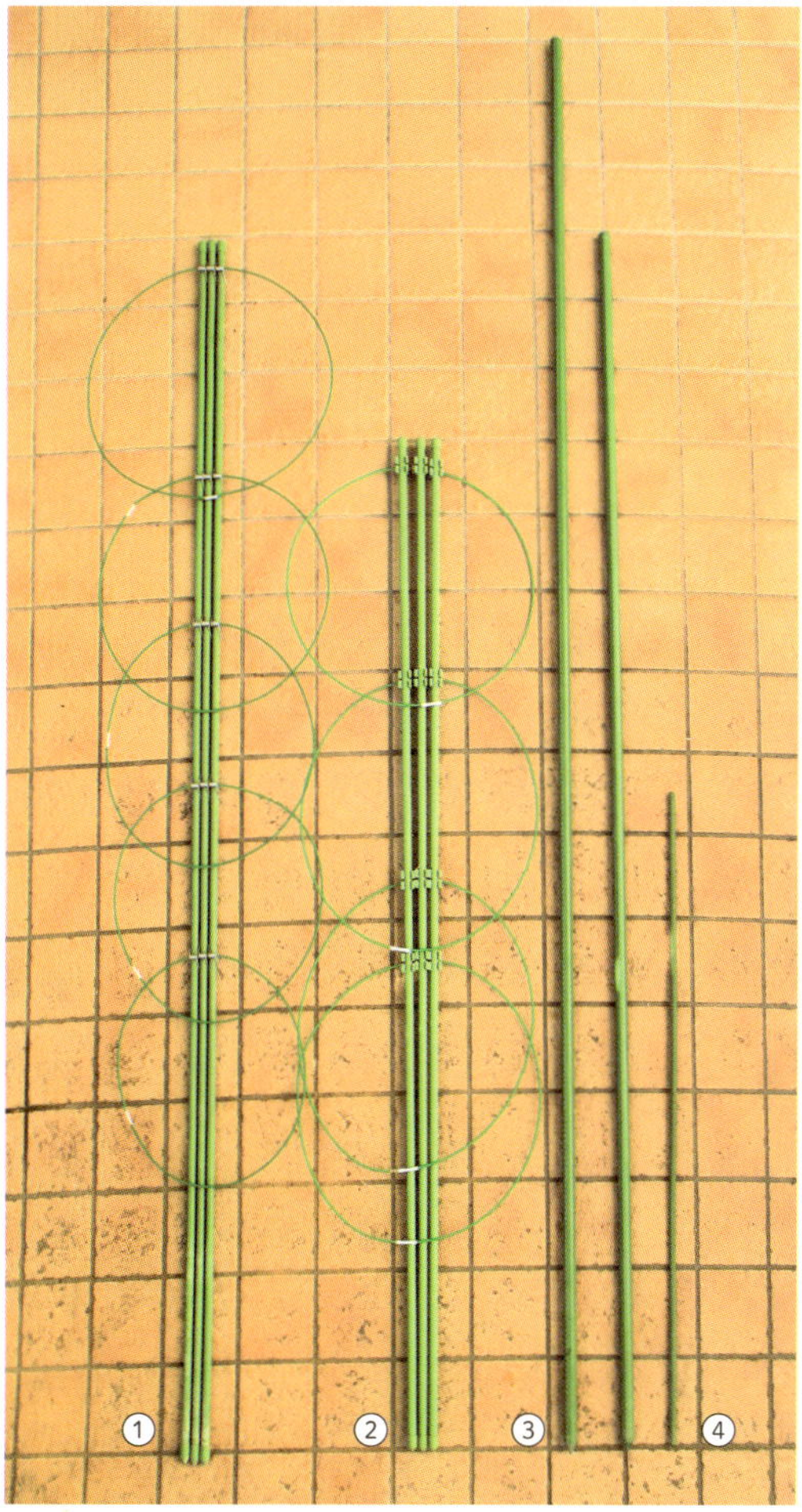

支柱
①リング支柱（長さ150㎝）、②リング支柱（長さ120㎝）、
③支柱（直径16㎜・長さ180㎝）、
④支柱（直径16㎜・長さ150㎝）、支柱（直径11㎜・長さ75㎝）

6 支柱立て・ネット張り・誘引

丈が伸びる果菜類などは、株や果実を支えるためにイボつき園芸支柱や竹などを使用します。長さ・太さはさまざまですが、次のサイズを目安に使い分けます。

支柱　直径11㎜・長さ75～90㎝（葉菜類、エダマメやサヤインゲンのつるなし品種など）
直径16㎜・長さ150～180㎝（果菜類やソラマメなど）

リング支柱　つる性の果菜類やマメ類、ミニトマトのあんどん仕立てに便利。
長さ90～120㎝（スイカやメロン）
長さ150㎝（エンドウやミニトマト）

キュウリ・エンドウネット　ひげづるが絡み、つるを伸ばすウリ科野菜は、目が菱形の菱目を、インゲンなどつるが自ら絡んで伸びる作物は、目が正方形の角目を使う。

ネットは幅1・8m程度のものが使いやすく、長さはさまざま。場所に応じて縦や横に使うことで調整します。このとき垂直に張るより、南北方向に植えたら西から東へ、東西方向に植えたら南から北へ向かって斜めに張ると、風により葉や果実がネットに当たり傷むのを軽減できます（**↓34頁写真参照**）。ただしネットは原則固定するの

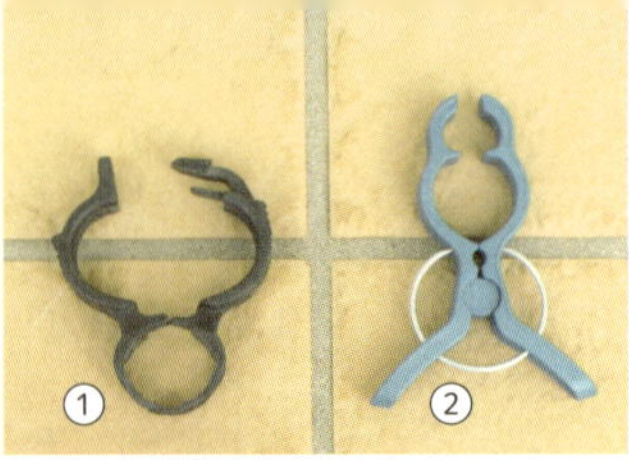

支柱誘引用クリップ
①しちゅうキャッチ16（シーム社）
②簡単支柱（紐）誘引クリップ（高儀社）

わき芽摘み（トマト）
わき芽をつまみ、左右に曲げる。若いわき芽はこれだけで摘み取れる

摘心（写真はキュウリ）
子づるを摘心して雌花の子房を太らせる

誘引方法（ミニトマト）
① 茎にひもをかけ、ひもを交差させて8の字を描くようにひもの両端をもっていく。
② 支柱に1回まわす。
③ チョウチョウ結びをして誘引終了。

キュウリネット

で、台風が来ても移動は難しくなります。

茎を支柱に麻ひもなどで**誘引**する際は、茎の成長、肥大などを考慮に入れ、ひもが成長を妨げないよう、8の字を描くように結び付けます。また、着脱が簡単な**支柱誘引用クリップ**も便利です。

7 整枝

整枝は、枝数を減らしたり、枝分かれを促したりすることで野菜の生育を調節し、収量を高めるための作業で、**摘心**や**わき芽摘み（かき）**、**剪定**などがあります。

摘心は、茎の先端（成長点）を摘み取ることで、一定の高さで丈を止めます。また、ウリ科野菜は、子づるや孫づるに雌花がつきやすいので、親づるだけでなく、子や孫づるも摘心します。

わき芽摘み（かき）は、葉の付け根から出る芽を摘み取ることで、枝分かれを抑え、必要な茎に養分を集中させます。

剪定は、不要な茎を切り、風通しを良くし、病害虫を防除したり、ナスやピーマンでは、主枝を切り詰めて新しい枝を吹かせたりします。

果菜類は品目や品種ごとに異なる果実のつき方（**着果習性**）をするので、それぞれの習性にしたがって整枝します。

8 追肥・増し土

元肥に速効性肥料を使うと1カ月ほどで養分が欠乏してきます。また、株が大きくなるにつれ、必要な養分の量が増えてきます。このため肥料を後から補う**追肥**をします。肥料成分は水に溶けて根の先の方で吸収されるので、追肥は株元から離して施すのがポイントです。コンテナ栽培では土の容量が限定されるので、品目ごとに必要な量をタイミングよく施しましょう。

また、栽培期間が長い場合、土も沈むので、必要に応じて土を足す**増し土**をすると新しい根が伸びて追肥の効果を高めることができます。

増し土

9 授粉

果菜類は、自然状態で開花すると昆虫や風が**受粉**を行ない果実がつきますが、最近は環境の悪化により訪花昆虫が減少しています。また、コンテナ栽培は株数が少なく、集合住宅の高層階は虫が訪れにくいので、確実に

授粉

摘果
果実の数を絞って残した果実を大きくし、併せて株への負担を減らす

果実をつけるために、人が雌しべの柱頭に花粉をつける**授粉**をします。主にスイカ（**↓89頁**）、メロン（**↓86頁**）、トマト（**↓71頁**）、スイートコーン（**↓94頁**）などで行ないます。

花芽分化

それまで葉を作っていた成長点に花芽ができることを**花芽分化**といい、体を作る**栄養成長**から**生殖成長**に入ります。花芽分化は①温度、②日長、③植物体の成長などがきっかけで起こります。

植物体が低温に遭うことで花芽を作る現象を**春化**といいます。また、日の出から日没までの**日長**（実際は夜の長さの**夜長**）により、植物がさまざまな影響を受けることを**光周性**といいます。特に、日長が一定時間以上（夜長は一定時間以下）になると花芽分化する植物を**長日植物**といい、ある長さ以下で花芽分化する植物を**短日植物**といいます（**↓ホウレンソウ56頁**）。一般に日長時間は日の出前、日没後の薄明期の明るさ分の各約30分も含みます（品目により一方だけの場合もあり）。

果菜類やブロッコリーなどの葉菜類は、花芽ができないと収穫物が得られません。一方、葉や茎、根を収穫する野菜は、花芽ができると収穫物が成長しないとか、花茎が伸びトウ立ちしてス（空洞）が入るなどして品質が低下するので、花芽形成やトウ立ちの性質に注意して品種の選択や栽培の工夫をします。

10 摘蕾・摘花・摘果

果菜類は、果実や子実がたくさんつくと株の勢いが弱まり収量が減ります。これを防ぐために蕾を摘む**摘蕾**、花を摘む**摘花**、果実を摘む**摘果**をします。ピーマンやパプリカ、キュウリなどは初期に株を充実させるため、その他の果菜類も、果実に栄養を集中させる場合や、長く収穫するために栽培中に継続して行ないます。

11 収穫

野菜は品種ごとに収穫の適期があり、未熟でも過熟でも食味に影響するので、時期を逸せず収穫します。収穫は、葉菜類は種まきや苗の植え付け後、根菜類は種まき後、果菜類は開花後の**積算温度**（1日の最高・最低気温の平均の合計）でおよその時期が求められます。収穫までの時間は、寒い時期は時間がかかり、暖かな時期は早くなります。最終的には実際に目視や試食で確認します（表2）。

積算温度は、**積算温度計**（**↓22頁**）で測定でき、気象庁のホームページ（過去の気象データ検索 ＞ 平年値（日ごとの値））で調べた平年値を合計して算出・推定することもできます。

表2 収穫までの積算温度の例

作物名	測定開始時期	収穫までの積算温度（℃）	収穫時期の状態
トマト	開花	1100～1200	着色開始
ミニトマト	開花	700～800	着色開始
ナス	開花	370～400	果長15cm程度
イチゴ	開花	600～700	完熟
スイートコーン	絹糸抽出（集団全体の10～20％）	500	完熟
メロン（マクワ型）	開花	725～800	完熟
小玉スイカ	開花	700～750（18～22節の場合）	完熟
ラッカセイ	播種後	2850（小粒種）、3300～3400（大粒種）	莢登熟
チンゲンサイ	播種	671（下限0℃・上限22℃で測定）	120g
ホウレンソウ	播種	585（下限0℃・上限21℃で測定）	草丈25cm

12 片づけ（土の再生）

土はゴミではありません。繰り返し使える資源です。使い古した土は、続けて同じ科の野菜を栽培しないのであれば、通常は、足りなくなった堆肥などの有機物や肥料の添加、苦土石灰などによるpHの矯正で十分続けて使えます。筆者は、同じ土をうなぎ屋のタレのごとく、不足した用土をつぎ足し25年以上使っています（↓培養土の作り方19頁）。

しかし、長く使っていると、土と土の粒子の団子（団粒）は壊れ、養分が減るだけでなく、土壌病害の元になる病原菌、線虫、雑草の種、植物自身が出す他の植物を育ちにくくする物質（多くは有機酸）などが蓄積して栽培に悪い影響を及ぼします。

そこで、病気が出た場合はもちろん、そうでない場合も1年に1回程度、土の消毒を行ない、土をリセットすることをおすすめします。リセットした土は再生土として培養土を作る際の基本用土として使います。

ただし、どうしても廃棄せざるを得ない場合は、自治体の処分方法に従って捨ててください。

極意

ホワイトリカーなどを使う 低濃度エタノール土壌還元消毒法

土の消毒にはさまざまな方法があります。ここではエタノールを使い太陽熱で処理する安心・安全な消毒方法を紹介します。微生物のエサである体積比で1％のエタノール水溶液に、太陽熱が加わることで微生物が活性化し、ポリ袋で密閉された環境下で、土は酸欠になります。酸素がないことで土は還元状態になり病原菌や線虫、一年生雑草は死に、酸素がなくても活動できる酢酸菌や酪酸菌により酢酸や酪酸が生じ、植物の成長に必要な鉄などの成分がイオン化します。処理後は空気にさらすことで、酢酸などは消失し、栽培に適した土になります。

ポイント

1. エタノールの濃度は0.5～1％の範囲にする。
2. 処理中は、酸素（空気）に触れないよう密封する。袋に穴が開いている場合は塞いでおく。
3. 太陽光に当てて地温30℃以上にする（5～9月が適期）。
   ※適期以外は地温維持のため加・保温箱などを使う。
4. 処理後の土は特有の発酵臭（酢酸や酪酸臭）がする（かなり臭い）。

材料（土15ℓ分）

- ホワイトリカー（アルコール分35％）…140mℓ
- 水…4860mℓ
- 15ℓの土が入る厚手（0.05㎜以上）のポリエチレンなどの透明な袋…1袋
- 古土…15ℓ
- ひも…適宜

ホワイトリカーを使う土壌還元消毒法の手順

1 栽培の終わった古土をタフブネへ出し、根や枯れ草などの残渣を取り除く。

2 ホワイトリカー140mℓに水（できれば効果を高めるため50℃の湯）を加えて5ℓにし、1％エタノール水溶液を作る。

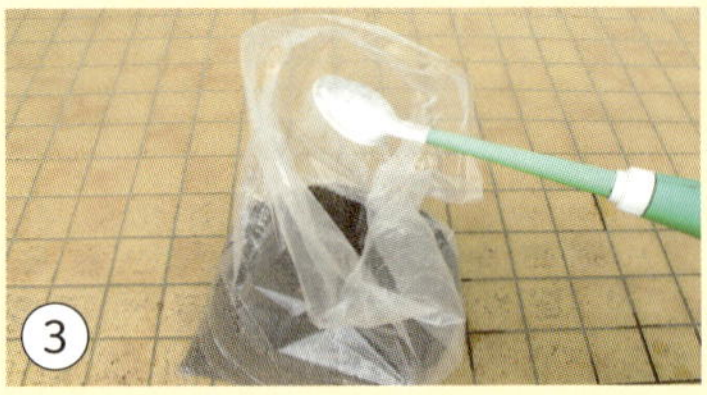

3 古土をポリ袋へ入れ、ジョウロで1％エタノール水溶液をまく。

4 空気を抜き、ひもで口を閉じしっかり密封する。

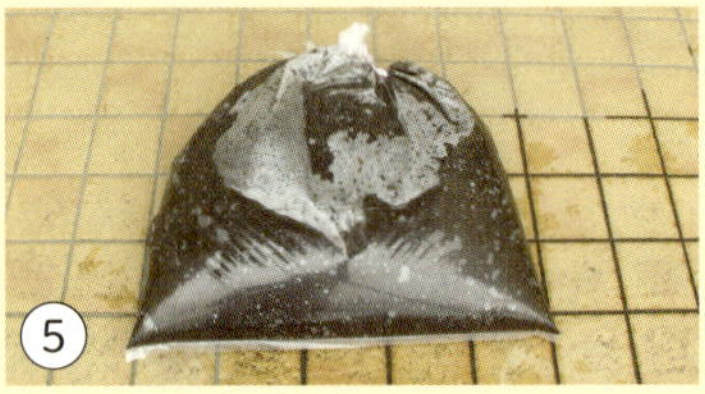

5 2～3週間太陽光に当てる。

6 処理が終了したら、天日で水分を軽く飛ばす。3～4日すれば再生土ができる。

栽培編

(小林キユウ撮影)

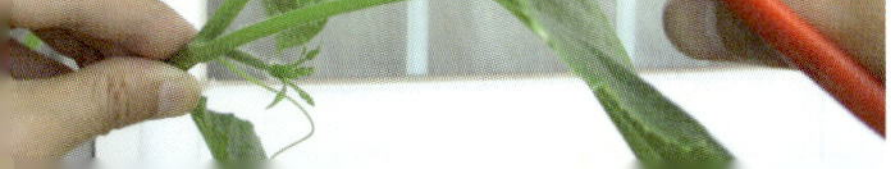

難易度 ★☆☆

ベビーリーフ

ベビーサラダミックス

「ベビーサラダミックス」
サラダに便利な8種類のツケナ類のベビーリーフ用ミックス。色とりどりの8種類のレタスが楽しめる「ガーデンレタスミックス」も。

基本情報

- 発芽適温（地温）：品目による
- 生育適温（気温）：品目による
- 日当たり：日なた／半日陰

材料　1プランター分

- 種…400～450粒
- 小型32プランター（2.5ℓ）…1個
- 培養土…約2.5ℓ
- 肥料（8-8-8）…約10g（土1ℓ当たり約4g）

※肥料入りの市販の野菜用培養土であれば、原則施肥の必要なし

ここがポイント

1. 出芽まで土は乾かさず、適温を保つ。
2. 出芽後の水やりは午前中に一回程度とし、曇雨天は避ける。
3. 早めに間引いて日当たりと風通しを良くする。
4. 収穫は遅れず適期にする。

野菜の種類は、食べる部分によって大きく三つに分けられます。例えばレタスは葉を食べる野菜なので葉菜、ダイコンは根を食べるので根菜、トマトは果実を食べるので果菜といいます。種をまき、水をやり、温度などの条件が整えば、芽が出て、最初に成長するのは葉です。これを増やし大きくすれば食べられる葉菜は、体ができてから根が太る根菜や花を咲かせてから果実をつける果菜などに比べて栽培が簡単です。

その中でもベビーリーフは、葉（リーフ）を赤ちゃん（ベビー）の段階で早く収穫するのでさらに簡単というわけです。ベビーリーフは特定の野菜を指すものではなく、栽培方法のひとつです。使える品目は、カラシナ、ミズナなどのツケナ類、レタス類や、ホウレンソウ、ルッコラ、それにスイスチャードなどがあります。ただし、種類によって種まき時期は異なるので注意します。

どれも1カ月程度で収穫を始められ、虫がつく前に収穫できます。栽培は、鉢やプランターのほか、ペットボトルで作ったリサイクルプランターを代用することもできます。いずれも発芽適温（地温）の範囲に18～20℃を含んでいるので、冬や夏は日の当たる室内などで出芽を促すとよいでしょう。いろいろな野菜を栽培してサラダにして食べてみましょう。

ベビーリーフに適した品目

レタス類

ホウレンソウ

スイスチャード

1 種まき

培養土を湿らせて容器に入れる。この時、覆土用にコップ1杯分（約200mℓ）の土を別にとっておく。プランターの縁から1cmほど下まで土を入れ、平らにしておく。

コツ
半分に折ったハガキなどを使うと上手にできる。

種をつまみ、10cmぐらいの高さから、指をすりながら、種が重ならないように2cm程度の間隔になるようにばらまく。

種が重なったら、ピンセットなどで重なった種を取り出し、少ないところにまく。

上から種が隠れるように土をかける。

ジョウロやハンドスプレーでやさしくたっぷり水をかける。プランターは日当たりの良いところに置き、土が乾かないように1日1～2回しっかり水やりする。

コツ
レタス類は発芽に光が必要なので、芽出し（➜21頁）しない場合は、覆土はごく薄くする。

2 出芽後の管理

3日前後で芽が出てきたら、病気を防ぎ、苗がもやし（徒長）にならないよう、日当たりと風通しの良いところで育てる。室内では徒長しやすいため、土表面が盛り上がってきた時点で外に出す。

水やりは、午前中に1回程度にし、雨や曇りなど土が乾かない日は控える。苗が伸び気味の場合は上から水やりせずに、皿などに水を張り、プランターの底から吸わせ、余分な水は捨てる。

3 間引き

種まきから5日ほどして子葉が十分に開いたら、良い苗を残し、苗が健康に育つように株間を空けて最初の間引きをする。

芽の出るのが早すぎる・遅すぎるもの、子葉の形が悪い、数が多いもの、少ないもの、色が白いものをピンセットで抜くか、はさみで切るなどして、葉が重ならない程度に間引く。

1回で間引きしきれなかった場合は1回目の間引きから3～5日後、本葉1枚が広がり始めた頃に間引く。葉と葉が重ならない程度に苗の間隔が2cmほどになるように、はさみで茎を切り取り除く。

4 収穫

丈が10cm以上になったら収穫できる。

リサイクルプランターの作り方

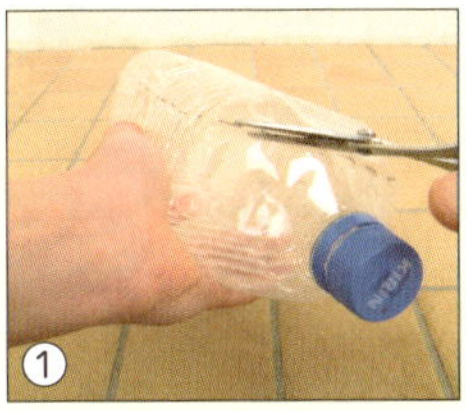

安定性の良い四角いボトルを選び、横に寝かせた状態で、上から8分の1くらいのところで切る

底の部分にはんだごてや千枚通しなどで水抜きの穴を多めに開ける

切った上側の部分は、天地を逆さまにすれば、そのまま受け皿として使える

栽培期間の短いベビーリーフは、ペットボトルのリサイクルプランターでも栽培できる

難易度 ★☆☆

サンチュ

青かきチシャ

「青かきチシャ」
シャキシャキとした歯ごたえが楽しめる。
いろどりが良い赤葉の「赤葉チマ・サンチュ」もおすすめ。

基本情報

キク科アキノノゲシ属

- 発芽適温（地温）：18～20°C
- 生育適温（気温）：18～22°C
- 原産地：中近東内陸から地中海沿岸
- 日当たり：日なた／半日陰

材料　1プランター4株分

- 標準60プランター（14ℓ）…1個
- 種…16～20粒
- ジフィーセブン（直径42㎜）…4個
- バーミキュライト…少々
- 培養土…約14ℓ
- 元肥用肥料（IB）…約56g
- 追肥用肥料（IB）…約24～32gもしくは液肥約49～56㎖
- 時期に応じた被覆資材

ここがポイント

1. 芽出しをして一斉に出芽。
2. 若苗を適期に植え付ける。
3. 乾湿に注意して水をやる。
4. 摘み採り収穫では定期的に追肥を。

春まき
秋まき

レタスの仲間は、葉が巻き結球する玉（ヘッド）レタス、野生種に近い半結球で葉が立つロメインレタス（立チシャ）、非結球レタスにはリーフレタス、茎を食用にする茎レタス、そしてかきチシャがあります。多くは19世紀以降に日本へ導入されたのに対し、かきチシャの歴史は古く、平安時代に伝来したことから日本の環境にもなじんでいます。

和名の「チシャ」とは、切り口から乳白色の汁が出るため乳草（ちちくさ）と呼ばれたことに由来します。かきチシャとは、葉を「掻き」採り収穫するレタスという意味です。20cmほどに育った葉を下から少しずつ摘み採ります。韓国名は「サンチュ」といい、焼き肉を巻く葉っぱとしてもお馴染みです。

レタスは中近東から地中海沿岸原産で、冷涼な気候を好みます。25℃以上の高温で生育が悪くなり、多湿で病気を多発します。一方でかきチシャは、暑さや寒さ、病気にも強く、種まきは年中できますが、2月中旬から5月の春と8月中旬から9月中旬の秋が好適です。特に秋まきは、翌春の高温・長日で花芽ができ、4～5月にトウ立ちするまで摘み採り収穫で長く楽しめます。レタス類の多くは、冷涼な地域を除き、夏は高温による発芽や生育の不良、トウ立ちなどで栽培に向きません。かきチシャは暑さに強いので、冷蔵庫での芽出しとトウ立ち前の株採りで栽培ができます。

病害虫情報

アブラムシ類　主に春～秋に発生。葉の裏をよく観察する。多肥に注意し、初期は補殺するか、葉ごと取り除く。不織布のべたがけや早めの薬剤散布で拡大を防ぐ。

腐敗病　冬を除き多湿で発生しやすい。水のやり過ぎに注意し、雨を避けて移動し、風通しよく栽培する。

チップバーン　カルシウム欠乏による生理障害。100倍に希釈した酢酸カルシウム溶液を株の上からかける。

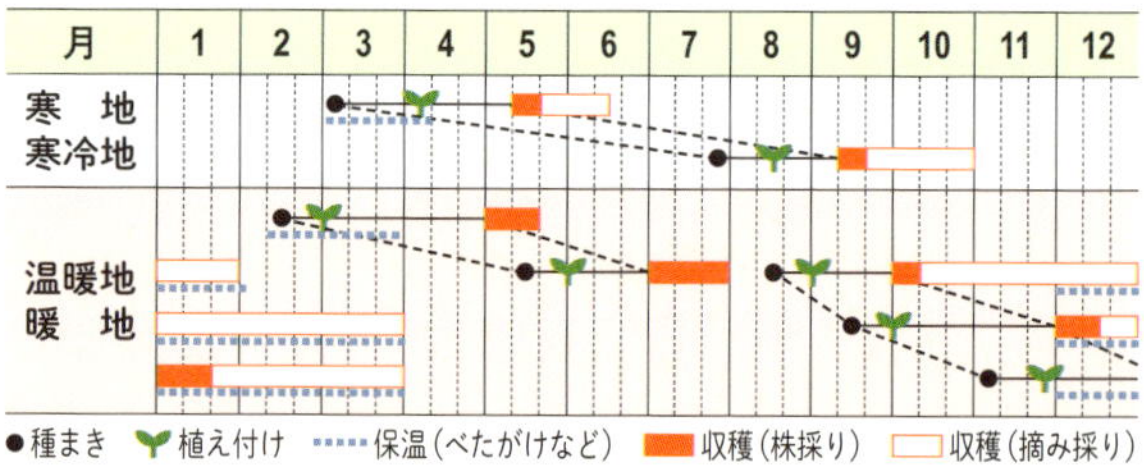

1 芽出し

レタスの種は25°C以上で休眠し発芽しなくなる。ペーパータオルなどに種を包み、一晩水に浸けて軽く水を切り、乾かないように容器に入れ、冷蔵庫（5～8°C）で2～3日低温処理する。

芽出しの効果…レタスは発芽に光が必要だが、芽出しした種は発芽に光を必要としない。芽出しは本来夏まき用の処理だが、季節に関係なく取り入れたい。

2 種まき

処理した種は乾いたペーパータオルで軽く水気をとる。

ぬるま湯で膨潤させた種まき用資材のジフィーセブン（72穴トレーでも可）の中央にピンセットなどで深さ5㎜ほどのまき穴を作り、3～4粒ずつまく。ジフィーセブンは根が回っていない若苗でも根傷みさせず植えられる。

上からバーミキュライトをかける。

コツ

芽出ししなかった場合は、発芽に光が必要なのでバーミキュライトはごく薄くする。

ハンドスプレーで水をやさしくかけたら、外に置いて不織布を1枚かける。外気温が平均15°C以下の時期は、出芽適温15～20°Cを維持するため子葉が見えるまで室内に置く。

3 間引き

適温であれば、芽出しした場合は1日、しなかった場合は4～5日で出芽する。本葉1～2枚ではさみやピンセットを使って1株に間引く。

4 植え付け

老化苗は根張りが悪く生育が悪い上、高温期はトウ立ちしやすくなるので本葉3～4枚で植え付ける。苗にしっかり水やりしておく。

元肥を混ぜた土を入れたプランターへ15㎝間隔で4株を植え付け、しっかり水やりする。

コツ

水を500倍程度の液肥にすると根付きが良くなる。

植え付け後1週間程度は、乾かさないように水をやり、根付きを促す。11月下旬～3月は、防寒、防霜、生育促進のために不織布を1枚べたがけし、夏は日陰か遮光ネットの下に置く。

コツ

レタスは、カルシウム（石灰）欠乏による葉先などの焼け症状（チップバーン）が出やすい。土のpHを測定して好適pH6.0以下の場合は、苦土石灰などで事前に矯正しておく。

5 追肥

摘み採りながら長く収穫する場合は、植え付け後30日ぐらいから1週間に1回500倍に薄めた液肥か、月に1回肥料（IB）約8gを施す。

6 収穫

春秋まきは、種まき後60日ぐらいから手のひらサイズの葉を下から2～3枚ずつ収穫する。夏まきは、種まき後45日ぐらいで、株元で切り採って株ごと収穫する。

コツ

レタス類は本葉12～13枚程度の大きさになった株が、20°C以上になると花芽が誘発され、長日で促進される。その後25°C以上で10日、15°Cでも30日ほどでトウ立ちする。15°C以下の場合や生育前半は高温でも短日ならばトウ立ちは抑制される。この性質により秋まきは長く収穫できる。

難易度★☆☆

コマツナ

「きよすみ」
周年栽培でき、白さび病と萎黄病に耐病性があり、春から初夏まきで能力を発揮する品種。
夏まき用晩生品種「つなしま」、晩抽性の冬用品種「わかみ」も。

基本情報

アブラナ科アブラナ属

- 発芽適温（地温）：20～25℃
- 生育適温（気温）：15～25℃
- 原産地：アフガニスタンとパキスタン国境、（2次中心）中国華中から華南地域および日本
- 日当たり：日なた／半日陰（夏）

材料　1プランター24株分

- 種…72～96粒
- 小型40プランター（5ℓ）…1個
- 培養土…約5ℓ
- 元肥用肥料（8-8-8）…約48g
- 不織布…1枚

ここがポイント

1. まき時期に合った品種を選ぶ。
2. 生育ムラが出ないよう種まきする。
3. べたがけは種まき直後からする。
4. 本葉3枚までに間引く。

江戸時代、冬のある日、徳川吉宗が小松川の村（今の東京都江戸川区）へタカ狩りに行き、昼に青菜のすまし汁を出されます。その中の青菜を気に入り、村人に名前を尋ねますがわかりません。そこで将軍が地名からコマツナと名付けたというのが名前の由来です。

本来の旬は秋から冬です。1977年にサカタのタネが耐暑性を持たせた世界初のF_1品種「みすぎ」を発表。寒さや暑さ、病気にも強く、連作できて作りやすく進化したことで、東京の地方野菜に過ぎなかったコマツナは、周年栽培できる野菜として全国に広まりました。

コマツナには生態や形態の違いから多くの品種があります。大切なのは、種袋の情報に従い季節ごとに適した品種を選ぶことです。

春・秋まきは、耐暑性に優れ、適度な生育をする中早生～中生で、白さび病や萎黄病の両方に強い品種を使います。

夏まきは、高温で生育期間が最短です。じっくり葉の数を増やし株張りのよい晩生で、葉の色が濃く、カッピングや萎黄病になりにくい品種にします。

冬まきは、低温でも生育が旺盛で早く大きくなる早生で、花芽ができにくく、春先の収穫までにトウ立ちしにくい晩抽性の品種を選びます。花芽ができるのを遅らせるため播種から本葉4～5枚までは最低5℃以下にならないようべたがけなどで保温します。

病害虫情報

白さび病　葉の裏に白い菌（カビ）の塊が多数生じ、葉表は黄色くなる。梅雨、秋雨時期の低温・多湿で発生しやすい。耐病性品種を選択する。
萎黄病　フザリウム菌による土壌病害。高温期に多く発生し生育中期以降は青枯れする。耐病性品種を選択。
カッピング　高温乾燥、窒素過多など、主にカルシウム欠乏により葉がカップ状に丸まる生理障害。

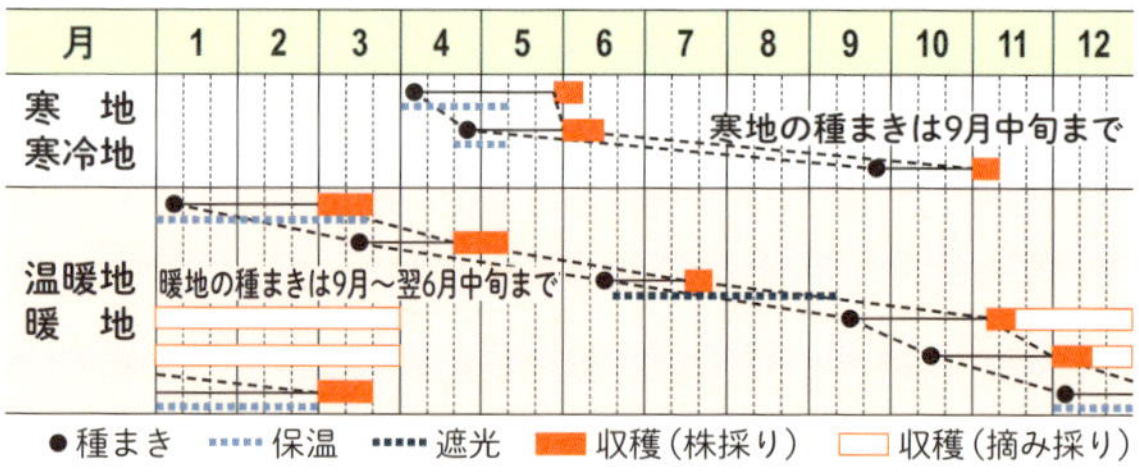

1 種まき

種まき時期と株間
夏まき………5～6cm（疎植：気温が高く成長が早い）
春・秋まき…4～5cm（夏と冬の中間）
冬まき………3～4cm（密植：気温が低く成長が遅い）

プランターに、元肥を混ぜた土を入れ、ペットボトルのフタなどで条間8cmで2列に、株間3cmになるように深さ1～1.5cmのまき穴を開ける。

1穴に3～4粒ずつ種をまく。

土をかけ表面を手で押さえる。

十分水をやる。出芽までは乾かさないように。

コツ
密植するので、生育を揃えるためまき穴の深さや覆土の量、水やりなど均一に、発芽適温を維持して一斉に出芽させる。

種まき直後に不織布をべたがけする。べたがけは年中行ない、水やりは不織布の上からやる。

コツ
春～秋まきは、生育初期に虫害に遭うと致命的。夏まきは、遮熱や乾燥を防ぐため出芽まで半日陰で栽培するか、不織布の上から30％程度の遮光ネットで覆ったトンネルにする。

べたがけの効果

1. 害虫（アオムシ、イモムシ類、キスジノミハムシなど）の食害防止。
2. 発芽適温を保つ。
3. 夏の乾燥を防ぐ。
4. 冬は花芽ができるのを抑える。

2 間引き 1回目

種まきから3日ほどで芽が出る。本葉1.5枚までに、混み合っているところをピンセットや指で間引き、1カ所当たり2株にする。

3 間引き 2回目

本葉が3枚まではさみを使って間引き、1カ所当たり1株に。この時点で成長点に本葉が8～9枚できているので、遅れず間引いて光がしっかり葉に当たるようにする。

4 収穫

収穫の3～7日前に不織布を外す。外気や光に当てることで、葉色、光沢、味がさらに良くなる。葉が焼けるのを防ぐため、曇天日をねらって外すとよい。

20～25cmになったら根ごと引き抜くか、株元をはさみで切って収穫する。春～初秋は、朝収穫し、時間を空けず冷蔵庫で冷やす。保存の際、黄色くなりやすい子葉や外葉を1、2枚外す。

大株の摘み採り収穫で長く楽しむ
初夏～秋の種まきでは、深型55プランターなどに株間30cmで2株、直径30cm鉢なら1株を、株ごと抜かずに大きく育て、わき芽から次々出てくる30～40cmに育った葉を摘み採りながら長く収穫できる。

ナバナも楽しむ
3月下旬になると大株の場合、次々トウ立ちしてくるので、ナバナとしておひたしなどで楽しめる。この場合、収穫期間が長いので、最初の収穫から1株に肥料（IB）約2gをひと月に1回施す。

チンゲンサイ

難易度 ★☆☆

「頼光(らいこう)」
耐暑性に優れ、白さび病、萎黄病に耐病性で、中～大型の品種。ミニ品種の「シャオパオ」や秋から冬の種まきができる「翠勲」もおすすめ。

基本情報

アブラナ科アブラナ属

- 発芽適温（地温）：20 ～ 25°C
- 生育適温（気温）：15 ～ 25°C
- 原産地：アフガニスタンとパキスタン国境、（２次中心）中国華中
- 日当たり：日なた／半日陰（夏）

材料 1プランター7株分

- 種…7粒
- 200穴セルトレー…7穴分
- 種まき用培養土…約100㎖
- バーミキュライト…少々
- 標準60プランター（14ℓ）…1個
- 培養土…約14ℓ
- 元肥用肥料（IB）…約28g
- 追肥用肥料（IB）…約21g
- 時期に応じた被覆資材

ここがポイント

1. 栽培時期に適した品種を選ぶ。
2. 直まきは避け、育苗した苗を使う。
3. 被覆資材を活用する。
4. 収穫は適した時期や時間にする。

１９７０年代、中国との国交が正常化し、初めてパンダが来た頃、チンゲンサイも多くの中国野菜と一緒に日本へやって来ました。

種《しゅ》としての原産地は冷涼な地中海沿岸ですが、チンゲンサイが発達したのは温暖な中国の揚子江流域。そのため生育適温は15～25℃で、低温は5℃から高温は35℃まで、強い日照にも耐えて生育し、周年で栽培できます。栽培期間は、夏など高温期が最短で40日前後、冬など低温期は最長で70日ほどになります。

栽培のコツは栽培時期に応じた品種と被覆資材を選ぶことです。不織布は、手軽なべたがけ資材として防虫や保温、保湿、雨よけなどの目的で一年を通して使えます。

その上で6～8月の夏まきは、梅雨時期に発生しがちな白さび病に強い品種を選びます。後半は高温・乾燥でも茎が伸びにくく、葉が湾曲する「カッピング」や葉先が枯れる「チップバーン」、萎黄病に強い品種を選びます。不織布の上に遮光ネットのトンネルを作り高温を抑え、水やりで乾燥を防ぎます。

秋から春の特に11月下旬～4月上旬の種まきは、低温で花芽ができ、その後の高温・長日条件でトウが立ちやすくなります。晩抽性品種を使い、種まきから本葉5枚頃までの気温を最低5℃、平均15℃以上にすれば収穫までのトウ立ちは防げます。園芸用フィルムで覆った保温箱とトンネルの中で栽培します。

病害虫情報

ナメクジ　ベランダでの発生はほとんどないが、テラスなどでは地面伝いに侵入してくる。活動する夜間に捕殺するか、スラゴなどのベイト剤で誘引退治する。

軟腐病　細菌による病害で6 ～ 10月の高温・多湿で発生。アメ状に腐らせ悪臭を放つ。雨に直接当てない。

白さび病・カッピング→コマツナ（➜42頁）

キスジノミハムシ・コナガなど→ルッコラ（➜46頁）

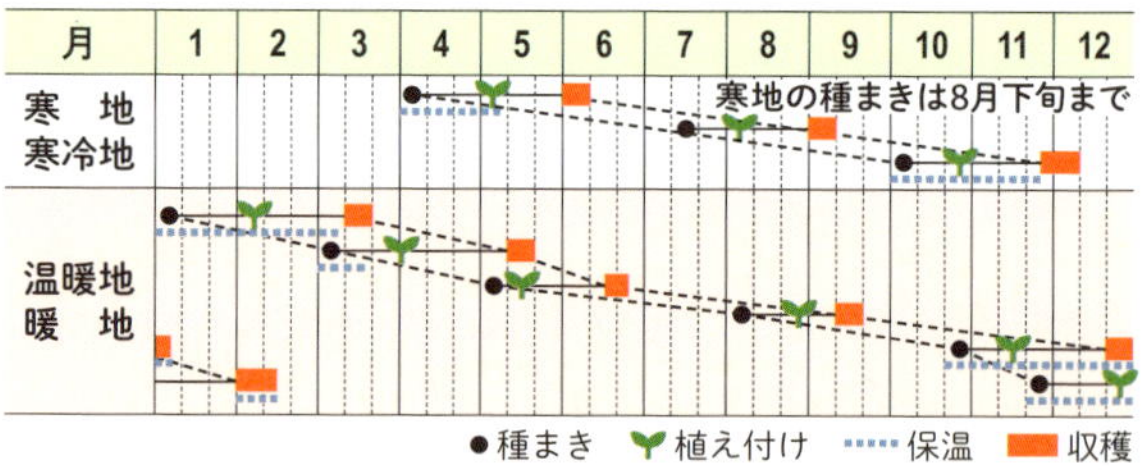

1 種まき

セルトレーへ種まき用培養土を入れ、空のトレーを重ねて5㎜ほどのくぼみをつける。

1穴に1粒の種をまく。予備も含め10株ほどの苗があると安心。

バーミキュライトで覆土をして、表面を平らにしたら、土が流れないよう優しくたっぷり水やりする。

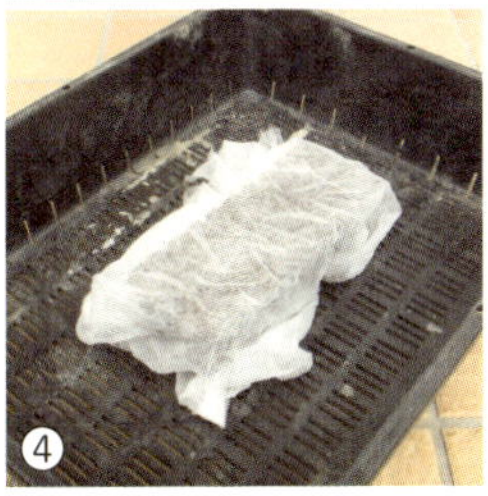

トレーは日当たりの良いところ(夏は半日陰)に置き、不織布のべたがけで防虫し、植え付けまで雨に当てないようにする。秋～春(10月下旬～4月上旬)は本葉5枚まで保温箱(➜28頁)で育苗しトウ立ちを防ぐ。

3日前後で芽が出る。過湿だと徒長しやすいので、乾かし気味で育苗する。

コツ

夏以外は、育苗に日数がかかるので14日ほどで500倍程度の液肥を7日おきに施し、肥切れによる葉の黄化を防ぐ。

2 植え付け

苗は、本葉2～2.5枚でセルトレーから根を崩さないように抜き取り、元肥を混ぜた土を入れたプランターへ条間15㎝、株間10㎝の千鳥で植え付ける。

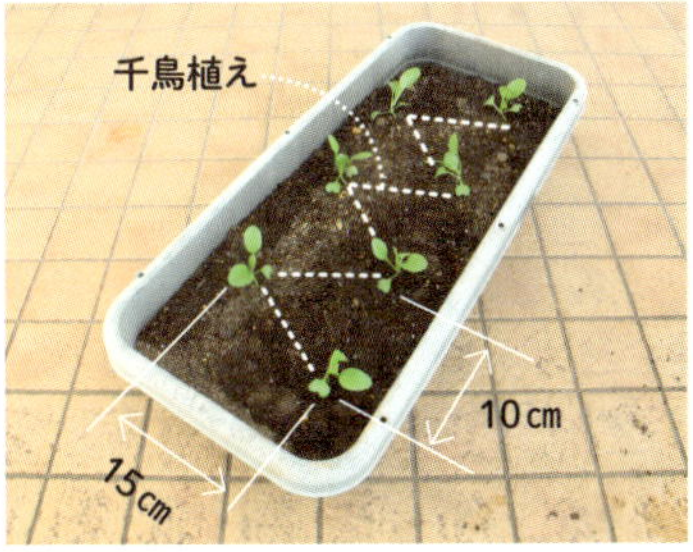

コツ

直まきもできるが、移植栽培のほうが立枯病(➜46頁)などを予防しやすく、収穫までの日数も短縮できる。

指で植穴を開け、根鉢とプランターの土面が同じ高さになるように苗を植え、軽く土を押さえ、たっぷり水やりをする。根付くまでの5日ほどは土の乾きに注意する。

コツ

予備苗が余ったら、補植用に1週間ほどとっておく。

植え付け後すぐ不織布のべたがけや、防虫ネットをかける。
べたがけ前に、コナガやアオムシの防除に有機栽培でも使えるBT剤を散布する。

夏は高温や乾燥、チップバーンやカッピングを防ぐため、半日陰に置くか、不織布の上に遮光ネットのトンネルを作り、夕方に水やりする。

秋～春は、トウ立ちと寒害を防ぎ、生育を促すため園芸用フィルムをかけたトンネルで保温する。内部が26℃を超えるようなら換気する。

3 追肥

秋～春まきは、栽培期間が長くなるので、本葉4～5枚で株の間に肥料(IB)21gを施す。土と肥料を混ぜ、水をやる。

4 収穫

草丈が、20～25㎝になったら地際から切り収穫する。外葉3枚を外して、株元を切り戻して、形を整える。遅れると、葉と茎がつながる部分などにスが入り、スポンジ状になる。特に夏の適期は3～4日ほどと短い。

ミニチンゲンサイ「シャオパオ」

ミニチンゲンサイ「シャオパオ」なら、栽培はさらに簡単。大型品種は1カ所に1株植え付けるところ3株を植えられる。標準60プランターで21株、小型40プランターなら12株栽培できる。大型品種よりも2週間程度早く、10～15㎝の手のひらサイズで収穫できる。

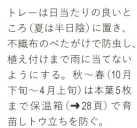

難易度 ★☆☆

ルッコラ

オデッセイ

「オデッセイ」
ほかの品種よりも早生で早く収穫でき、寒さに強く香りも味もバランスがよい。

基本情報

アブラナ科エルカ属

- 発芽適温（地温）：20 ～ 25℃
- 生育適温（気温）：15 ～ 25℃
- 原産地：地中海沿岸（南ヨーロッパから西アジア）
- 日当たり：日なた

材料　1コンテナ28株分

- 種…120 ～ 160粒
- 200穴セルトレー…28穴
- 種まき用培養土…約560㎖
- バーミキュライト…少々
- 標準60プランター（14ℓ）…1個
- 培養土…約14ℓ
- 元肥用肥料（8-8-8）…約56g
- 追肥用肥料（8-8-8）…約3g（摘み採り10株分）
- 時期に応じた被覆資材

ここがポイント

1. 出芽までは乾かさないようにする。
2. 間引き、植え付け、収穫は適期に。
3. 春～秋は雨が直接当たらないように。
4. 種まき直後から防虫対策を。

イタリア語の「ルーコラ」が語源のルッコラは、ピリ辛、煎りゴマ風味で栄養豊富な葉菜です。その故郷は南ヨーロッパの地中海周辺から西アジアにかけて。イタリアでは古代ローマ時代から食べられ、食べない日はないと言われるくらいお馴染みの野菜なのだとか。日本では１９８０～90年にかけて「イタ飯」ブームで普及した比較的新しい野菜です。

涼しい環境が好きで、育てやすい気温は、15～25℃です。温暖地や暖地の種まきは、真冬や真夏の種まきは避け、3月下旬～6月の春～初夏と、9～10月の秋にします。一方で、寒地や寒冷地は、5月中旬～9月中旬に種まきします。この時、コンテナへ直まきすると苗立枯病で欠株が目立ちます。苗を育てて植え付けた方がよく揃い、補植もできて便利です。

害虫が多発する春と秋は、種まきから収穫まで通しで防虫ネットのトンネルをします。夏は、高温と乾燥で葉は硬く、苦みや辛みも強くなるので、湿度を保つため防虫を兼ね不織布をべたがけします。冬は寒さで出芽に時間がかかり、生育も緩慢になります。10月下旬～3月中旬は保温のため園芸用フィルムのトンネルをして生育を促します。

ルッコラは13時間以上の長日条件だと花芽ができやすくなります。収穫はトウが立ち始めるまで。春から秋にかけては収穫期間が限られるので採り遅れないようにしましょう。

病害虫情報

立枯病　春～秋に土中の病原菌が感染し、茎（胚軸）と根が褐変し痩せて、倒れて枯死する。過湿に注意する。
炭疽病　葉に淡い褐色の凹んだ斑点を生じ、そこから葉が黄化し、枯れる。雨や頭上からの水やりを避ける。
キスジノミハムシ、コナガ、アオムシ、ヨトウムシ類
春～秋に葉を食害。防虫ネットや不織布をかけて防ぐ。ガやチョウの幼虫はBT剤散布も効果的。

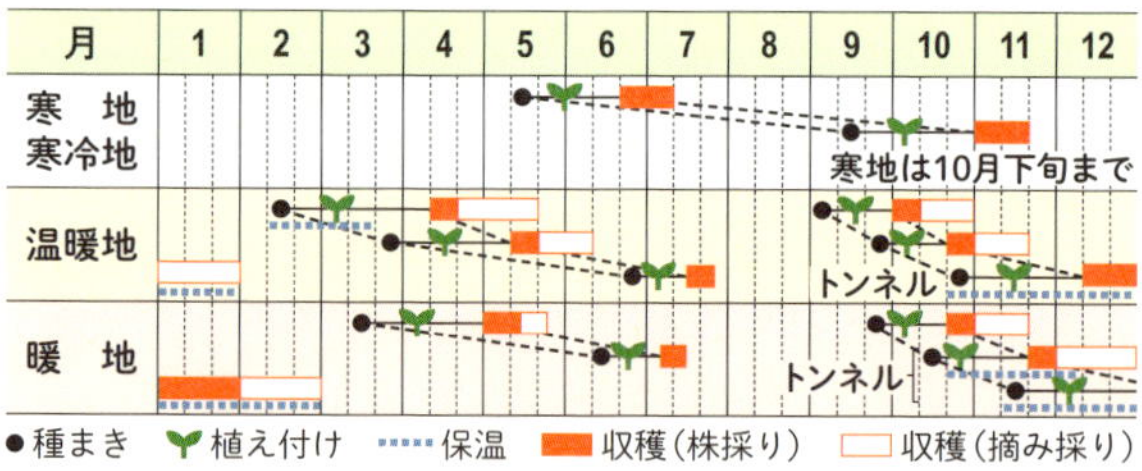

1 種まき

セルトレーへ種まき用培養土を入れ、5㎜ほどのまき穴を作り、1穴に3～4粒の種をまく。予備も含め30株以上の苗を用意すると安心。

バーミキュライトで覆土し、表面を平らにしたら、数回に分けてたっぷり水やりする。

防虫のため不織布をかけ、日当たりの良いところで栽培する。低温期は、出芽に1～2週間かかることもあるので、保温箱や夜間は室内で管理する。植え付けまではできるだけ雨に当てないように。

コツ
直まきもできるが、立枯病により欠株が出やすいので、苗はセルトレーで育てた方がよく揃い、補植もできる。

2 間引き

生育適温の15～25℃の範囲であれば、2、3日で出芽する。種まき後10～14日、本葉が見えるか見えないか程度で1穴1株にはさみを使って間引く。

3 植え付け

間引きから7日前後、本葉2枚が開き始めたらプランターへ植え付ける。ピンセットなどで根を崩さないように抜き取る。

条間15㎝、株間4㎝で、指で植穴を開け、根鉢とプランターの土面が同じ高さになるよう苗を植え、軽く土を押さえる。最後にたっぷり水やりする。

コツ
以降の水やりは株の上ではなく、できるだけ条間にやるようにする。

植え付け後すぐ、種まき時期に応じて通常は、防虫ネットのトンネル、園芸用フィルムのトンネル（10月下旬～3月中旬）、不織布などべたがけ（6～7月）をする（被覆資材➜27頁）。

コツ
植え付け7日以内で枯れて欠株になったら予備分の余り苗で補植する。

4 土寄せ

本葉4～5枚、草丈12～13㎝になり、株がぐらつくようなら、風で株が傷まないように、株元へ土を寄せておく。

5 収穫（株採り）・追肥

葉が一番柔らかくおいしい草丈20㎝前後になったら、株間が12㎝になるように、間引きを兼ねはさみを使って株元で切り、株ごと収穫する。60㎝プランターの場合、10株程度残す。

株採り収穫後に残した株で摘み採り収穫する場合は肥料（8-8-8）約3gを施し、土と混ぜ、土寄せして、水をやっておく。株採りは、間引きを兼ねているので採り遅れないように。

6 収穫（摘み採り）

夏まきを除き葉を摘み採りながら収穫できる。冬は栽培期間が長く株が分かれてくる（分けつ）ので、それをかき採って楽しむことも。

やがてトウが立ち始める。トウは、早いうちならばやわらかいので摘み採って食べることができる。

和名は「キバナスズシロ」。スズシロはダイコンの古名で、同じアブラナ科のダイコンの花によく似たクリーム色の花を咲かせる。

コツ
5～8月中旬はトウ立ちが早く、株採りと摘み採りの間が短いので、採り遅れないようにする。

難易度 ★☆☆

エンサイ（クウシンサイ・ヨウサイ）

「エンツァイ」
葉と茎が緑色で茎がやわらかい白系品種。炒め物や中華風おひたしにするとおいしい。

基本情報

ヒルガオ科サツマイモ属

- 発芽適温（地温）：25°C前後
- 生育適温（気温）：25～32°C
- 原産地：中国華南、東南アジア、熱帯アフリカなどの熱帯
- 日当たり：日なた／半日陰

材料　1プランター5株分

- 種…10粒
- 72穴セルトレー…5穴分
- 種まき用培養土…約300mℓ
- 標準60プランター（14ℓ）…1個
- 培養土…約14ℓ
- 元肥用肥料（IB）…約30g
- 追肥用肥料（8-8-8）…約40～50g（8～10回分）

ここがポイント

1. 出芽まで25°C前後の地温を保つ。
2. 無理な早まき、早植えをしない。
3. 乾燥に弱く水好きなので乾かさない。
4. 収穫は株元近くまで茎葉を摘み採る。

春まき
夏まき

多くの葉物野菜の旬は秋から冬で、一般に旬ほど栄養価は高くなります。それに旬の方が栽培も楽です。

数少ない夏が旬の青物に熱帯地域原産のエンサイがあります。アサガオやサツマイモと同じヒルガオ科の植物で、花やつる状に伸びる茎、子葉の形、三角形の葉などよく似た形態をしています。一つ違うのは空心菜（クウシンサイ）という別名のとおり、茎は中空で水に浮かぶことができます。東南アジアでは畑のほか湿地帯で水栽培もされます。

土を乾かすと茎葉が硬くなり食味が落ちるのでまめに水やりします。不織布をべたがけすると成長が早くなり収量も増え、乾きも和らぎます。真夏に土が乾くようならばプランターを水に浸して栽培してもよいでしょう。

発芽適温は25℃前後、生育適温も25～32℃と高く、15℃以下では成長が緩慢になり、10℃を下回ると生育できません。露地での栽培は、最低気温が15℃以上になってから。それ以前は保温して育苗します。わき芽がよく出るので、収穫は株元近くで摘み、後から伸びてくるつるが絡まないようにします。初霜まで何度も収穫できます。

病害虫も少なく、栽培は至って簡単。夏に栄養価の高い緑黄色野菜のエンサイは、シャキシャキした食感で炒め物に、おひたしに、一度食べるとやめられない旬の味です。

病害虫情報

イモキバガ　夏から秋にかけて発生。幼虫が葉を糸でつづって中で葉肉を食害する。葉ごと摘み取って補殺する。
ハスモンヨトウ　幼虫が夜に茎葉を食害。猛暑の年は秋口に大発生することがある。夜に幼虫を捕殺する。
ハダニ類　軒のあるベランダや晴れ続きで乾燥していると発生しやすい。乾燥に注意し、発生したら手で補殺。おさまらないときは殺ダニ剤で防除する。

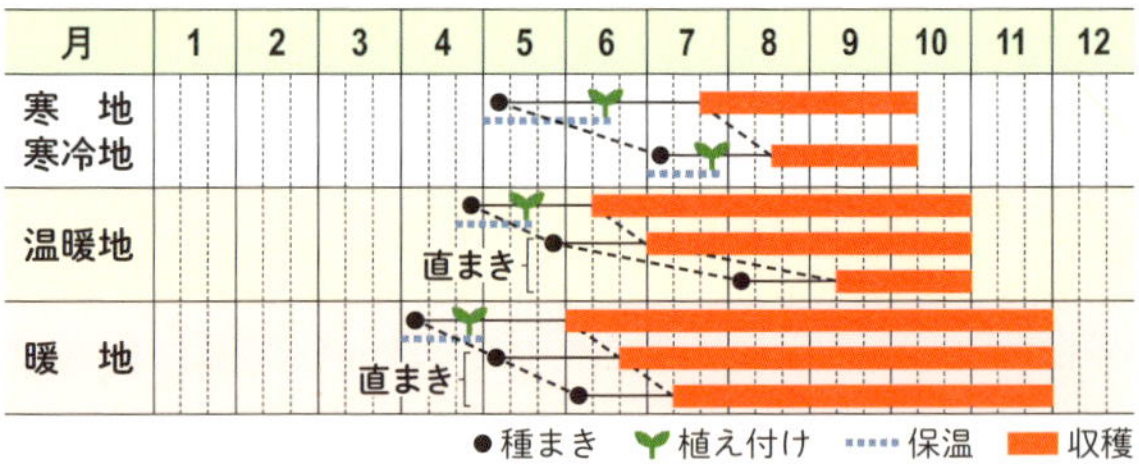

1 芽出し

種は「硬実」(➜21頁)なので水に一昼夜浸け、発芽を促す。途中で1、2回水を換える。

2 種まき

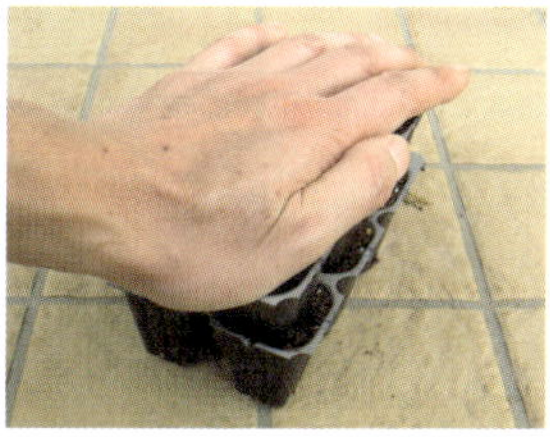

セルトレーに種まき用培養土を入れる。空のトレーを重ねて上から押し、深さ1〜1.5cmのまき穴を開ける。

種を2粒まき、土をかけ、手で押さえたら、しっかり水やりする。まき穴を深く、覆土を厚くしないと、芽が出た際に種が飛び出すこと(浮き種)があるので注意。

コツ

地温が十分にとれる5月下旬以降からプランターへ直に種まきできるが、その場合でも育苗した方が、欠株もなく、温度管理もできて便利。

3 間引き

適温ならば3〜5日ほどで芽が出始める(地温がとれないと10日ほどかかることも)。本葉1枚ではさみを使い1株にする。

4 植え付け

種まき後21日までの本葉2〜3枚で、元肥を混ぜた土を入れたプランターに、株間約12cmで5株を植え付ける。遅れると苗がすぐ老化するので、葉の枚数にかかわらず適期に植え付ける。

植え付け後は、乾燥させないようにこまめに水やりする。

不織布をかけると、保温、保水効果のほか強光ストレス(特に紫外線)が緩和され生育が良くなる。

5 収穫

主枝の本葉が10枚前後、草丈が30〜40cmで、株元の本葉2〜3枚を残して主枝と側枝を摘み採り、最初の収穫をする。

2回目以降は、新しく伸びた茎葉の株元に近い葉1枚をそれぞれ残して摘み採る。

コツ

葉を残すことで、葉のわきから芽が伸びて長く収穫できる。株元で摘み採り、あとから伸びてきた茎葉が混み合わないように風通しを良くする。

株が大きくなり、土が乾きやすいときは、プランターごと水に浸すと水やりが楽になる。

6 追肥

初回の収穫後に最初の追肥約5gを施す。その後は10〜14日おきに同量を施す。栽培中は水を切らさず、まめに追肥を施す。

スウィートバジル

難易度 ★☆☆

バジル

「スウィートバジル」
スパゲッティ、ピザ、サラダなどトマト料理によく合う。
タイ料理をはじめ東南アジアで広く使われる「タイバジル」や「ホーリーバジル」もおすすめ。

基本情報

シソ科メボウキ属

- 発芽適温（地温）：25°C前後
- 生育適温（気温）：20 ～ 25°C
- 原産地：インドからマレーシアなど熱帯アジア
- 日当たり：日なた／半日陰／日陰

材料　1鉢3株分

- 種…約10粒
- 培養土…約7ℓ
- バーミキュライト…少々（覆土用）
- 3号ポリ鉢（0.3ℓ）…1個
- 8号ポリ鉢（7ℓ）…1個
- 元肥用肥料（IB）…約75g、（過石）…約15g
- 追肥用肥料（8-8-8）…約9g（3回分）
- 支柱（長さ90㎝）…1本
- ひも…適宜

ここがポイント

1. 出芽のために適温を保つ。
2. 本葉4枚で植え付ける。
3. 本葉9と10枚目の上で摘心する。
4. 花穂は開花前に早めに摘み取る。

バジルは独特の甘い香りや辛みで料理を引き立てる「香辛野菜」の一つです。「ハーブの王様」と称され、三千年以上の歴史の中で各地の近縁種やそれらとの交雑で、世界に150種類以上があると言われています。ただし、バジルといえば普通は「スイートバジル」を指します。

原産地は、インドなど熱帯アジアで高い気温と多くの日照を好みます。種まきは、気温が十分に上がるヤエザクラが咲く頃までは保温箱などを使うとよいでしょう。気温が15℃以上になっていれば出芽後は外で育てます。

たくさん葉を収穫するためには9と10枚目の葉が広がったら、その上の芽を摘みます。わき芽が伸びて葉をたくさんつけます。

また、原産地は赤道付近の低緯度地域なので、花芽は日の長さの影響は受けず、毎日の平均気温を合計した積算温度でできます。平均気温が約23℃以上なら種まき後60日ほどで開花します。これより気温が低いと開花は遅くなります。花が咲き、種をつけると株の勢いが衰えます。長く葉を収穫するために花穂は開花前に早め早めに摘み取るようにします。

利用は皿の上に留まらず、害虫を捕食する天敵を養う住み家にも。花粉や蜜が天敵のエサになります。夏～秋にかけて長く咲く花を適度に残し、他の作物の傍で育てれば農薬を減らせ、一石二鳥というわけです。

病害虫情報

ベニフキノメイガ　春、7、9月頃に幼虫が発生し、葉をつづり周囲の葉を食害。見つけ次第手で補殺する。
ハダニ類　高温期に乾燥していると葉の裏面などに大量発生する。見つけたらハンドスプレーで洗い落とす。
アブラムシ類　肥料を多く施し過ぎるとつきやすくなる。肥料は用量を守り、注意深く観察し、発見したら早めに防除する。

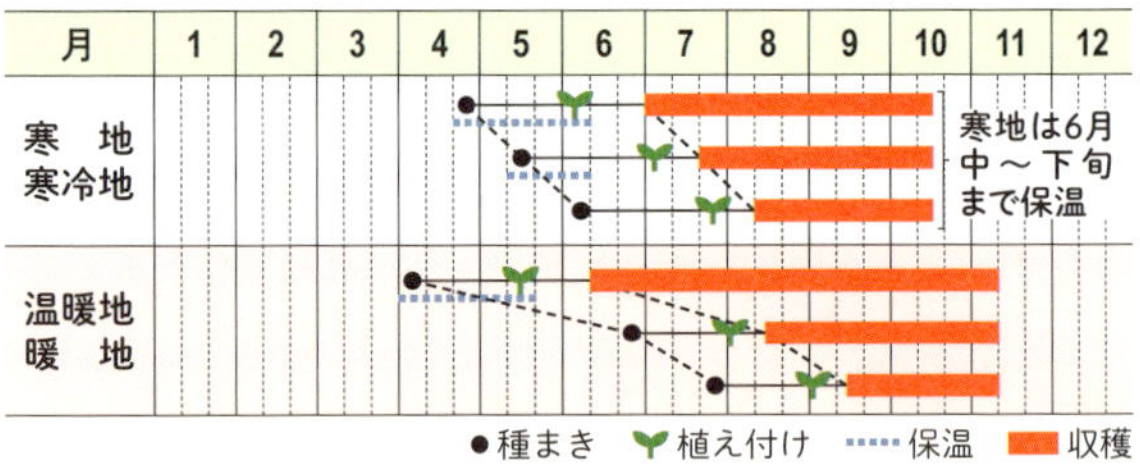

1 種まき

土を入れた3号鉢の真ん中に指で5㎜ほどのくぼみをつけ、10粒ほどの種をまく。

バーミキュライトをかけたら手で土を押さえ、土や種が流れないようにやさしく水をやる。

2 間引き

出芽は種まき後5日ほど、適温より低い20°Cだと8日ほどかかる。本葉2枚までに、はさみで間引いて3株にする。

コツ

この時、鉢縁に肥料(IB)1粒を押し込んでおくと苗がスムーズに生育する。

3 植え付け

本葉が4枚になったら、元肥を混ぜた土を入れた8号鉢に植え付け、たっぷり水やりしておく。

4 摘心・支柱立て

葉が2枚ずつ増えて茎を伸ばしていく。9と10枚目の本葉(5節目)が広がったら、その上の芽を摘み取る(摘心)。摘心することでわき芽が伸びてたくさん葉が収穫できる。

株のぐらつきを防ぐため支柱を立て、ひもで縛っておく。

5 収穫

植え付け後14〜30日から葉を摘み採り収穫できる。バジルは、穂の状態で小さな花をたくさん咲かせる。

開花前の花穂は柔らかく、食べられる

花が咲くと種をつけ生物としての役目を終えてしまう。より長く葉を収穫するには、花穂は開花前に早めに摘み取る。

6 追肥

最初の収穫に合わせ肥料(8-8-8)約3gを施す。肥料を土と混ぜ、水やりしておく。その後は3週間おきに同量の肥料を施す。

難易度 ★☆☆

シソ（オオバ）

「大葉青しそ」
生育旺盛で栽培しやすい葉ジソ。
つま物や薬味に適した「青ちりめんしそ」もおすすめ。

基本情報

シソ科シソ属

- 発芽適温（地温）：20～25℃
- 生育適温（気温）：20～23℃
- 原産地：ヒマラヤ、ミャンマー、中国南西部
- 日当たり：日なた

材料　1鉢1株分

- 種…約10粒
- 培養土…約15ℓ
- バーミキュライト…少々
- 3号ポリ鉢（0.3ℓ）…1個
- 10号ポリ鉢（15ℓ）…1個
- 元肥用肥料（IB）…約34g
- 追肥用肥料（8-8-8）…約15g（15回分）

ここがポイント

1. 長日（14時間以上）条件になったら種をまく。
2. 発芽や生育適温を保つ。
3. 種は、短命、硬実、光発芽性なことを考慮して扱う。
4. 栽培中は水や肥料を切らさない。

春まき

シソは、利用する部分や用途に応じて、葉、芽、花穂、穂ジソなどがあります。その中でも主に葉を利用する葉ジソは、梅干しの色づけに使う赤ジソ、刺身のつまやてんぷらなどにする青ジソ（オオバ）に分けられます。

原産地はヒマラヤから中国南西部に続くモンスーン気候帯にあります。夏は海洋から大陸側へ暖かく湿った季節風が吹くため暑く、梅雨前線が停滞し雨が多くなります。

そのため発芽適温は20～25℃と比較的高めです。さらに種は種皮が硬く、発芽に光を必要とします。種まき前に、2日ほど水に浸し、種まきは覆土を薄くして、保温箱や日当たりのよい窓辺などで出芽させます。

シソは一定の葉枚数になり、日長（夕方の薄明期を含む）が14時間以下になると花芽を作る短日植物です。葉ジソは花が咲くと葉の収穫ができなくなるので、花芽はできないほうがよいことになります。例えば横浜で日長が14時間を超えるのはゴールデンウィーク中。葉ジソはこの時期の種まきがベストです。温暖地なら出芽後の気温は生育温度（15～30℃）の下限を超え、外へ出すにも好都合です。

肥沃な土を好み乾燥を嫌います。土の水分と栄養が少ないと葉は小さく色も薄くなるのでまめに追肥と水やりをしましょう。いずれにしても8～9月には開花し、その後1～2カ月で種ができ、枯れます。

病害虫情報

ハダニ類　高温期に乾燥していると葉の裏面などに大量発生する。葉表にかすり模様ができる。見つけたらハンドスプレーなどで洗い落とす。

ベニフキノメイガ　春、7、9月頃に幼虫が発生して葉をつづり、葉を食害。見つけ次第手で補殺する。

さび病　葉にさび色の斑点を生じる。発見したら抜き取り土中に埋めるなどして廃棄する。

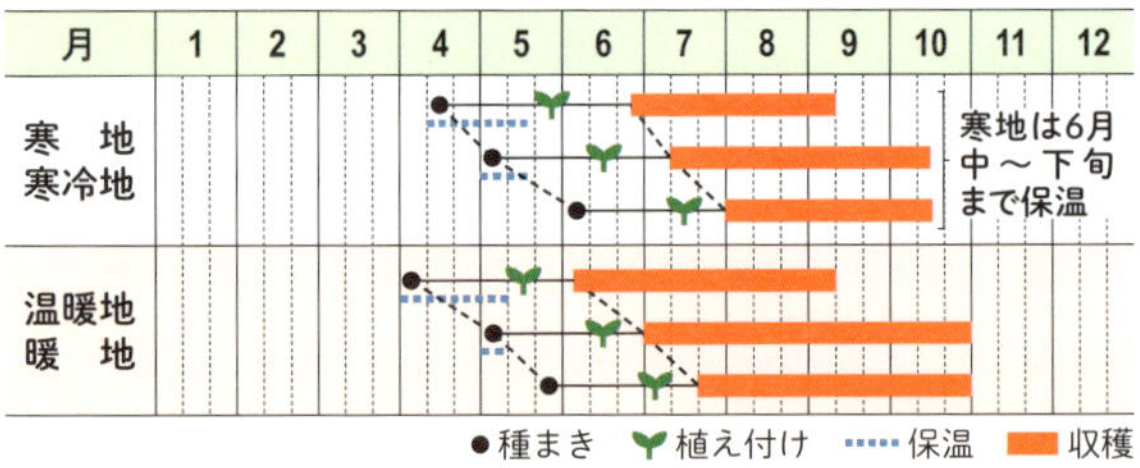

1 芽出し

種は短命なので古い種は避ける。また、水を吸いにくい硬実なので種まきの2日前から室温で水に浸け、半日おきに水を入れ替える。

2 種まき

芽出し後の種は、種まき前にペーパータオルなどで水気をとっておく。

3号鉢へ土を入れ、真ん中に指の腹で深さ5㎜ほどのくぼみをつけ、10粒ほどの種をまく。

発芽に光が必要なのでバーミキュライトを薄くかけ、軽く手で押さえ、最後にやさしく水やりする。

コツ

種まきした鉢は、4月下旬までは保温箱や日当たりの良い窓辺などで出芽直前まで設置。5月上旬は不織布1枚がけでＯＫ。

3 間引き1回目

6～8日で出芽してくる。本葉2枚までにはさみを使い3株に間引く。

コツ

この時、鉢縁に肥料（IB）1粒を押し込んでおくと苗がスムーズに生育する。

4 間引き2回目・植え付け

種まき後30～40日、本葉6枚で1株に間引く。

間引いたら元肥を混ぜた土を入れた10号鉢へ1株を植え付ける。

植え付け後はたっぷり水やりする。

5 収穫

収穫は、種まき後60日ほど、本葉10枚から。写真のように葉だけを摘み採ると黒く変色してしまうので、茎部分から葉柄ごともぐように摘み採る。

コツ

8月以降に出てくる花穂も収穫できる。

6 追肥

最初の収穫に合わせ追肥を始める。1回の肥料（8-8-8）の量は約1g。

施肥をしたら必ず水やりしておく。以後は、1週間おきに同量を施す。

コツ

土の水分が少ないと養分も吸えないので葉は小さくなり、色がうすくなる。梅雨明け後は、乾きやすくなるので毎日バケツを使ってたっぷり水やりする。

7 摘葉・整枝

整枝前　整枝後

枝や葉は、原則手を加えない。ただし、混み合って暗くなると花芽ができやすく、風通しが悪いと病気が出やすくなる。葉が多いと土も乾きやすくなるので、必要に応じて、側枝を4～5本に整理し、下葉も取り除く。

コツ

乾燥対策として増し土、ひと回り大きな鉢への植え替え、半日陰への移動も有効。

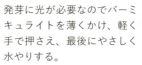

難易度 ★☆☆

ホウレンソウ

ジャスティス

「ジャスティス」
暑さや萎凋病に強く、晩抽性のプロ御用達の春・夏まき品種。寒さに強く、葉が肉厚・濃緑で秋〜早春まで種まきできる「オシリス」もおすすめ。

基本情報

ヒユ科アカザ亜科ホウレンソウ属

- 発芽適温（地温）：15 〜 20°C（4°Cから発芽）
- 生育適温（気温）：15 〜 20°C
- 原産地：中央アジア、アフガニスタン周辺（説）
- 日当たり：日なた／半日陰（夏）

材料　1プランター22株分

- 種…66〜88粒
- 標準60プランター（14ℓ）…1個
- 培養土…約14ℓ
- 元肥用肥料（IB）…約66g
- 不織布…1枚（べたがけの場合）
- トンネル用支柱…3本（トンネルの場合）
- 洗濯ばさみ…適宜（トンネルの場合）

ここがポイント

1. 栽培時期に応じ品種を選ぶ。
2. 条件を均一にして一斉に出芽させる。
3. 降雨と水やりに注意し過湿を避ける。
4. 雨よけや保温にべたがけトンネルを。

原産地はアフガニスタン周辺の中央アジアとされ、冷涼で乾いた環境を好みます。生育適温は15〜20℃で、氷点下10℃ほどまで耐えます。雨などの過湿は苦手で、25℃以上では生育も低下し病気が出やすくなります。

まき時期は、2〜6月の春まき、7〜8月の夏まき、9〜2月の秋・冬まきがあります。ホウレンソウは、成長が早く栽培も簡単ですが、季節ごとに環境は変わるので、まきどきに応じた品種選びと管理が大切です。

春・夏まきは、日照時間が長いため、収穫までの日数は最短です。ただし、春分を過ぎ日長が13時間を超えるとトウ立ちしやすくなるので、トウ立ちが遅く（晩抽性）、気温が上がり、雨が多くなっても葉が黄色くなりにくい品種を選びます。幼苗期は高温多湿で立枯病も出やすく、不織布のべたがけや軒下などで雨よけし、水のやり過ぎにも注意します。

夏の栽培は、寒地や寒冷地、高冷地が中心です。晩抽性で、高温で発生しやすい萎凋病に強い品種を選びます。雨よけを兼ね高温や乾燥対策に遮光率30〜50％の寒冷紗をかけます。

秋・冬まきは最も栽培しやすく、寒さで葉は肉厚で濃緑に、甘みも強く旬の味わいに。早生や中早生で、寒くても旺盛に生育する低温伸長性があり、この時期出やすいべと病に強い品種を選びます。年明け収穫では防寒のためのべたがけやトンネルをします。

病害虫情報

立枯病　本葉4枚程度までの幼苗期に雨や水のやり過ぎで地際の茎（胚軸）が褐変し葉がしおれて枯れる。弱い株は早めに間引き、雨に当たらないようにする。

べと病　葉の裏に灰白色のカビが発生、低温で長雨などの多湿で発生しやすい。抵抗性品種を使う。

萎凋病　夏場の高温期に下葉から黄変して縮み、やがて枯死する。夏まきでは耐病性品種を使う。

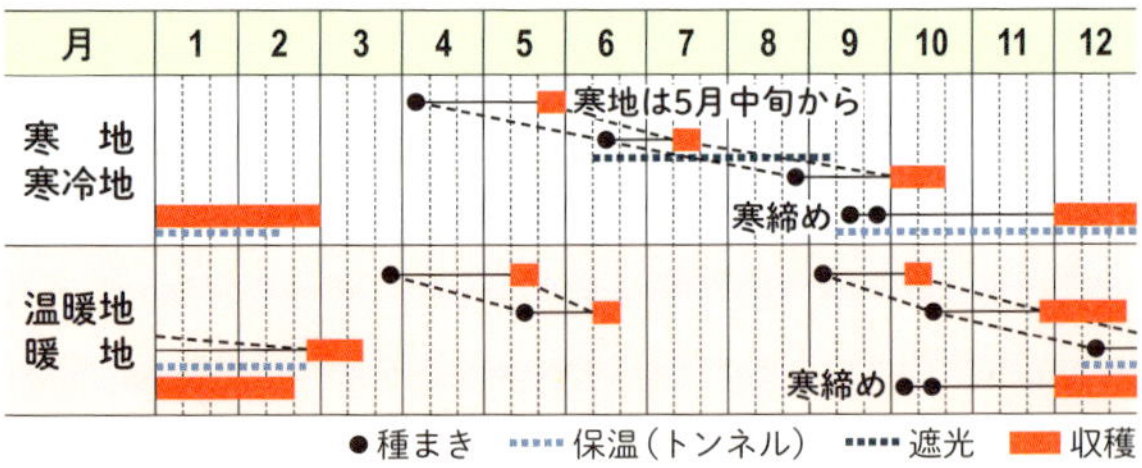

1 芽出し

種は、硬い果皮に包まれた「硬実」（➜21頁）で、吸水しにくく発芽が揃わない。特に高温・過湿状態では果皮が水を吸うと、呼吸ができず発芽が極めて悪くなる。種まき前に一晩水に浸け、水を切り、風通しのよい日陰で半乾きにしてからまく。

種袋の裏面

コツ
事前に発芽しやすくなるよう処理されたプライミング種子（PRIMAX種子など）を選べば、芽出しの必要はない（上写真）。

2 種まき

直根性で細根が少なく移植を嫌うので、直接種まきする。条間15cm、株間5cmで、深さ1〜1.5cmのまき穴に3〜4粒をまく。

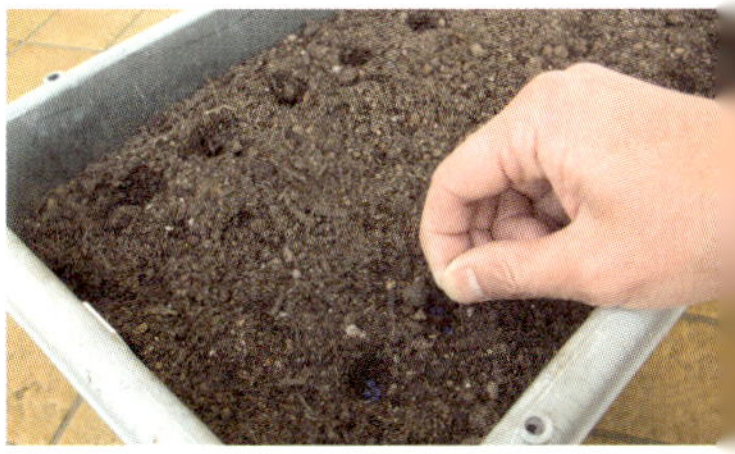

コツ
栽培期間が短いため一斉に出芽させることが大切。まき穴の深さ、覆土の量を揃え、出芽まで水切れしないよう注意。

土をかけ、手でしっかり押さえ、たっぷり水をやる。出芽後は、本葉4枚までは立枯病が出やすいので、春〜夏まきは雨よけし、水はできるだけ条間や株間へやり、乾かし気味に管理する。

コツ
好適pHは6.4〜7.2の微酸性〜中性で、酸性土壌に弱い。測定して好適範囲にない場合は、苦土石灰などの石灰質肥料を入れてpHを調整する。

種をまいたら、プランターの上に不織布を直接かけてべたがけし、下へ巻き込んでおく。雨に直接打たれることや虫の害を軽減できる。秋・冬まきでは保温、夏まきは高温による乾燥を抑え出芽が安定する。水は不織布の上からやれる。

出芽後はアーチ状の支柱をプランターに挿し、不織布をかける。その上から夏まきは30〜50％遮光ネット、秋まきは気温が10℃以下の時期に有孔フィルムでトンネルを作り、いずれも洗濯ばさみなどで留めておく。

3 間引き1回目

5日ほどで出芽する。本葉2枚までにはさみを使い、1カ所2株に間引く。生育の早晩、奇形、立枯病や虫害などのある株を間引く。

4 間引き2回目

本葉3〜4枚までに、はさみを使い1カ所1株にする。間引きしながら株を揃えていく。本葉5枚以降は成長を促すため雨の日以外は水やりする。

コツ
条間や株間をフォークなどで土を軽く耕すと、土に空気が入り、根の成長を促す。

5 間引き収穫

本葉7〜8枚・草丈20cmで、株間が15cmになるよう株元をはさみで切り、間引き収穫する。残した株がぐらついたら土を株元へ寄せておく。

6 抜き・摘み採り収穫

草丈が25cm程度になったら、株ごと抜き採る。1週間前から水やりを控えめにすると品質がよくなる。秋〜冬は葉を摘み採りながら長く収穫もできる。

コツ
春・夏まきはホウレンソウの温度が上がりにくい朝に収穫する。遮光のための被覆資材は収穫の1週間前に外すとよい。

寒締めホウレンソウも…

12月中旬〜2月、厳冬期のトンネル栽培で収穫サイズまで育てたら、1週間ほど日中に保温のためのフィルムを開けて外気にならす。その後フィルムを外して4℃以下の寒さに7〜14日当てると、葉が縮んで肉厚、濃緑で甘みの強い「寒締めホウレンソウ」に。

コラム

ホウレンソウの品種
花芽分化とトウ立ちについて

アジア原産の東洋種とヨーロッパ生まれの西洋種

原産地の中央アジアから東西へ伝播したホウレンソウ。中国で葉や種が尖っていて株元が赤く味のよい「東洋種」が、オランダなどヨーロッパの高緯度地帯で葉や種が丸くアクの強い「西洋種」が発達しました。これらはそれぞれ時期を違えて日本へ渡来しました。

図1　ホウレンソウの種類

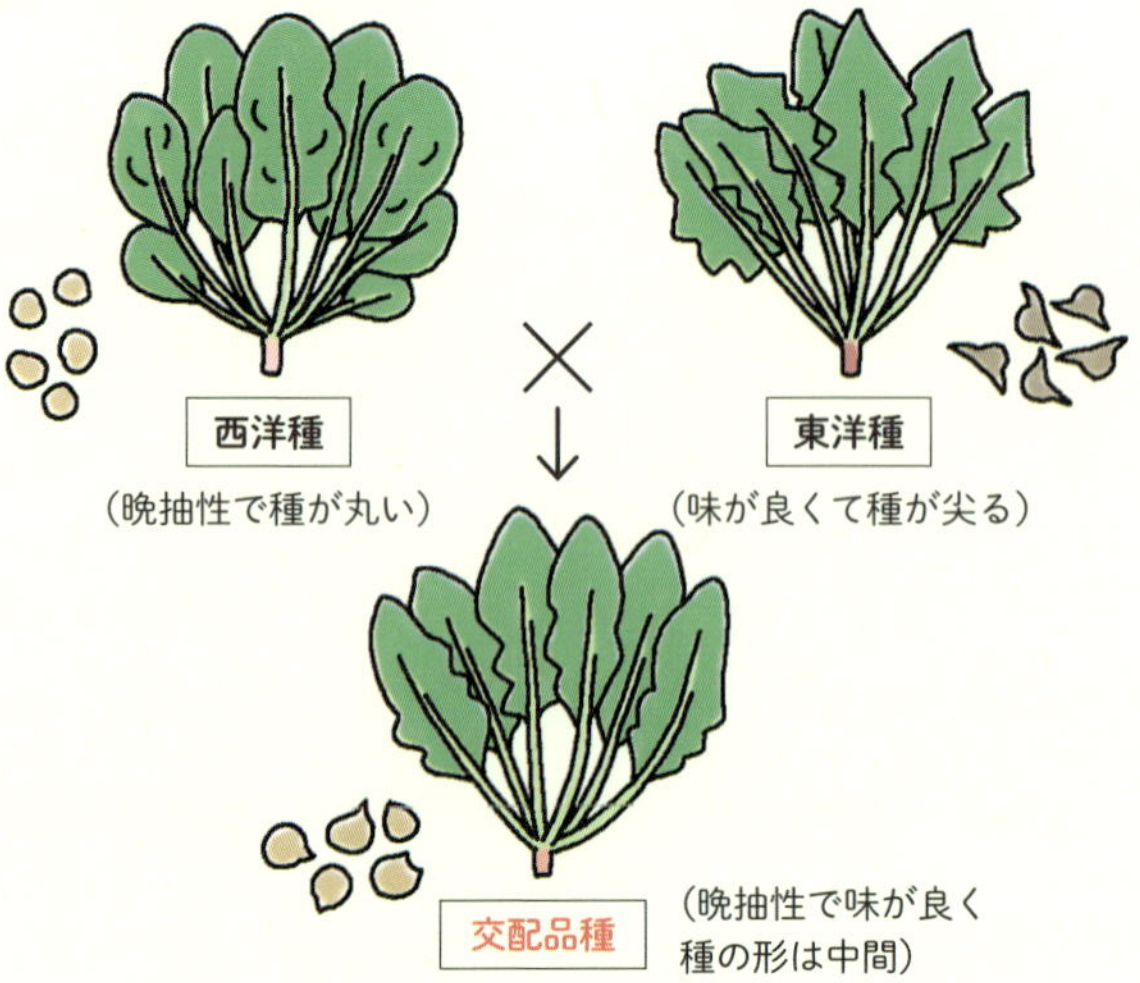

季節に合わせてトウ立ちしない品種を

ところで、収穫するための葉は、茎の先端の成長点で作られます。そこに花芽ができ、花を咲かすためにトウが立つと葉はできず、食味も大きく損なわれます。葉を収穫する野菜はトウ立ちしない方がよいわけです。

ホウレンソウは、日長などに関係なく種まき後15〜30日で花芽ができます。春になり、長日・高温になると、トウ立ちし花を咲かせます。一方で、秋や冬は花芽ができても、その後は短日・低温なのでトウは立たず葉を増やします。

東洋種は、日長が12〜13時間以上でトウ立ちするのに対し、日本よりも日長の長い高緯度地域で発達した西洋種は、14〜16時間以上の日長が必要です。日の出前と日没後の薄明期の各30分と花芽分化に最短15日を要することを考慮すると東洋種は、春まきから夏まきでトウが立ちやすくなります（例えば筆者の住む横浜では、3／20〜8／26の種まき）。これは、ちょうど春分の頃から秋分のおよそ1カ月前ということになります。

一方で、日長が最長の夏至は、薄明期も含めるとおよそ15時間23分です。トウ立ちに14〜16時間の日長が必要な西洋種は、品種によってはまったくトウが立たないことを意味します。このようにトウ立ち（抽苔）が遅い性質を「晩抽性」といいます。このことから、春〜夏まきは、西洋種の性質を持ったトウ立ちしにくい（晩抽性）品種を選ぶことが大切なのです。

西洋種なら一年中栽培できますが、アクが強くておいしくありません。そこで味はよいのに秋にしか種まきできなかった東洋種をかけ合わせる必要がありました。1950年代に交配技術が発達し、現在では、両者のいいとこ取りしたF1品種が開発され、味のよいホウレンソウが一年を通して栽培されています。

図2　ホウレンソウ（東洋種）のトウ立ちと日長の関係

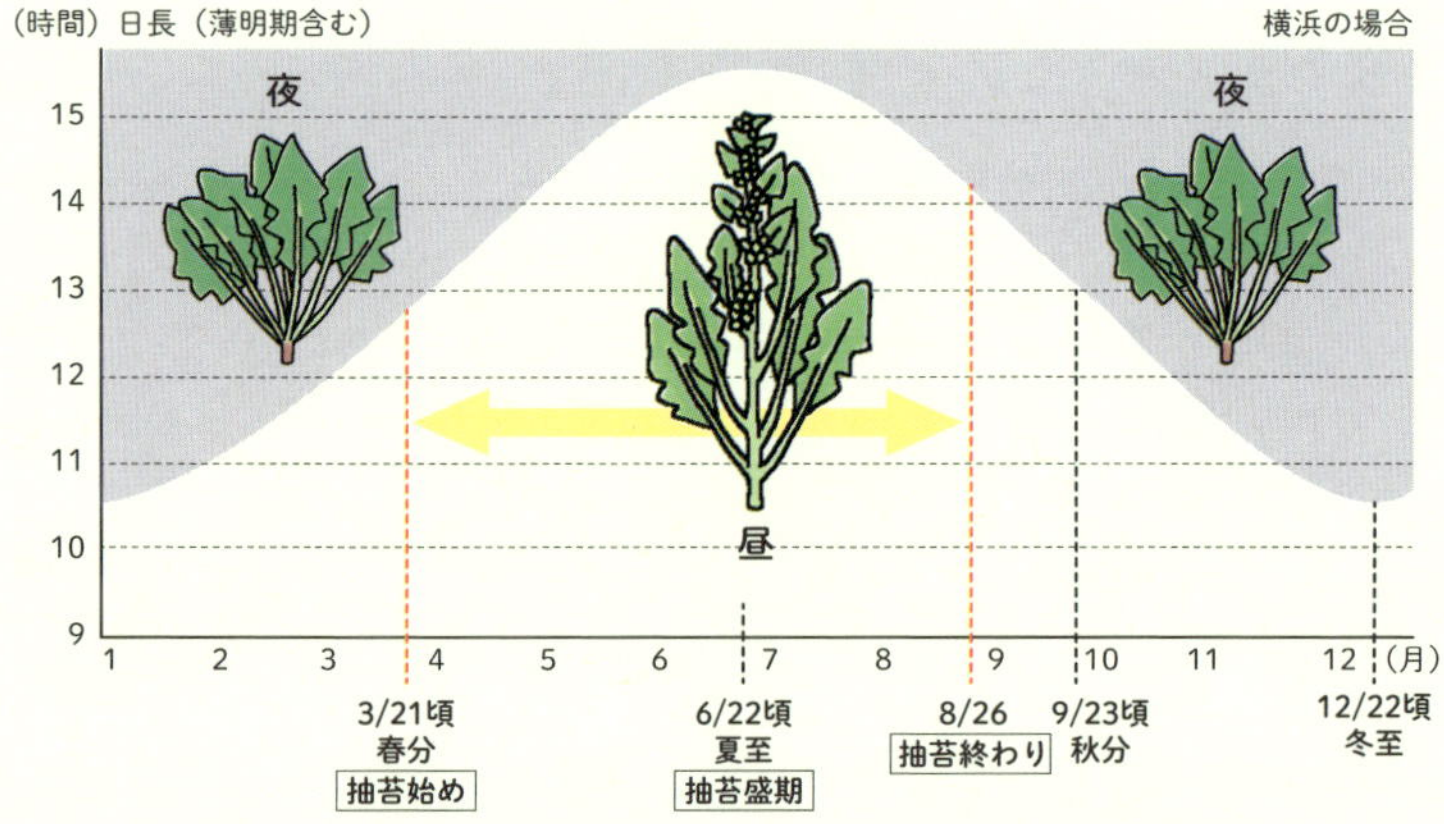

ミニセルリー

難易度 ★★☆

ミツバリアン

「ミツバリアン」
株全体が鮮やかな緑色。生育旺盛で栽培しやすく、若採り、密植でき、スジが少なく歯切れよく、さまざまな料理に使える。

基本情報

セリ科オランダミツバ属

- 発芽適温（地温）：18 ～ 20℃
- 生育適温（気温）：15 ～ 22℃
- 原産地：地中海沿岸からインドの山岳地帯の湿地
- 日当たり：日なた

材料　1プランター8株分

- 種…16～20粒
- 128穴セルトレー…2穴
- 種まき用培養土…約50㎖
- バーミキュライト…少々
- 2.5号ポリ鉢（0.2ℓ）…2個
- 深型55プランター（26ℓ）…1個
- 培養土…約26ℓ
- 元肥用肥料（IB）…約88g
- 追肥用肥料（8‐8‐8）…約40g
- トンネル用支柱（210㎝）…3本
- 園芸用フィルム…1枚
- 洗濯ばさみ…適宜

ここがポイント

1. 植え付け後と収穫前はしっかり水やりする。
2. 低温期は保温する。
3. 植え替えや植え付けは適期に。
4. スやスジが入る前に収穫する。

独特な苦みや香りで、日本では残念ながら嫌いな野菜の代表格のセルリー。海外では少々様子が異なります。イタリアの「ソフリット」など、刻んだセルリー、ニンジン、タマネギを油で炒めたものはさまざまな料理の香味ベースとして欠かせません。

原産地は、地中海沿岸から山岳の湿地帯で、冷涼な気候と水分を好みます。花芽は本葉2枚以上、10～12時間以上（冬至から春分以降）の長日で15℃以下の低温に遭うとできます。この花芽分化は、小苗時期に10～30日間、日中25～30℃の高温を保てばリセットできます。一方で短日なら低温でも花芽はできません。

栽培は、温暖地以西なら7月下旬～8月まきの冬どり、9月まきは11月以降の保温で花芽分化を抑えて春どりします。株ごと収穫するほか、葉を少しずつ長く収穫することもできます。寒冷地では2～5月上旬まきで夏どりします。育苗中を含め5月までは保温し、夏は白寒冷紗で覆い、防虫と暑さ対策をします。

生食用セルリーには、コーネルとユタ系があります。葉一枚で売られる大株のコーネルは、収穫までに約半年を要します。対して小ぶりなユタ系は「ミニセルリー」とも呼ばれ、欧米では前述の香味ベースにも広く用いられています。葉は肉厚で色が濃く、繊維も少なく、密植でき、花芽がつきにくく、100日から収穫できる栽培しやすいセルリーです。

病虫害情報

アブラムシ類　多発するとモザイク病の原因に。育苗時は不織布をかけて防ぎ、発生時は早めに防除する。
軟腐病　葉柄がアメ色になり腐敗する。植え付け遅れや根傷み、わき芽かき後の水やりで細菌に感染。高温・多湿で発生しやすく、夏場の水やりは朝夕にする。
芯腐れ病　芯葉部分が黒く枯死する。カルシウム欠乏による生理障害。高温・多肥、乾燥などに注意する。

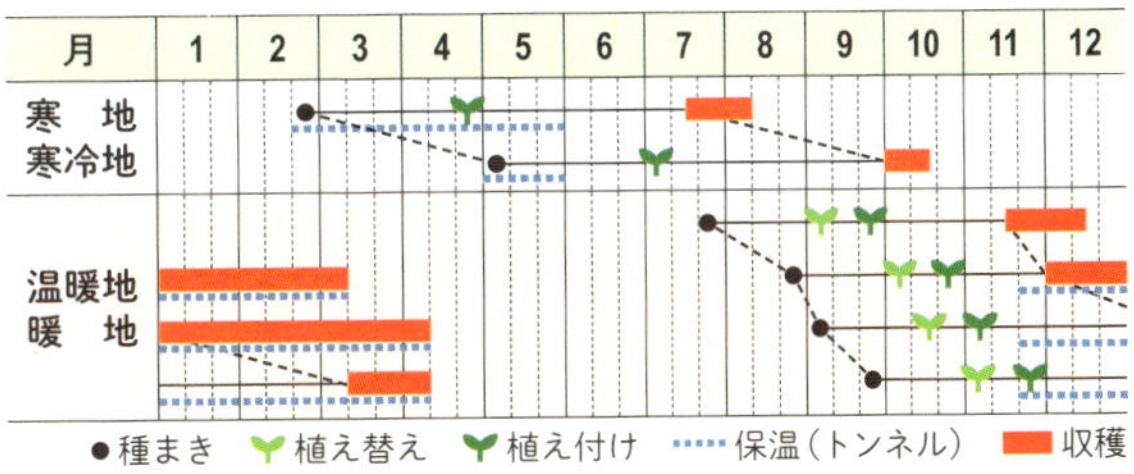

夏まき
秋まき

1 種まき

セルトレーに種まき用培養土を入れる。空のトレーを重ねて上から押し付け凹みをつける。

1穴当たり種を8〜10粒まく。

発芽に光が必要なので、覆土はしないか、バーミキュライトを薄くかける程度に。

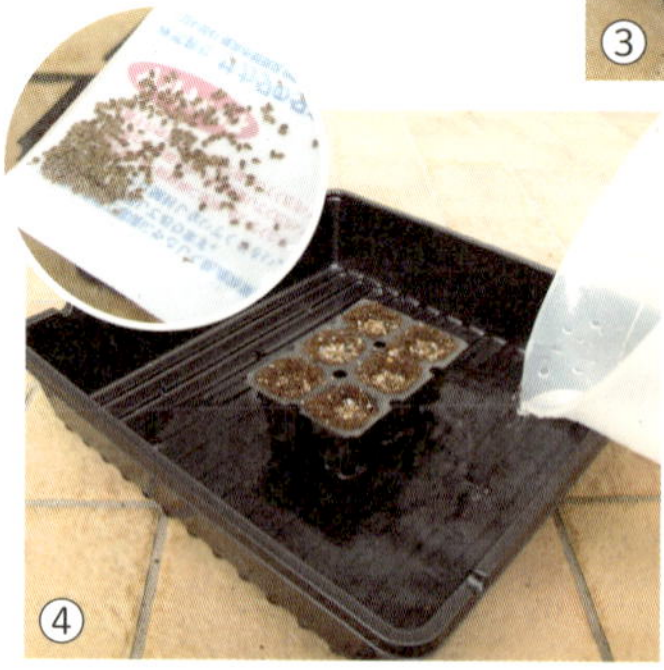

種は細かく、覆土も薄く、乾きにも弱いので、水は上からやらず、水を張った容器へセルトレーを入れ、子葉が開くまで底面から吸水させる。

8〜14日ほどで出芽したら、夏・秋まきは外へ出し、アブラムシや強い光から守るため不織布を1枚かけておく。寒地・寒冷地の春まきは15℃以下にならないよう、5月まで保温箱で育てる。

コツ

夏・秋まきは25℃以上で発芽力が低下するので、出芽まで冷房が効いた室内で管理するとよい。

2 植え替え（夏・秋まきのみ）

播種後40日、本葉3枚程度で、苗が混んでいたら、間引いて4株にし、1穴4株をそのまま2.5号鉢へ植え替える。

春まきは、種まき後約40日・本葉3枚の苗を植え替えせず、セルトレーから直接3の植え付けへ。

コツ

10日ほどして根付いたら、株から離して鉢の縁あたりに肥料（IB）を1粒押し込むと生育がよくなる。

3 植え付け

種まき後約60日、本葉6枚前後になったら植え付ける。苗は植え付け前にしっかり水やりしておく。

プランターへ元肥を混ぜた土を入れ、30cmの間隔を空けて2カ所に植え付ける。苗の根鉢をしっかり押さえて土と密着させ根付きを促す。最後にたっぷり水やりする。

コツ

植え付け遅れや根傷みは軟腐病の原因になるので適期に植え付ける。

根付くまでの約10日間は乾きに注意し、水をまめにやる。

4 保温

花芽ができてトウ立ちするとスジっぽく、硬くなり、厳冬期に凍るとスが入りおいしくない。花芽分化や寒さを防ぐため、温暖地、暖地の夏、秋まきでは11〜3月までトンネルなどで保温する。

トンネルは、プランターに210cmのトンネル用支柱を3カ所で渡し、その上から園芸用フィルムで覆い、両端を縛り、裾と支柱上部を洗濯ばさみで留めておく。

コツ

花芽分化を遅らせるだけなら本葉8枚程度の小苗の時期まで保温すればよいが、冬場は生育を促し、凍結を軽減するため引き続き保温する。

5 わき芽かきと追肥

定植後30～40日、株の中心あたりの芯葉が立ち上がる頃にわき芽を取り除き、追肥を施す。いずれも、太い芯葉を立ち上げるための作業だ。

6cm前後になったわき芽は、その下の葉とともに手でかき取る。

コツ

わき芽かきは早すぎると何回も必要で、遅くても栄養が芯葉へ行かず肥大が遅れる。

肥料(8-8-8)約40gを株から離して施す。軟腐病予防のため、わき芽かき直後の水やりは厳禁。かいた部分が乾いたら追肥を施し水をやる。

芯葉が肥大するこの頃から収穫まではしっかり水やりする。

6 収穫

播種後100～120日、1～1.2kgで収穫。

地際から株ごと切っても、外側の葉からかき取りながらでも収穫できる。

コツ

採り遅れるとスが入り、スジっぽくなるので、適期に収穫する。

スープセルリー(芹菜《きんさい》)を作ろう

「スープセルリー」とも呼ばれる中国野菜の「芹菜(キンサイ)」は、野生種に近い東洋在来の調理用のセルリー。茎葉が細く、たくさん分けつします。

まき時

温暖地・暖地
3月中旬～(春まき)
9月中旬～(秋まき)
寒地・寒冷地
5月～(夏まき)

栽培手順

❶ 小型40プランター(5ℓ)に元肥(IB)約20gを混ぜた土を入れ、条間10cmで種をすじまきする。
❷ 間引きは2回。本葉1枚で株間1cm、本葉5枚までに株間4cm(約20株)にする。
❸ 追肥は間引きごとに肥料(8-8-8)約4gを施す。
❹ 収穫は、最短で60日、草丈20cmぐらいから。

難易度 ★★☆

ブロッコリー

緑嶺

「緑嶺（りょくれい）」
乾燥や過湿に強く形のよい花蕾が採れる頂・側花蕾兼用の中早生品種。頂花蕾用品種だが側花蕾も収穫できる早生品種「ピクセル」もおすすめ。

基本情報

アブラナ科アブラナ属

- 発芽適温（地温）：20～25°C
- 生育適温（気温）：18～20°C
- 原産地：地中海東部沿岸、（2次中心）地中海沿岸、ヨーロッパ北西沿岸
- 日当たり：日なた／半日陰

材料　1鉢2株

- 種…3～4粒
- 128穴セルトレー…1穴分
- 種まき用培養土…約25mℓ
- バーミキュライト…少々
- 培養土…約25ℓ
- 3号ポリ鉢（0.3ℓ）…1個
- 13号ポリ鉢（25ℓ）…1個
- 元肥用肥料（IB）…約40g
- 追肥用肥料（8-8-8）…約36g（3回分）

ここがポイント

1. 頂・側花蕾兼用品種の夏まきを選ぶ。
2. 品種ごとの種まきや植え付け適期を守る。
3. 育苗中は徒長や病害虫を防ぐ。
4. 花蕾ができる前に株を充実させる。

ブロッコリーは、地中海沿岸で発達したケールを起源とするキャベツの仲間です。花蕾と呼ばれる蕾やそれに続く茎の花序部分を収穫する野菜です。

花蕾のもとの花芽は、夏に種まきし、体がある程度の大きさになった秋に気温が下がり低温を感じることでできます。気温が10℃以下で花芽ができる晩生品種は8月下旬から9月上旬に種まきします。早生や中早生品種は、23～16℃以下で花芽ができるので、それまでに体ができるように晩生よりも早い7月中旬から8月中旬にまきます。このように品種によって低温の感じ方には差があり、低温の維持をしないと花蕾が正常に育たないことから、品種ごとの適期に種まきします。

発芽適温は高めで暑さには強いですが、出芽後の適温はやや低めです。育苗中は、まだ暑い盛りなので、風通しのよいところで、日射が強ければ日陰や遮光ネットで日よけし、朝夕に水やりします。10月中旬ぐらいまでは害虫の防除を徹底します。

品種には、一斉収穫用の頂花のみが大きくなる「頂花蕾用」と、頂花蕾の収穫後に側枝の花蕾も収穫できる「頂花蕾側花蕾兼用」があります。年内に収穫を始められる中早生までの品種で、頂花蕾側花蕾兼用タイプを選べば、年明けまで長く楽しめます。頂花蕾の収穫後は、追肥を施して側花蕾の成長を促します。

病害虫情報

ヨトウムシ類　9～10月に発生する。葉裏に卵塊が、若齢幼虫は集団で生息し表皮を残して葉をかすり状に食害する。卵塊や若齢幼虫はまとめて手で、大きくなった幼虫は夜～早朝に植物体上にいるので補殺する。植え付け時に粒剤を株元へまくと効果が持続する。BT剤などは、防虫ネットの上からの散布で回数を減らせる。他のアブラナ科野菜の病害虫情報も参照。

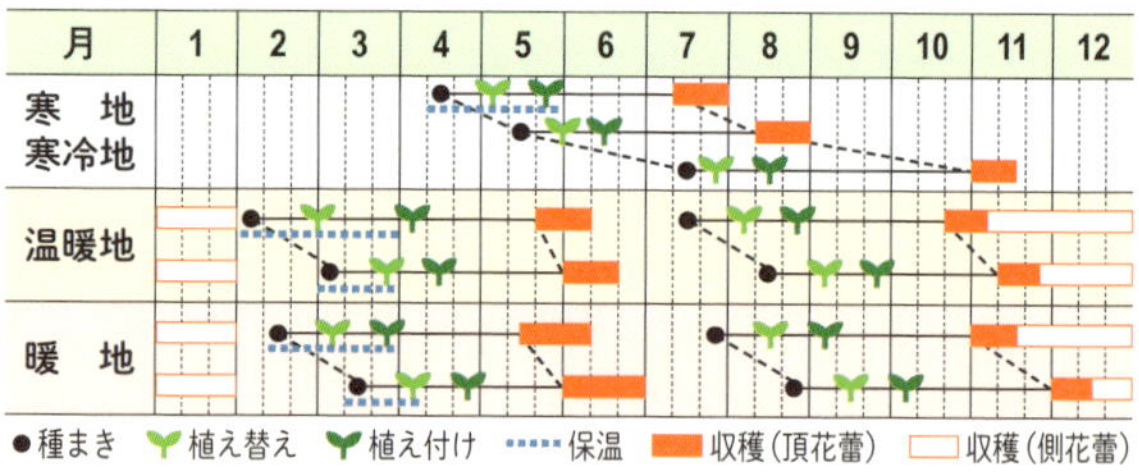

1 種まき

セルトレーへ種まき用培養土を入れ、空のトレーを重ねて1cmほどのくぼみをつけ、1穴に3～4粒の種をまく。

バーミキュライトで覆土をして、表面を平らにする。

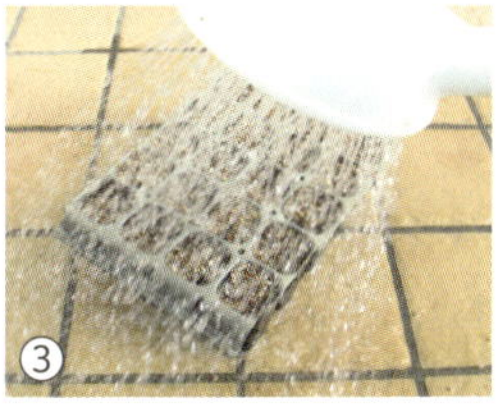

土が流れないよう優しく数回に分けて水やりする（➜24頁セルトレーでの種まき）。

種まき後は…防虫ネットをした育苗箱へトレーを入れ、日陰か室内に置く。発芽は35℃まで耐えられるが、出芽後の生育適温は18～20℃とやや低めで、25℃以上では生育が悪くなる。3～4日して出芽が始まったら、明るい日陰、もしくは育苗箱に遮光ネット（遮光率40%）をかけ、雨に当てないようにして育てる。

2 間引きと植え替え

種まきから約2週間後、本葉1枚になったら、はさみを使いセルトレー1穴当たり2株にする。成長が早いもの、遅いもの、子葉の形が悪い、虫害のある株を間引く。

3号鉢へ苗を植え替える。

3 植え付け

植え付け約7日前に元肥を混ぜておいた土を入れた13号鉢に、種まき後30～35日の本葉5～6枚の苗を植え付ける。この時、子葉に土がかからない程度に深植えにする。たっぷり水やりし、根付くまでは乾きに注意する。まだ暑い時期なので日中は避け、夕方や曇りの日などに植え付ける。

コツ

培養土のpHが6.2よりも低い場合は苦土石灰などで6.2～6.8に矯正しておく（➜16頁）。

4 追肥1回目と2回目

大きく充実した花蕾を収穫するため、頂花蕾収穫までに肥料（8-8-8）12gを2回施す。1回目は苗が根付き花芽ができる、本葉8枚の植え付け後14日前後に行なう。

2回目は株の中心に花蕾の見える頃に施す。肥料は、除草も兼ねて土と混ぜ、水やりしておく。

5 収穫（頂花蕾）

早生や中早生品種は、年内10月中旬～12月にかけて、花蕾の直径が12～13cmで花蕾が締まっているうちに、ナイフで茎を切って収穫する。

コツ

年明けに側花蕾を収穫する場合は、側枝が伸びることを考慮して茎を短めに収穫する。収穫後、1・2回目の追肥と同量の肥料を施しておく。

6 収穫（側花蕾）

年明けに側花蕾が伸びてきたら、花蕾の直径が4～5cmで締まっているうちに、茎の下の方で長めに切り収穫する。

花蕾表面はアントシアンという色素がのって濃紫色になるが、寒さに当たっておいしくなっている証拠。ゆでれば色は消える。

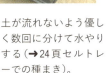

難易度 ★★☆

カリフラワー

オーナメントホワイト

「オーナメントホワイト」
高温でも栽培しやすく、葉が花蕾を包む性質が強く純白の花蕾が採れる中早生品種。
ミニカリフラワーの「美星」もおすすめ。

基本情報

アブラナ科アブラナ属

- 発芽適温（地温）：15 ～ 30°C
- 生育適温（気温）：15 ～ 20°C
- 原産地：地中海東部沿岸、（2次中心）地中海沿岸、ヨーロッパ北西沿岸、亜熱帯アジア
- 日当たり：日なた／半日陰

材料　1鉢1株

- 種…2粒
- 128穴セルトレー…1穴分
- 種まき用培養土…約25㎖
- バーミキュライト…少々
- 3.5号ポリ鉢（0.6ℓ）
- 10号ポリ鉢（15ℓ）…各1個
- 培養土…約16ℓ
- 元肥用肥料（IB）…約49g、（過石）…約11g
- 追肥用肥料（8-8-8）…約34g（2回分）
- 洗濯ばさみ…1個

ここがポイント

1. 品種ごとの種まきや植え付け適期を守る。
2. 育苗中は徒長や病害虫を防ぐ。
3. 適期に追肥する。
4. 純白品種は花蕾を葉で包む。

カリフラワーはブロッコリーの突然変異で生まれた野菜です。収穫する花蕾は蕾が未発達な状態（花蕾原基）で止まって増え、肥大したもので、蕾はブロッコリーのように萼《がく》にまで発達しません。地中海東部沿岸原産で、後に亜熱帯アジアで高温でも栽培できる極早生品種が、ヨーロッパの中部や南部で早生～晩生品種が発達しました。現在はこれらを素材にしたF_1品種が主に使われています。

花蕾になる花芽は、ある程度の大きさになった株が低温を感じてできます。極早生品種は、5～6枚の葉を持った小株が21℃以上に2～4週間遭えば良く、対して晩生は、15枚以上の葉を持った大株が10℃以下の低温に8～10週間遭う必要があります。種まきから収穫までは、極早生が75日前後なのに対し、晩生品種は170日以上かかります。品種ごとの種まきや収穫時期を確認しましょう。

7～8月の夏まきは、低温に向かう気温変化が生態に合い栽培しやすいです。年内の収穫は極早生～中早生を、年明けは主に中生～晩生品種を使います。花蕾の発達には低温が必要ですが1℃以下では凍害が出ることから、寒冷地は主に5～7月上旬まきで、早生や中早生品種による年内収穫をします。

純白品種は花蕾に光が当たると黄色くなるので花蕾を葉で包み、橙や紫色の品種は光を当てて着色させるなど独特の管理が必要です。

病害虫情報

アブラムシ類　一年中発生するが、真夏は発生が減る。吸汁によるウイルス感染によるモザイク病、排泄物に発生するすす病が問題。防虫ネットや粒剤散布で対応。

アオムシ（コナガ・モンシロチョウの幼虫）　秋に発生し真夏や冬は少ない。コナガは幼苗の芯葉を食害し被害が大きい。育苗中は防虫ネットで、植え付け時は粒剤を使い防除。他のアブラナ科野菜の情報も参照。

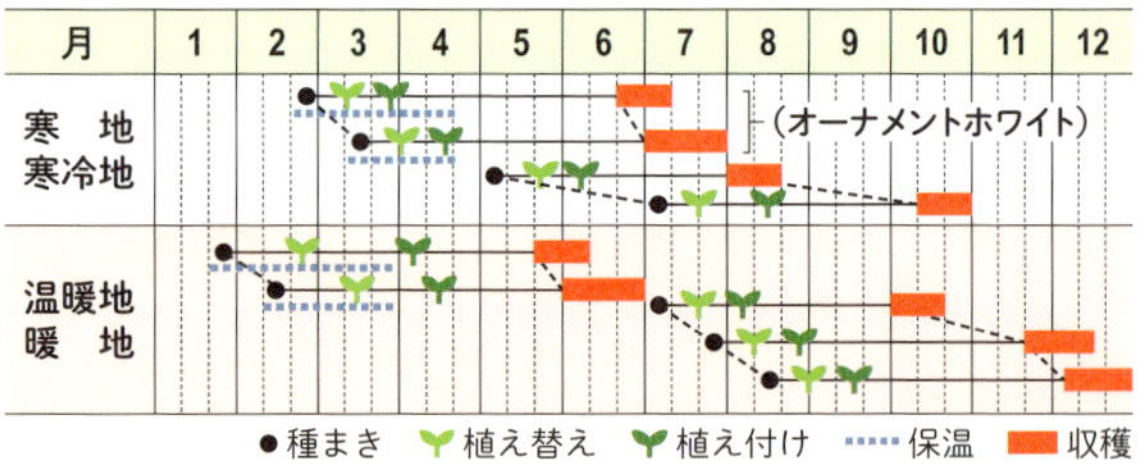

1 種まき

セルトレーへ種まき用培養土を入れ、空のトレーを重ねて1cmほどのくぼみをつけ、1穴に2粒の種をまく。バーミキュライトをかけ、表面を平らにし、数回に分けてしっかり水をやる（➜24頁セルトレーでの種まき）。

種まき後…30℃を超えると発芽不良になるので、トレーを冷房が効いた室内に置き、適温で発芽を促す。2日ほどして土が盛り上がってきたら外に出す。タイミングが遅れると徒長する。出芽まで乾かさないようにする。殺虫剤を使わない場合は、種まき直後から植え付けまで防虫ネットをかけた育苗箱で育てる。

出芽後は…3～4日後に出芽が始まる。生育適温は20℃前後で、日中はできるだけ30℃を超えないよう、明るめの日陰、もしくは防虫ネットをかけた育苗箱にさらに遮光ネット（遮光率40％）をかけ、風通しが良く、雨のかからない場所で育苗する。水は朝にやり、夕方はやや乾く程度に。

2 間引き

セルトレー1穴当たり1株にはさみを使って間引く。成長が早い、あるいは遅い、子葉の形が悪い、虫害のある株を間引く。

3 植え替え

本葉2～3枚で、培養土を入れた3.5号鉢へ植え替える。

4 植え付け

夏まきで種まき後30～35日の本葉5～6枚前後になったら、7日ほど前にあらかじめ元肥を混ぜておいた土を入れた10号鉢に植え付ける。

コツ

酸性土壌だと微量要素欠乏が生じやすい。好適pH6.2～6.8なので、土のpHを調べて6.2以下なら、苦土石灰で7～10日前までには矯正しておく（➜16頁）。

ぐらつき予防と高温期の根付きを良くするため子葉に土がかからない程度に深植えにする。植え付けたらたっぷり水やりし、根付くまでは乾きに注意する。暑い盛りなので日中は避け、夕方や曇りの日などに植え付ける。

5 追肥1回目

頂花蕾収穫までに肥料を2回施す。1回目の追肥は苗が根付き、花芽ができる植え付け後7～14日前後、肥料（8-8-8）約17gを施す。肥料は土と混ぜ、水やりしておく。

コツ

大きく充実した花蕾を収穫するため養分は切らさないように。

6 追肥2回目

2回目は株の中心に花蕾の見える1回目の追肥後14～21日頃に1回目と同量を施す。肥料は、除草も兼ねて土と混ぜ、水やりしておく。

株がぐらつくようならば倒伏防止に90cmの支柱を早めに立てて誘引しておく。

7 縛葉《ばくよう》

純白品種は、花蕾がピンポン玉サイズになったら葉を縛るなどして軟白処理をする。

花蕾を包むようにまわりの葉3～4枚を持ち上げて洗濯ばさみで留め、光が花蕾に当たり黄色く変色するのを防ぎ軟白させる。

コツ

オレンジ色や紫色の品種は着色を促すため縛葉せず、日に当てる。

8 収穫

花蕾の表面の凸凹が目立たなくなる直径12～15cmから収穫できる。

コツ

家庭菜園では形は扁平になるが20cmくらいまで大きくして収穫することもできる。大きい花蕾はかなり作った感がある。

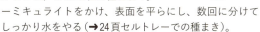

ファミリーセブン

難易度 ★★☆

メキャベツ

「ファミリーセブン」
生育が早く、高温でも結球し11〜12月から収穫できる。丈がやや高く、節間が開き収穫しやすい。

基本情報

アブラナ科アブラナ属

- 発芽適温（地温）：20 〜 25℃
- 生育適温（気温）：18 〜 22℃
- 原産地：地中海東部沿岸（2次中心）ベルギー
- 日当たり：日なた／半日陰

材料　1鉢1株

- 種…2粒
- 培養土…約16ℓ
- 128穴セルトレー…2穴分
- 種まき用培養土…約200mℓ
- バーミキュライト…少々
- 3.5号ポリ鉢（0.6ℓ）…1個
- 10号ポリ鉢（15ℓ）…1個
- 元肥用肥料（IB）…約54g、（過石）…約15g
- 追肥用肥料（8-8-8）…約24g（4回分）
- 支柱（長さ90㎝）…1本
- ひも…適宜

ここがポイント

1 適期に種まきや植え付けをする。
2 防虫ネットなどで虫害を防ぐ。
3 まめな追肥と水やりで芽球を育成。
4 下葉かきで芽球に光を当て品質を高める。

ヨーロッパの大西洋や地中海沿岸に自生するヤセイカンランが元になり、地中海沿岸で発達したケールを先祖とするキャベツの仲間は、実に形態的な変異に富んでいます（図）。葉が巻けばキャベツ、茎が太ればコールラビ、花序が肥大すればブロッコリーやカリフラワーになります。これらは、主にヨーロッパ各地で栽培される過程で誕生しました。

メキャベツは茎が高く伸び、わき芽の葉が巻いてできた球（芽球）を利用する野菜です。ベルギー生まれで発芽適温の上限は他のキャベツ類同様に高いものの、生育中は寒さに強くマイナス5℃まで耐えます。結球は13℃以下が好ましく、その適温は5～10℃です。

しっかりした芽球をたくさん収穫するために、結球の適温になる晩秋までに本葉40枚以上で茎の太さが4～5㎝の大株にします。温暖地や暖地では、7月を中心に夏まきしてじっくり株を作ります。早まきは、株は大きくなっても、気温が高く球が締まらず、病虫害に遭いやすく、遅まきは株が十分な大きさにならないので適期に種まきします。寒地や寒冷地は、夏まきすると秋の気温低下が早くて株ができないので4～5月に春まきします。

収穫は3～4カ月続きますが、栽培期間が長いのでまめに追肥し、適度に水やりして芽球を育てます。芽球の発達には光も必要で、本葉を摘み、鉢を回して十分に光を当てます。

病害虫情報

ハイノマダラノメイガ（シンクイムシ）　夏が高温乾燥の時に多発。幼苗期に加害されると芯止まりになり被害が大きい。防虫ネットや粒剤の株元散布で防除。
根こぶ病　高温多雨の年の夏から秋に多発。石灰施用により土壌酸度を矯正する。
鳥　1月に入ると鳥に葉を食害されるので、不織布などをかけて防鳥する。他のアブラナ科野菜の情報も参照。

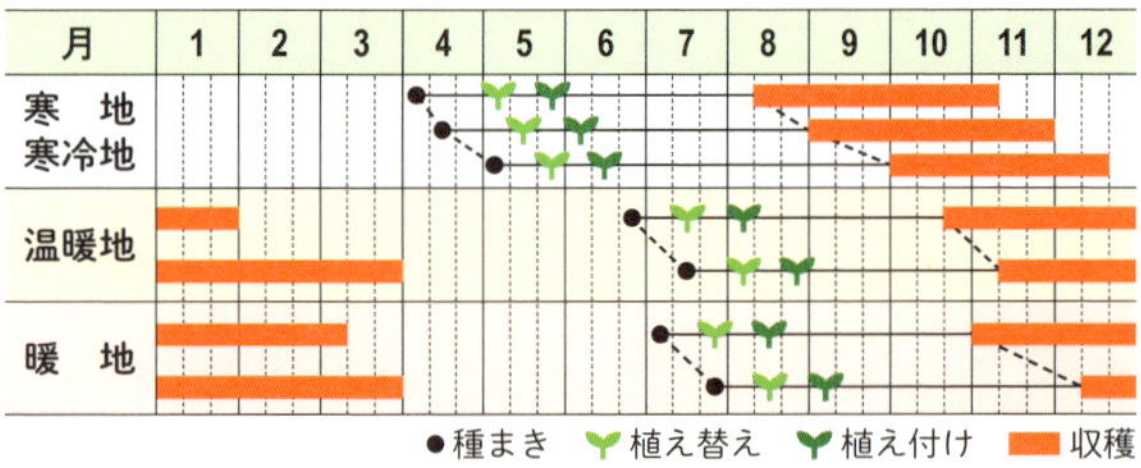

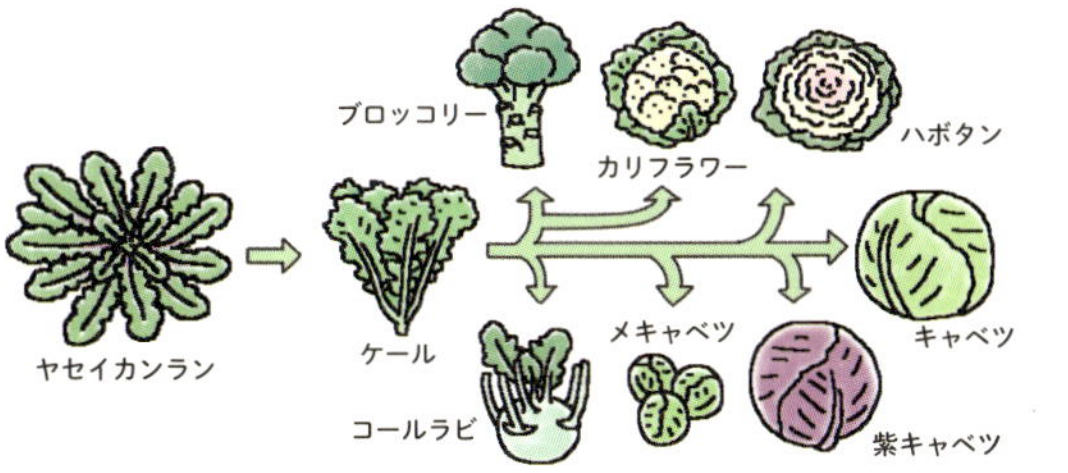

図　ヤセイカンランから発達したケールを先祖とするキャベツの仲間

1 種まき

セルトレーへ種まき用培養土を入れ、空のトレーを重ねて1cmほどのくぼみをつけ、1穴に1粒種をまく。

バーミキュライトをかけ、表面を平らにしたら、土が流れないようやさしく数回に分けてたっぷり水やりする（➜24頁セルトレーでの種まき）。

種まき後…30℃以上は発芽不良になるので、トレーは室内（冷房が効いているとよい）に置き、土が盛り上がってきたら芽が出る前に外に出す。出芽までしっかり水をやる。

出芽後… 3～4日後に出芽が始まる。生育適温は18～22℃で、23℃以上は徒長しやすい。他のキャベツ類より暑さは苦手で、育苗時期は梅雨や高温期が重なるので、明るめの日陰、もしくは防虫ネットをかけた育苗箱にさらに遮光ネットをかけ、風通しが良く、雨のかからないところで育苗する。

コツ

- **殺虫剤を使わない場合は、種まき直後から植え付けまで防虫ネットをかけた育苗箱で育てる。**
- **植え付け本数よりも多めのセルトレーの穴に1粒まきすれば、間引きは不要。間引きする場合はブロッコリー参照（➜60頁）。**

2 植え替え

種まき後2～3週間の本葉2～3枚で、3.5号鉢へ植え替える。それまでに子葉が黄色くなるようなら、早めに液肥を施しておく。

3 植え付け

8月中～9月上旬、種まき後35～40日で本葉6～7枚の苗を植え付ける。7日ほど前に元肥を混ぜた10号鉢に子葉に土がかからない程度に深植えにする。

暑いので日中は避け、夕方や曇りの日などに植え、たっぷり水やりし、根付くまでは乾きに注意する。

コツ

土のpHが6.0よりも低い場合は苦土石灰などで6.0～7.0に矯正しておく（➜16頁）。

4 追肥1～4回目

植え付けから14～21日後、肥料（8-8-8）約6gを施す。肥料は土と混ぜ、水やりしておく。長期間育てて大株にするため、追肥を3～4回施す。

2回目は21日後、3回目と4回目はそれぞれ30日後に1回目と同量の肥料を施す。

5 下葉かき・芽かき・支柱立て

下部1/4程度（地際から7～10cm）の古葉や結球の悪い芽球は、病害虫の温床になるので、種まき後100日前後で取り除く。

倒伏防止に90cmの支柱を早めに立てて誘引しておく。

6 葉かき

葉柄が芽球の肥大の邪魔にならないように、また、光を当てて肥大を促すために、芽球が直径1cmぐらいで、葉柄を5cm程度残してはさみで切るか、手で折り取る。

3～7日おきに順次上の方の葉もかき取る。葉柄を元から無理に取ると芽球がとれてしまうので注意。

コツ

芽球を肥大させるために鉢を回して芽球にまんべんなく光を当て、土の乾きに注意して適宜水やりする。

7 収穫

種まき後120～150日、芽球の直径2.5～3cm、1球が10～15gほどで順次収穫する。収穫しながら葉かきをすると手間が省ける。

コツ

生では苦みがあるので、塩ゆでして苦みを取って食べる。

アイドルももえ

難易度 ★★☆

タマネギ

「アイドルももえ」
歯切れよく甘みが強く年明け3月末まで貯蔵できる中晩生品種。越冬性と貯蔵性に優れた晩生品種「ラッキー」も。

基本情報

ヒガンバナ科ネギ属

- 発芽適温（地温）：15 ～ 25°C
- 生育適温（気温）：15 ～ 25°C
- 原産地：北西インド周辺を含む中央アジア
- 日当たり：日なた

材料　1プランター10株分

- 種…20粒
- 4号ポリ鉢（0.7ℓ）…1個
- 種まき用培養土…少々
- 育苗用肥料（IB）…約3g
- 標準60プランター（14ℓ）…1個
- 培養土…約15ℓ
- 元肥用肥料（IB）…約30g、（過石）…約7g
- 追肥用肥料（8-8-8）…約60g（3回分）
- ひも…適宜

ここがポイント

1. 種まき、植え付け、収穫は適期に。
2. 苗は太さ5～6㎜に。
3. トウ立ちを防ぎ、肥大に集中させる。
4. 適期に追肥を施し、乾燥に注意。

秋まき

栄養豊富で貯蔵もできるタマネギは、古代エジプトでも栽培された最も古い作物のひとつです。原産地とされる中央アジアは、夏は気温が高く乾燥しているため、地上部を枯らし栄養を蓄えた球根（鱗茎《りんけい》）で越します。

本州では秋8～9月に種まきして11月に苗を植えます。翌年の気温上昇で根や葉を増やし、春に一定以上の温度と日長になると球の肥大が始まります。肥大開始は、極早生で約10℃・11時間、中晩生で約20℃・13時間半と幅があり、早生ほど肥大や、種まき時期も早くなります。極寒で越冬が難しい北海道は、肥大の遅い晩生品種を春まきします。

コツは、トウ立ちによる栄養消耗を避け、肥大前に濃緑の葉を9～10枚持った株にすることです。トウ立ちは、早まきや早植えによる大苗が、10～12℃以下の低温に1カ月以上あうとします。育苗期間55～60日で葉枚数3～4枚、太さ5～6㎜の苗が最適です。種まきや植え付けは、品種ごとの適期にします。

年明け頃から生育旺盛になる3月まで肥料や水を切らさず肥大前の株の充実を図ります。中生・中晩生なら、初回の追肥で花芽分化を抑え、2回目は根の伸長を促し、止め肥で葉を充実させます。4月以降の追肥は病害虫の発生や貯蔵球の腐敗を助長するので控えます。

茎が倒れる極早生が3月下旬、早生は5月上旬、中・中晩生で5月下旬から収穫します。

病害虫情報

べと病　カビの仲間による重要病害。2～3月頃に苗の葉が淡黄緑色になり萎縮・湾曲し、生育が遅れる。これが元で感染が広がり、春に黄色の楕円形病斑が葉に生じ、やがて葉は折れて枯れる。罹病苗を早めに抜きとり廃棄し、3月下旬以降に殺菌剤を散布する。

ネギアザミウマ　春先から晴天が続くと発生しやすい。葉にかすり状白斑を生じる。激発で球は肥大不良に。

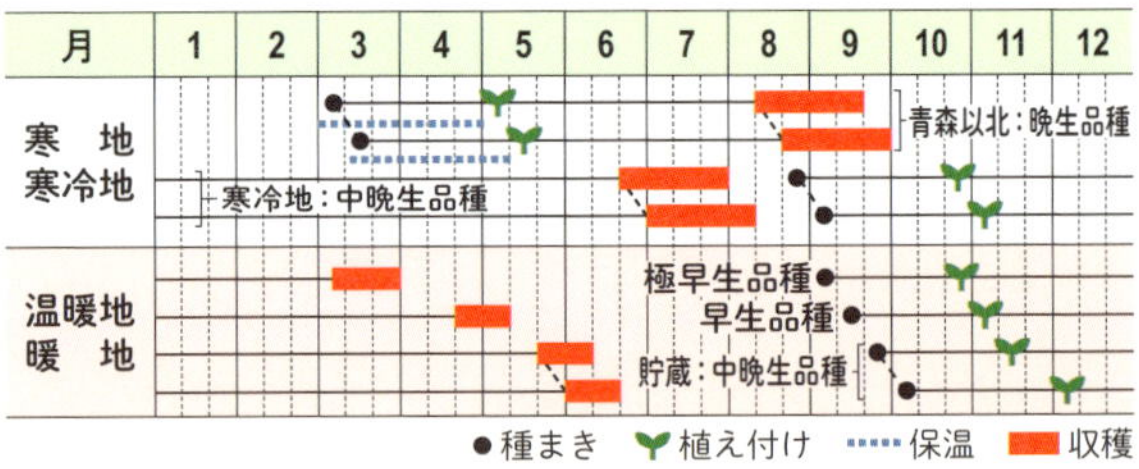

1 種まき

育苗はセルトレーと鉢を使う方法がある。ここでは鉢を使う方法を紹介する（セルトレーを使ったネギの育苗➜69頁）。タマネギ苗は、種苗店、ホームセンター、JAなどから入手でき、予約販売もあるので早めに確認を。

4号鉢に土を入れ、円を描くように間隔をあけ、20粒ほど種をまく。発芽に光を嫌うので厚さ5㎜ほどで種まき用培養土をかけ、軽く土を押さえる。

コツ

しっかり覆土しないと根が浮き上がり、苗が転んでしまうので注意。

8〜9月、28°C以上になると発芽が極めて悪くなる。しっかり水やりし、半日陰の雨の当たらない軒下などへ。5日ほどで出芽したら、1日1回程度水やりする。

2 間引き

10日ほどで本葉が出てきたら、混んでいるところや生育が悪い苗を間引く。

育苗期間は55〜60日と長いので、肥料切れしないように鉢の中心に肥料（IB）約3gを指で押し込む。

3 植え付け

種まきから55〜60日後、苗は本葉3〜4枚、太さは5〜6㎜（祝箸程度）、草丈20〜25㎝に。太さ6㎜以上になると、冬の低温で花芽を作り球が大きくならない。

元肥を混ぜた土を入れたプランターに株間10〜12㎝、条間8㎝で苗を植え付ける。根から土が落ちるので、根を乾かさないようすぐに植え付ける。

コツ

植え付けの深さは、葉鞘（株元の白い部分）が半分ぐらい見える深さが目安。浅いと霜柱などで根が浮いてしまい、深いと生育不良で腐りやすい。

4 追肥

極早生と早生品種は2回、中生と中晩生品種は3回、1回約20gの肥料（8-8-8）をばらまく。肥料は棒などで軽く土と混ぜ、しっかり水やりする。

追肥の時期

極早生・早生品種	12月下旬と2月上中旬…2回
中生・中晩生品種	12、2、3月の中下旬…3回
寒冷地・積雪地	雪どけ直後とその30日後…2回

コツ

タマネギの根は乾燥に弱いので土が乾いたら適宜水をやる。肥大始めから土を乾かすと根を傷め、肥大が悪くなるので、晴天が続いたらしっかり水やりする。

5 収穫

葉の栄養が球へ移り、栽培した品種が固定種の場合は全体の8割、F_1品種は全体の葉が倒れてから1週間ほどで収穫する。天気の良い日に抜き取り、雨の当たらないところで転がして2〜3日乾燥させる。

コツ

極早生種は倒れないことがあるので、球の肥大が十分なものから適宜収穫する。収穫が遅れると腐敗しやすくなるので、適期に収穫を。

6 貯蔵

貯蔵方法には、吊り玉と切り玉があり、まず、腐敗や傷みのある球は取り除く。

吊り玉

竿などにかけて軒下などで貯蔵する吊り玉は、6〜10球を一束にして吊るす。親指と人差し指の間でタマネギの葉鞘をしっかり握り、ひもを一回りして締める。さらにタマネギを半分に分けひもを通し、縛る。余分な葉を切り落としてでき上がり。

切り玉

葉鞘部分を10㎝ぐらい残して切り、コンテナなど風通しのよい箱に入れ保存する。葉鞘が短いと貯蔵中に肩がやせてしまう。

「夏扇4号」
太りがよく低温伸張性があり、べと病やさび病などにも強い根深ネギ。
5～6月まきで春、秋まきできる「春扇」もおすすめ。

難易度 ★★☆

ネギ

基本情報

ヒガンバナ科ネギ属

- 発芽適温（地温）：15 ～ 25℃
- 生育適温（気温）：15 ～ 20℃
- 原産地：中国西部（説）
- 日当たり：日なた

材料　1プランター60株分

- 種…約70～120粒
- 200穴セルトレー…60穴分
- ネギ用の種まき培養土…660㎖
- 深型70プランター（36ℓ）…1個
- 培養土…約41ℓ
- 元肥用肥料（IB）…約180g、（過石）…約120g
- 追肥用肥料（8-8-8）…約84g（2回分）

ここがポイント

1. 収穫時期に応じた品種を適期にまく。
2. 苗は大株にせず適期に植え付ける。
3. 栽培期間中は肥料を切らさない。
4. 増し土は夏と冬を避け少しずつ分けて。

春まき

秋まき

関西の葉（青）ネギに対して関東では根深（白、長）ネギが栽培されてきました。それも産地や食の多様化で今やボーダーレスです。

中国西部原産で、中国北部で発達し冬に休眠する寒地系は石川の根深ネギ「加賀」に、南部から渡来し冬も生育する暖地系は京都の葉ネギ「九条」になりました。東京の「千住」は中間の性質で根深ネギの主流になっています。

根深ネギの種まきは春と秋にします。ただし、春まきだけで7月から翌5月上旬まで長期間収穫ができます。特に低温伸張性のある品種を3～4月まきする秋冬どりは、トウ立ちの心配が少ない一般的な作型です。

栽培のコツは、まず一斉出芽させることです。生育ムラはでき上がりがバラつく原因になります。次に葉鞘の太さが3～4㎜の小苗を植え付けること。これより太い苗は15℃以下の低温に一定期間遭うと花芽ができてしまいます。育苗は50～60日と長いので肥料が切れないようネギ用の種まき培養土を使います。

根深ネギは、緑色の葉身の下に土を寄せて葉鞘部分を白く長くする軟白をします。一定の株間で植え、葉鞘の伸長に合わせて数回の増し土と、肥切れしないよう追肥をします。

春の高温・長日で花房をつけた花茎（ネギ坊主）が伸びてきます。花茎は中空で硬く食べられず春まきの端境《はざかい》になります。この時期の収穫はトウ立ちの遅い品種を秋まきします。

病害虫情報

さび病　葉に橙色の小さな病斑を生じ、破れてさび色のカビが出てくる。春と秋、多肥栽培で多発する。

タネバエ　未熟な堆肥などを多用すると幼虫が苗の根盤から侵入し食害し、苗が萎凋し立ち枯れる。

黒斑病　葉身に淡褐色の紡錘形の病斑ができ、同心円状に広がり、葉が枯れたり、折れたりする。梅雨や秋の台風時、多肥などで発病しやすい。ほかタマネギ参照。

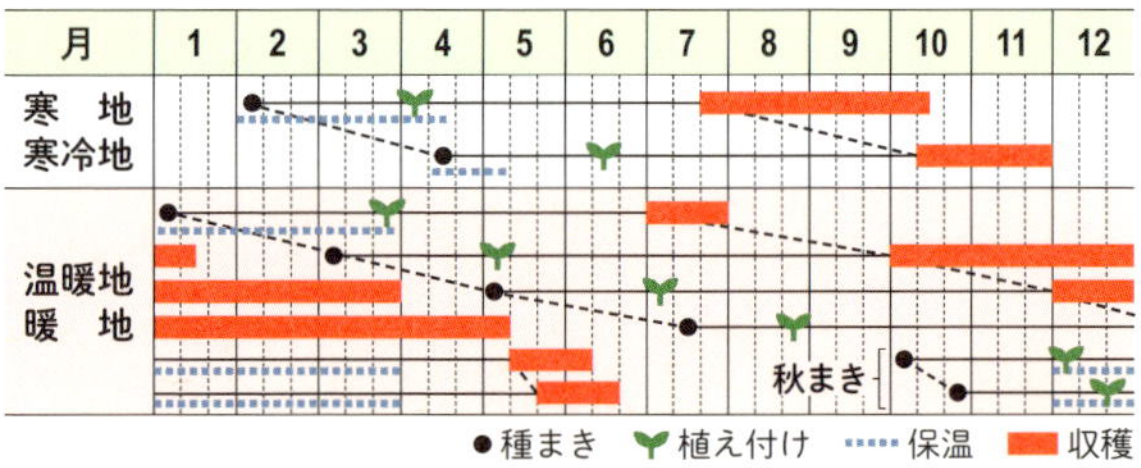

1 種まき

セルトレーへネギ用の種まき培養土を充填し、空のセルトレーを重ねて上から軽く押し、深さ5㎜のまき穴を開ける（プランターを使った種まき育苗は葉ネギ栽培の方法を活用➜70頁）。

1穴に1〜2粒の種をまく。

上からネギ用の種まき培養土をかける。

土を手で押さえ、余分な土を落とす。

しっかり水をやる。

余った種は…ネギ類の種の寿命は短いので、まき切るのが基本。余ったら密閉容器などに入れ冷蔵庫で保存する。

コツ

出芽は一斉に…ネギはタマネギよりも発芽の際に光を嫌うため、厚さ5㎜の覆土で光と乾燥を防ぐ。その上で発芽適温を維持して一斉に出芽させる。5日前後に出芽が始まり、7日ほどで揃う。子葉の出芽後、本葉1枚が出る頃まで1日1回程度は水をやり、乾かさないようにする。15℃を下回る場合は不織布をべたがけしておく。

2 間引き

本葉2枚が出始める頃、1穴1株にピンセットで間引く。芽の出ていない穴があれば間引いた株を補植しておく。

コツ

ネギ用の種まき培養土でなければ、1カ月ほどで肥料が切れ、生育が停滞するので、1週間おきに500倍希釈の液肥を施す。

3 植え付け

種まき後50〜60日ほどで、本葉3、4枚、葉鞘の太さが3〜4㎜になり、根鉢ができて苗が簡単に抜けるようになったら植え付ける。余った苗は葉ネギとして利用できる。

深型プランターの底から約10㎝の高さまで元肥を混ぜた土（約13ℓ）を入れ、条間10〜12㎝幅で深さ約5㎝の溝を2本つける。

株間約2㎝で苗を並べ垂直に植え付ける。畑なら5〜6㎝間隔で植え付けるが、日当たり良好なら倍量のこの間隔でもOK。

溝を埋めるように土をかけ、軽く押さえる。

最後に土の上に落ち葉や枯れ草などを敷き、たっぷり水やりする。

コツ

ネギは酸素をとても好むので、落ち葉などを敷くことで夏の暑さや乾きを防ぎ、増し土後に根の張る空間にもなる。

葉ネギ（小ネギ）

関西以西で広く栽培されてきた全身緑色の「葉ネギ」は、特に梅雨明けの夏にうまさを発揮します。葉ネギを早採りする小ネギは、収穫までの期間が短く、生育温度も4～33℃と広いため、一年を通して繰り返し収穫できます。小柄なので小さめのプランターで手軽に栽培できます。この栽培方法は、根深ネギのセルトレーを使わない育苗方法としても応用できます。

ネギは一見すると茎が見当たりませんが、根がついているところのすぐ上に皿状の茎がちゃんとあります。ここに成長点があるので、葉ネギは地際から5cmほどを残して必要な分だけ葉を切りながら使えば、再び葉が伸びてきて収穫できます。薬味などで使い勝手の良い葉ネギは、いつも栽培し、常備しておきたい野菜です。

栽培手順

元肥（IB）約18～28gを混ぜた土を入れた小型40プランター（5ℓ）に、8cm間隔で深さ約1cmの溝を2列作る。そこに種が重ならない程度にすじまきし、土をかけ、水やりする。

種まき後40日ほどの本葉3枚までに3回に分けて株間2～3cm（26～40株）になるよう間引く。

最後の間引きに合わせ、肥料（8-8-8）約5～8gを株間に追肥し、水やりしておく。以後14日おきに同量の肥料を施す。

最短で種まき後60日から収穫できる。

4 増し土・追肥1回目

植え付け後20～30日で深さ約5cm（約6ℓ）分の土を入れ、約42gの肥料（8-8-8）を施し、土と混ぜ、水やりする。1株に本葉4～5枚が土から必ず出ているようにする。

コツ

1回に足す土の量は、葉の襟（葉身の葉と葉が重なった部分）下5cm程度までにしないと葉鞘が細くなり、株の傷みやストレスの原因になる。

5 増し土・追肥2回目

9月に入り気温が落ち着き、再び成長が始まったら、厚さ約5～7cm分（約6～9ℓ）の培養土を足し、1回目と同量の肥料を施し、土と混ぜ、水やりする。

コツ

軟白に適した温度は15℃で、25℃以上だと生育が衰えるので7～8月の高温期は増し土や追肥を避ける。

6 増し土3回目（止め土）

2回目の増し土から約30～40日以降、収穫の2週間前までに、厚さ約8～10cm分（約10～13ℓ）の土を足す。

コツ

3～4月に収穫する場合、年明けにもう1回増し土する。肥料の施し過ぎは、さび病などの原因になるので、最後の増し土では肥料は施さない。

7 収穫

最後の増し土から2週間以降、必要分だけ収穫すれば長く楽しめる。無理に引き抜くと葉鞘の途中で破断してしまうので、移植ゴテなどで土を掘り起こして収穫する。

一度に収穫する場合は、根に土をつけた状態で、肥料袋などに入れ、気温の低い外に立てて保存する。

難易度 ★★★

トマト

「麗月（れいげつ）」
高温期に着果しやすく、裂果しにくい、食味良好な夏秋栽培向き品種。同じく夏秋栽培向き品種「麗夏（れいか）」も。

基本情報

ナス科ナス属

- 発芽適温（地温）：25 ～ 30℃
- 生育適温（気温）：日中24 ～ 28℃、夜間15 ～ 16℃
- 原産地：南米ペルー（アンデス高地）、（２次中心）北米メキシコ高地
- 日当たり：日なた

材料　1鉢1株分

- 種…2～3粒
- 培養土…約25ℓ
- 13号ポリ鉢（25ℓ）…1個
- 元肥用肥料（IB）…約44g、（過石）…約17g
  （※元肥施肥量は植穴施肥のため通常の20％減）
- 追肥用肥料（8-8-8）…約24g（4回分）
- 支柱（長さ180㎝）…1本
- 誘引用クリップ、ひも…適宜

ここがポイント

1. 第１花房開花直前の苗を4月下旬～5月上旬に植え付ける。
2. 生育診断をして適期に追肥を施す。
3. 第1花房を確実に着果させる。
4. わき芽かきや摘果、摘心でしっかり収穫。

果菜類は、茎葉や根などの体を作りながら（栄養成長）、開花し果実をつける（生殖成長）ので、バランス良く成長させることが大切です。栄養成長が強いと花や実がつかない「木ボケ」に、生殖成長が強いと実がよくついて草勢が弱くなる「木負け」になります。

大玉トマトの故郷は日中25℃前後で、日照が強く、乾燥しています。乾燥した土地で水分や養分を得るためトマトは活力ある根を深く張ります。日本の梅雨は過湿なため、これらを吸い過ぎ「木ボケ」になり、病虫害を受けやすくなります。梅雨明け後は高温で呼吸量が増え、ダメージはいよいよ深刻です。

バランス維持には、植え付け後に根付いたら開花するよう第1花房が開花直前の大きめの苗を植え付けることです。しかも収穫のピークを苦手な夏にしないため、入梅前に第3花房までを咲かせます。逆算すると植え付けは4月下旬～5月上旬、種まきはその40～50日前の3月上～下旬にします。この時期の育苗には加温が必要なので、初心者は苗から始めるとよいでしょう。

さらに第1花房は必ず着果させ、以後も開花・結実させます。栄養は長効きする緩効性肥料をひと手間かけて施し、過不足なく切らさず供給します。わき芽をかき、雨に当てず、草勢を観察してバランスをとります。花房5～6段まで裂果なしで収穫できれば合格です。

病害虫情報

トマトサビダニ　下葉が褐変し、やがて茎は緑褐色になり、果実が緑褐色になりひび割れる。乾燥で多発するので真夏は水やりし、発生したら早めに薬散する。

尻腐れ果　乾燥や多肥でカルシウム欠乏すると果実の尻が黒褐色になって陥没する生理障害。塩化カルシウム水溶液200倍を開花後2週間以内に3回果房へ散布。

コナジラミ類　ミニトマト参照（➜74頁）。

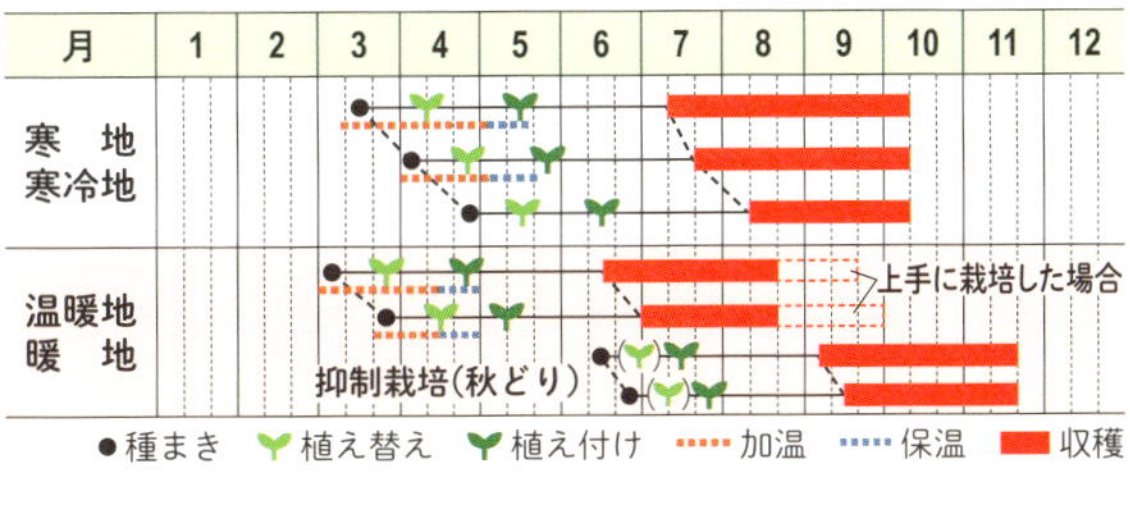

3月からの種まきは加温が必要。育苗が難しい場合は、花芽のついていない市販の9cmポットの苗を、12cmポットへ植え替えて適期に植え付ける。なお、6月に種まきする抑制(秋どり)栽培なら無加温栽培できる。種からの育苗や苗の植え替え方法は81頁参照。

1 植え付け・支柱立て・誘引

育苗期間40～50日で開花4～7日ほど前の、蕾のがくが割れる頃から花弁の色がわかる頃の苗を植え付ける。若苗は「木ボケ」しやすく、開花苗は活着前に果実の肥大が始まり、果実に栄養をとられて「木負け」する。

抑制(秋どり)栽培…9月から収穫する場合は、30～35日の若苗を7月中旬に植え付け、枯れ草などを敷いておく。

13号鉢に土を入れ、深さ15cmくらいの植え穴を開ける。栽培期間が長いので、植え穴に緩効性肥料(IB)を施して長く養分が得られるようにする(➡16頁植穴施肥)。

根と肥料が直接触れないように間土を少し入れ、深さ9cm程度にする。

あらかじめ水やりしておいた苗を根鉢を崩さないようにその上面が土面と同じになるように植え付ける。土を寄せ、軽く手で押さえ、鉢底から水が出るまでしっかり水やりする。根付くと上の方の葉に朝露がつくようになる。

コツ

風で苗が傷まないように、穏やかな晴れた日に植え付ける。

180cmの支柱を立てる。茎を誘引用クリップやひもで留めておく。

コツ

梅雨時は茎葉、果実が常に雨水で濡れていると病気に感染しやすくなるので、できるだけ雨がかからないようにする。

2 わき芽かき

第1花房の開花が始まると、花房の下からわき芽が伸びてくるので早めに取り除く。

午前中の芽が固いうちは、手で左右に曲げて取り除ける。大きなわき芽ははさみを使うが、ウイルスを広げる可能性があるので、極力手でかき取る。傷口が乾くように晴れた日に行なう。

わき芽の習性とかき取り方法…トマトは葉を3枚つけると花房がつくことを繰り返す。茎と葉の付け根からわき芽が出てくるが、最初は花房直下のわき芽が優先的に伸びてくる。放っておくと分枝として大きくなり、さらに分枝の葉腋からもわき芽が伸びてくる。主枝についた果房へ栄養を集中させるため、日々の生育診断で草勢を観察してからわき芽を取り除く。わき芽は、適正ならば普通に、木ボケ気味ならば早めに、木負け気味ならば上位のわき芽を残し、適正な生育になるのを待ってかき取る。

生育診断

1. 成長点から10～15cm下の茎の太さが人差し指の第1関節程度の太さ(1.6～1.8cm)➡適正
2. 花が横を向いている➡適正
3. 成長点付近の葉がすんなり立っている➡適正
4. 茎が太く、葉が内側に巻いている➡「木ボケ」気味
5. 茎が①よりも細く、花が上向き成長点までの距離が短く、花房や葉が小さい➡「木負け」気味

5 追肥

生育診断を行ない追肥のタイミングを図る。追肥は1回当たり追肥(8-8-8)を約6g施す。

追肥の目安

適正……第1・3・5花房の果実がピンポン玉サイズになった時と摘心時に施す。

木ボケ気味……適正よりも施肥を遅らせ、水やりも控え目に。

木負け気味……適正よりも施肥を早め、水を多くやり、わき芽かきを遅らせる。

6 収穫

トマトは積算温度1,000～1,200°C(平均気温20°Cで開花後50～60日)で色がついて収穫できる。がくの下まで着色して柔らかくなる直前に、果実の温度がまだ低い朝に収穫する。

猛暑とトマト…7月中下旬、日射が強く気温も高くなるとトマト栽培は厳しくなる。収穫時期に高温に遭うと栄養や食味が損なわれ、裂果も多発する。高温で受精も難しくなりますます着果が悪くなる。第5～6花房の収穫時期で、裂果せずに収穫できれば成功だ。

7 摘心

6月中旬～7月上旬、第1花房の収穫の頃、第6花房が開花し、成長点も支柱の先まで伸びるので、花房の上で芽を摘む(摘心)。

「生育診断」による摘心の方法

適正……葉を1枚残して摘心。

「木ボケ」気味……葉を1枚残して摘心。

「木負け」気味……すぐ摘心せず、わき芽をいくつか残し、草勢が回復してから葉を多く残して摘心する。

コツ

摘心後に伸びてくるわき芽は、木負け株はある程度残し、木ボケ株は早めに取り除く。

3 授粉とホルモン処理

トマトは第1花房を確実に着果させると木ボケしにくく、草勢が安定する。風媒花なので、通常は梅雨明け後の高温になるまでは自然に花粉が舞い、受粉、受精し果実がつく。支柱を棒でたたいて振動を与えて花粉を舞わせる方法もある。しかし次のような場合はホルモン処理をする。

1. 木ボケして草勢が強い
2. 開花時期が13°C以下の低温や32°C以上の高温
3. 雨が続くとき
4. 第1花房を確実に着果させるため

花房に花が2～3輪咲いたら、晴天の日の午前中にトマトトーン(ホルモン剤)を開花した花へ噴霧する。開花後2日までの花に行ない、蕾や成長点などにかからないよう注意する。ホルモン剤に食紅を入れておくと、散布したところがよくわかる。

コツ

着果後の誘引は、重さのかかる花房の上か下で行なう。午前中は水を吸って茎が折れやすいので、晴れた日の午後など植物体が柔らかい時間帯に行なう。

4 摘果

開花2～3日で受精。その2～3日後から子房が膨らみ、4～5日で肥大がはっきりわかる。花房ごとに果実がピンポン玉サイズになったら、形の良いものを4果程度残し、それ以外は摘み取る。

難易度 ★★★

ミニトマト

「アイコ」
病気に強く、肉厚で、酸味は少なく甘みが強い多収のプラム型ミニトマト。高糖度で、耐病性があり、裂果も少なく栽培しやすい「ミニキャロル」も。

基本情報

ナス科ナス属

- 発芽適温（地温）：25 ～ 30℃
- 生育適温（気温）：日中25 ～ 30℃、夜間13 ～ 20℃
- 原産地：南米ペルー（アンデス高地）、（２次中心）中米・北米メキシコ
- 日当たり：日なた

材料　1鉢1株分

- 種…3粒
- 培養土…約26ℓ
- 4号ポリ鉢（0.7ℓ）…1個
- 13号ポリ鉢（25ℓ）…1個
- 育苗用肥料（8-8-8）…約1.3g、（IB）…約1.8g
- 元肥用肥料（IB）…約62g、（過石）…約18g
（※元肥施肥量は植穴施肥のため通常の20％減）
- 追肥用肥料（8-8-8）…約140g（10回分）
- 支柱（長さ75㎝）…1本
- 支柱（長さ180㎝）…1本
- リング支柱（長さ150㎝）…1組
- ひも…適宜

ここがポイント

1. 草勢があり病虫害と裂果に強い高糖度品種を選ぶ。
2. 適期に植え付ける。
3. 枝整理と継続的な追肥で草勢維持。
4. 栽培中は極力雨に当てないようにする。

トマトの遠い先祖は、南米アンデス高地で生まれました。ミニトマトの元になった小ぶりな先祖は、先住民が中米を経て北米メキシコへ種をまきながら移動したのでこれらの地域の標高0～2千mのさまざまな環境のところに広く自生しています。そのためミニトマトは環境適応力があり過酷な日本の環境でも栽培しやすく、果実をたくさんつけます。

一方で大玉トマトは、最後に行き着いたメキシコの標高2千m付近の比較的狭い範囲で大ぶりに発達した先祖が元になっています。この地域は涼しく乾いているため、大玉トマトは日本の高温多湿な環境が苦手です。

丈夫なミニトマトは果実がたくさんつき草勢が弱くなりがちです。ただし、大玉トマトのように肥料をやり過ぎて茎に穴が開くようなことも少ないので、第2花房の着果から週1回追肥を施して草勢を維持します。

欠点は裂果しやすいことです。収穫前が雨だとなりやすいので早めに収穫、雨を避けて鉢を移動するのも方法です。土の乾湿も原因になるので、水は少量を回数多くやります。

また、仕立ては、大玉トマトのように摘心しなくても収穫を続けられるので、リング支柱を使いらせん状に誘引するとよいでしょう。

品種は、形や色、食感など多種多様ですが、糖度が高く、草勢が強く、耐病虫害性のあり、裂果しにくい品種を選びます。

病害虫情報

カメムシ類　未熟果が加害され、吸汁痕が汚黒色に変色し、腐敗などする。アザミウマなどと一緒に薬散防除。
コナジラミ類　白い小さな虫で、排泄物にすす病が発生、ウイルス病を媒介するので早めに防除する。
アザミウマ類　果実に蚊に刺されたような白ぶくれ症状を呈する。黄化えそ病などウイルス病も伝染させる。早めに薬剤を散布する。ほかトマト参照（➜71頁）。

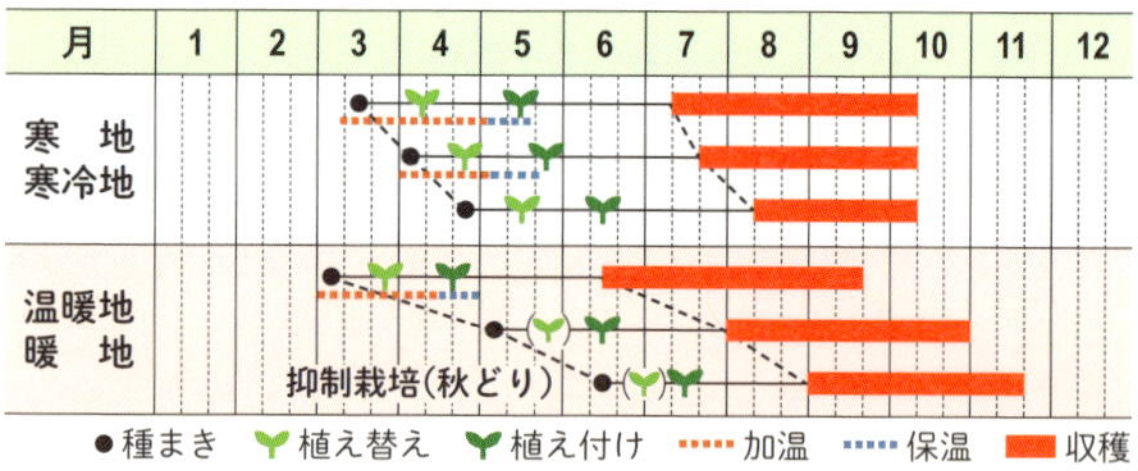

7 授粉・ホルモン処理

大玉トマト同様、自家受粉で比較的容易に着果する。ホルモン剤「トマトトーン」処理は、ミニトマトは花房が長く、時間をかけて咲くので、3～5花開花時から3～4日おきに花のみ、幼果や蕾にかからないよう注意して1花房当たり3～4回処理する。

8 追肥

第2花房の着果、第3花房開花前に最初の追肥（8-8-8）約14gをする。以後は週1回追肥を。極端に土を乾かすことは避け、適度な水分を保つように水やりする。

追肥の目安…ミニトマトは、開花が始まればどんどん着果し、第7花房ぐらいまではすんなり着果する。そのため生殖成長が勝る「木負け」になりやすいので、積極的に追肥と水やりをする。

9 収穫

最初の収穫は第1花房開花後50日程度、以後気温上昇と共に短くなっていく。熟して着色し裂果する直前が味や栄養もピーク。適期は3日ほどなので逃さず収穫する。

裂果対策…ミニトマトは、成熟した果実を雨に当てると裂果しやすくなる。鉢の移動など雨に当てない工夫をする。水は少量を回数多くやることで、土壌水分の急激な乾きや過湿を回避できる。ミニキャロル、キャロルパッション、アイコシリーズなどの裂果の少ない品種の選択も有効。

10 摘心

摘心せず、霜が降りるまで誘引しながら栽培を続けられるが、第10花房の開花を目途にその上で摘心すると、着果数は増加する。

3月まきは、育苗日数が長く加温も必要。難しい場合は9cmポットの若苗を購入し、2回目の植え替えから始めるか、5月以降の種まきなら加温や保温なしで育苗できる。
ここでは5月以後の鉢への種まきを想定し、植え付け以後はミニトマトに特徴的なポイントを紹介。それ以外は71頁からの大玉トマトの栽培を参照。

1 芽出し

大玉トマトに準じる（➔81頁）。

2 種まき

4号鉢に肥料（8-8-8）約1.3gを混ぜた土を入れ、深さ約1cmのまき穴を3カ所開ける。種を1粒ずつまき、バーミキュライトか種まき用の土をかける。土の表面を軽く手のひらで押さえたらしっかり水やりする。鉢は日当たりの良いところに置き、芽が出るまで土が乾かないよう注意する。

3 間引き

5～7日ほどで芽が出たら、午前中10時頃までに水やりし、乾かし気味にする。間引きは本葉2枚までに1株にする。種まき後20日で肥料（IB）約1.8gを苗から離して鉢の縁あたりに指で押し込む。

4 植え付け

植え付けは大玉トマトに準じる（➔72頁）が、長さ75cmほどの仮支柱を根鉢を避けて斜めに挿し、ひもで誘引しておく。

5 支柱立て・誘引

茎が伸びてきたら、長さ150cmのリング支柱を早めに立て、外周に沿ってらせん状に茎をひもで誘引し、あんどん仕立てにする。

6 わき芽かき

ミニトマトは、大玉トマトよりもわき芽が良く伸びる。生育が衰えていない限り小さいうちに取り除いて過繁茂を防ぎ、通気や採光を確保して病虫害の発生を抑える。

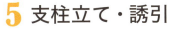

難易度 ★★★

ナス

「飛天長（ひてんなが）」
草勢が強く、耐暑性があり、夏越ししてもなり疲れしにくく秋まで収穫できる露地用の長ナス。
早生で耐暑性があり、半立性で草勢が強い、安定して収穫できる中長ナスの「黒福（くろふく）」もおすすめ。

基本情報

ナス科ナス属

- 発芽適温（地温）：23 ～ 35℃
- 生育適温（気温）：日中22 ～ 30℃、夜間16 ～ 20℃
- 原産地：インド東部（説）
- 日当たり：日なた

材料　1鉢1株分

- 苗…1株
- 培養土…約25ℓ
- 13号ポリ鉢（25ℓ）…1個
- 元肥用肥料（IB）…約240g、（過石）…約34g
（※元肥施肥量は植穴施肥のため通常の20％減）
- 追肥用肥料（8-8-8）…約304g（8回分）
- 支柱（長さ75㎝）…5本
- ポリ袋（30ℓ）…1袋
- 洗濯ばさみ…1個
- 支柱（長さ150㎝）…2～3本
- 誘引用クリップ…適宜

ここがポイント

1. 開花直前の大苗を植え付ける。
2. 主枝2、3本を残し、枝整理をまめに。
3. 収穫開始後はまめな追肥と水やりで草勢維持。
4. 果実を若採りしてなり疲れを防ぐ。

原産地のインド東部は、一年を通し最高気温は27～36℃と高く、冬の平均気温は18℃と温暖で、雨の多い気候です。日本は、原産地と同じモンスーン地帯なので、霜の降りる時期を除けばナス栽培に適しています。

植え付けは、地温10℃、夜温16℃以上が必要で、簡単な保温をすれば温暖地で4月下旬からできます。この場合の種まきは2月中旬からですが、発芽適温も高く加温が必要なので、初心者は苗から始める方が無難でしょう。一方で秋ナス狙いならば加温は必要ありません。5月下旬に種まきし、育苗40～45日の若苗を植え、8月上旬から収穫します。

高温を好むナスですが、30℃以上の猛暑、それに乾燥は苦手です。梅雨時に順調に収穫できていても、梅雨明け頃に落花や日焼けによる果皮の硬化、勢いが落ち収穫が減るなど「なり疲れ」してきます。そうなる前に収穫が始まる6月上旬から追肥をして株の勢いを旺盛にしておきます。7月に入ってからは花や枝先の様子でなり疲れを見極め、積極的な追肥や水やり、枝整理や果実の若採りで夏バテを防ぎ8月も収穫を続けます。

この頃、害虫が多くなり、高温・乾燥とのWパンチでノックダウンしたら、思い切って8月上旬までにひざ丈で太い枝を切り戻す「更新剪定」をします。新しい枝葉を吹かせ、条件の良い9月からの秋ナス収穫を狙います。

病害虫情報

アザミウマ類　果実を加害すると、果実表面にひきつったような傷が入る。早めに発見して薬剤防除する。
キスジノミハムシ　体長2㎜ほどの甲虫。夏に多く、葉を食害し穿孔が無数に開く。早めに薬剤散布する。
石ナス・ボケ果　石ナスは低温や極端な高温で果実が硬く小さくなり、ボケ果は水分不足で果実表面のツヤがなくなる。いずれも生理障害。他**ハダニ類**など。

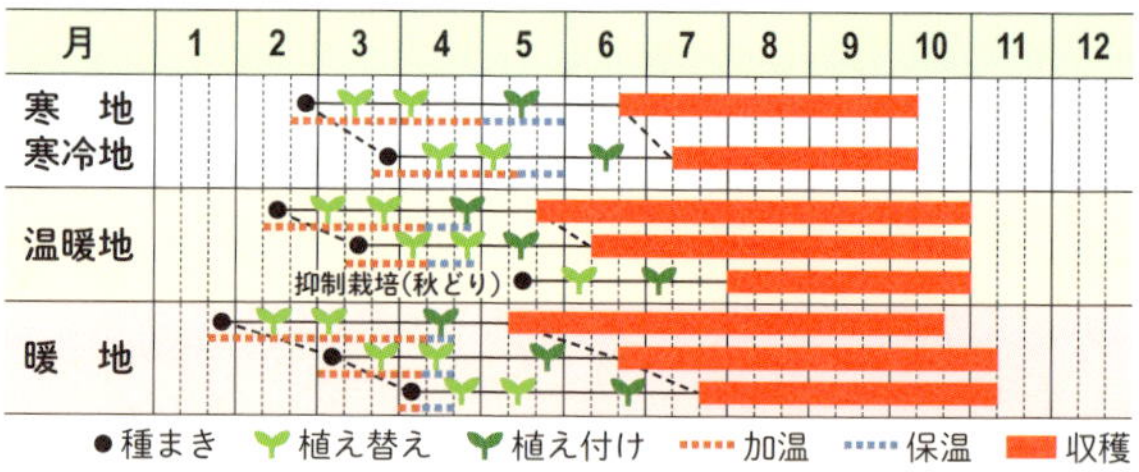

2月からの種まきは、育苗に55 ～ 65日ほどかかり加温が必要。育苗が難しい場合は市販の9cmポットの若苗を購入し、2回目の植え替えから始める。5月に種まきする抑制（秋ナス）栽培は無加温で育苗できる。種からの育苗や植え替え方法は81・82頁参照。

1 植え付け

地温10°C（最低気温16°C）以上になり、第1花の蕾が開花直前の頃、風のない晴れた日に13号鉢へ植え付ける。

深さ16cmくらいの植穴を開け、元肥をまとめて入れる。

根と肥料が直接触れないように土（間土）を少し入れ、深さ9cm程度にする。

コツ

栽培期間が長いので、緩効性肥料を使い、さらに植穴施肥にして、肥持ちをよくする。この時、ひとつまみ程度の元肥を植え戻しする土に混ぜると根付きが良くなる。

事前に水やりしておいた苗の鉢をそっと外し、根鉢を崩さないように、根鉢の表面が1cmほど出るように浅く植え付け土を寄せる。たっぷり水やりして、仮に短い支柱をして苗を留め、倒れないようにする。

コツ

浅植えの方が鉢の上部の土に無駄なく根が張る。深植えは湿害や病害の原因になる。

苗を囲むように長さ75cmの支柱を4本立て、底を抜いたポリ袋で囲み、洗濯ばさみで留めて「あんどん」を作る。5月は風が強いので、保温も兼ねてあんどんで保護すると生育が良くなる。

2 主枝の整枝・支柱立て・わき芽かき・摘花（果）

主枝の整枝…ナスは葉2枚ごとに花をつけ、次々伸びる枝を放置すると果実がつき過ぎて株の勢いが衰えてしまう。そこで早めに主枝を2 ～ 3本に絞ると日当たりが良くなり、栄養が集中し、枝の勝ち負けを減らし、新しい枝を勢いよく伸ばすことができる。

主茎（A）と最初の花（D）の下の分枝1～2本（B、C）を、2～3本の主枝として伸ばす。主枝より下のわき芽（×印）は早めに取り除く。一番最初の果実（D）は、不整形果や石ナスなどになりやすいので、摘花（果）する。

主枝は、長さ150cmの支柱を地面に対して45度以上の角度でV字状に立て、誘引する。主枝は2本の方が、勢いが揃い、支柱の角度を一定にでき、成長バランスがとりやすい。

接ぎ木苗の場合…台木のわき芽は早めに摘み取らないと穂木の成長が妨げられてしまう。

ナスの花について…ナスの花はめしべの花柱が長く伸び、その周りをおしべの葯《やく》が囲むように咲く。花粉は葯の先の穴からこぼれ落ち、花柱が長い長花柱花ならば自然に受粉して着果する。花柱が短い短花柱花は柱頭に花粉がつかず3～4日で花は落ちてしまう。短花柱花は梅雨明け後に草勢が弱まると顕著に多くなるが、開花30～40日前の花芽分化の条件で決まるので、その頃しっかり追肥と水やりをする。

生育診断

長花柱花…花の上に葉柄の立った葉4～5枚、蕾が2つあれば健全なので追肥を施す。葉柄が湾曲していたら肥料過多。追肥を遅らせる。

中花柱花…上に蕾1つもしくはなくて開いている葉が1～2枚ならやや栄養不良なので、早めに追肥する。

短花柱花…追肥の効力は期待薄。思い切って更新剪定する。

長花柱花

短花柱花

5 更新剪定・断根

7月中・下旬の梅雨明け後は高温・乾燥によるなり疲れで主枝や側枝からわき芽が吹かなくなったら、思い切ってすべての主枝を切り詰める更新剪定をする。この時、生育を均一にするため、切り詰める主枝の長さを揃える。

更新剪定…葉1枚を残し（主枝に葉がない時は葉のある側枝1本をつけて）主枝を切り詰める。この時、生育を均一にするため、切り詰める主枝の長さを揃える。

断根…鉢土に数カ所移植ごてを差し込んで根も切り詰める。

追肥…300～500倍の液肥を1週間に1回施し、新芽が出たら肥料（8-8-8）約38gを施す。

コツ
更新剪定は、9月中旬の秋ナス収穫のタイミングを逃さないように、8月上旬までに行なう。

やがて新しい枝が伸びてきて株が若返り、果実がつきやすくなり、40日ほどで秋ナスが収穫できる。

3 収穫・収穫直後の整枝

6月上旬。ナスは未熟果で収穫するので中長ナスなら開花後25日前後で、できるだけ涼しい朝方に収穫する。1株当たり果実を50個も収穫できれば合格だ。

コツ
なり疲れしないように早めに収穫して株への負担を小さくし、草勢を維持する。特に梅雨明け後は若採りする。

残した2～3本の主枝から出る側枝は、1番花の直上の1枚の葉を残して芽を摘み取る。

1番果の収穫後は、1番果の下2枚の葉のうち、強い側枝の上まで枝を切り戻し、併せて側枝付け根の主枝の葉を摘葉する。貧弱な枝は果実が充実せず、採光や通風の妨げにもなるので早めに付け根で切り落とす。

4 追肥

収穫の盛期を迎える7月上中旬、株への負担もピークになる。8月も収穫を続けるには、収穫始めの6月上旬から追肥と水やりをして旺盛に育てる。肥料切れ、水不足に注意し、肥料（8-8-8）約38gを8月上旬まで2週間おきに施し、水をやる。

難易度 ★★★

ピーマン（パプリカ・シシトウ・トウガラシ）

「翠玉（すいぎょく）二号」
高温乾燥に強く、果肉は厚く、耐病性で作りやすいピーマン。タバコモザイクウイルスに強く、晩秋まで安定して収穫できる「あきの」もおすすめ。

基本情報

ナス科トウガラシ属

- 発芽適温（地温）：25 ～ 30°C
- 生育適温（気温）：日中25 ～ 30°C、夜間23°C前後
- 原産地：中央・南アメリカの熱帯地方
- 日当たり：日なた／半日陰

材料　1鉢1株分

- 苗…1株
- 培養土…約25ℓ
- 13号ポリ鉢（25ℓ）…1個
- 元肥用肥料（IB）…約163g、（過石）…約42g
  （※元肥施肥量は植穴施肥のため通常の20％減）
- 追肥用肥料（8-8-8）…約140g（7回分）
- 支柱（長さ150cm）…2～3本
- 誘引用クリップ…適宜
- 支柱（長さ75cm）…5本
- ポリ袋（30ℓ）…1袋
- 洗濯ばさみ…1個

ここがポイント

1. 植え付けは地温15°C以上で。
2. 一番花は摘み、下のわき芽はとる。
3. 肥切れと水切れを防いで草勢を維持。
4. 果実を早めに収穫し草勢を維持。

日本では辛くないトウガラシの仲間のうち、果実が小さいものをシシトウ、中くらいをピーマン、大きくて肉厚なものをパプリカ（ベルタイプピーマン）としています。同じ仲間なので栽培方法は原則どれもほぼ同じです。

トウガラシの原産地は、中央および南アメリカの熱帯です。果菜類の中でも最も温度を欲しがる野菜の一つです。植え付けに適した地温は15℃以上で、最低気温も15℃以上は必要で、温暖地では5月中旬からなら植え付け後に保温は必要ありません。ただし、この場合でも育苗は65日前後かかり、種まきは3月上～下旬にしないとならず加温が必要です。育苗には時間と手間がかかるので、初心者は苗から始めるとよいでしょう。

栽培のポイントは、老化していない苗を適期に植え、保温のため底を抜いたポリ袋で囲い、初期に花を摘み、枝数を限定して収穫までに根を張らせ、株をしっかり作ることです。植え付け後30日ほどして収穫が始まったら、株の勢いを落とさないようにまめに追肥して乾かし過ぎないようにします。意外にも真夏の強い光は苦手で、株が弱っているとダメージが大きくなります。夏バテしないためにも草勢を強めに維持する必要があります。

収穫の合格ラインはピーマンで1株当たり40～50個。栽培のポイントに注意してそれ以上を目指しましょう。

病害虫情報

コウモリガ・フキノメイガ　幼虫が茎内に食入し、若い茎葉が枯れる。食害孔から針金を差し込んで刺殺する。
タバコガ類　幼虫が果実内へ食入する。食害されると腐るので、果実ごと除去する。BT剤なども有効。
青枯病　梅雨明け後の高温期に多い。当初は成長点付近の葉が日中に萎れ、やがて株全体が萎れ青枯れする。発生したら速やかに抜き取り処分。接ぎ木苗を使用。

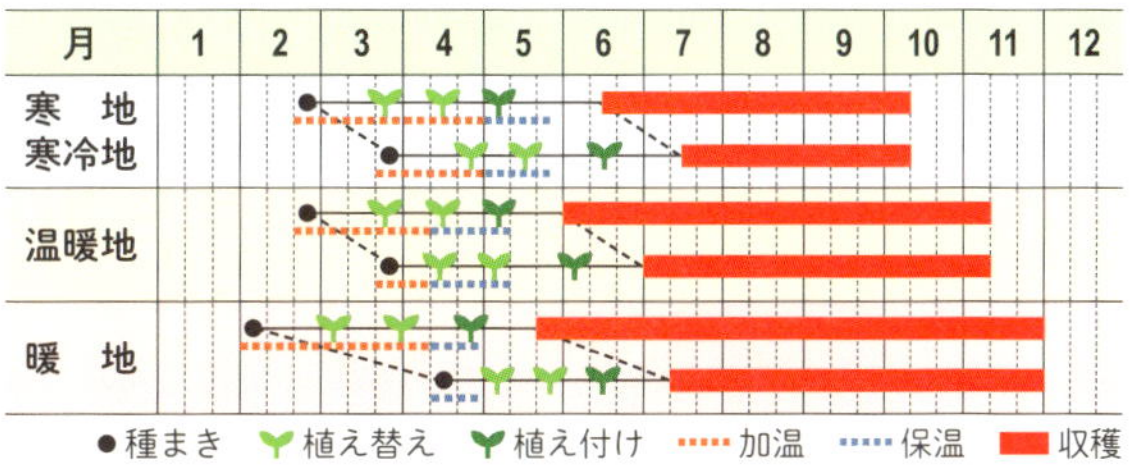

2 支柱立て・整枝・摘花(果)

トウガラシ類は、花芽がつくとそこで2～3本の枝が分かれ、次の葉のところにまた花芽がついて2～3本に枝分かれする性質がある。

2本仕立ての場合は、1番花(C)から伸びる2本(A)、3本仕立ては1番花で茎が3本出ればその3本を、2本しか茎が出なかった場合は、次の2番花(D)の節から伸びる4本の茎(B)のうち、元気のよい1本を加えた3本を主枝として使う。他の側枝は放任するか間引くか、2、3果つけて摘心する。側枝が混み合ってきたら、付け根で切り詰める。

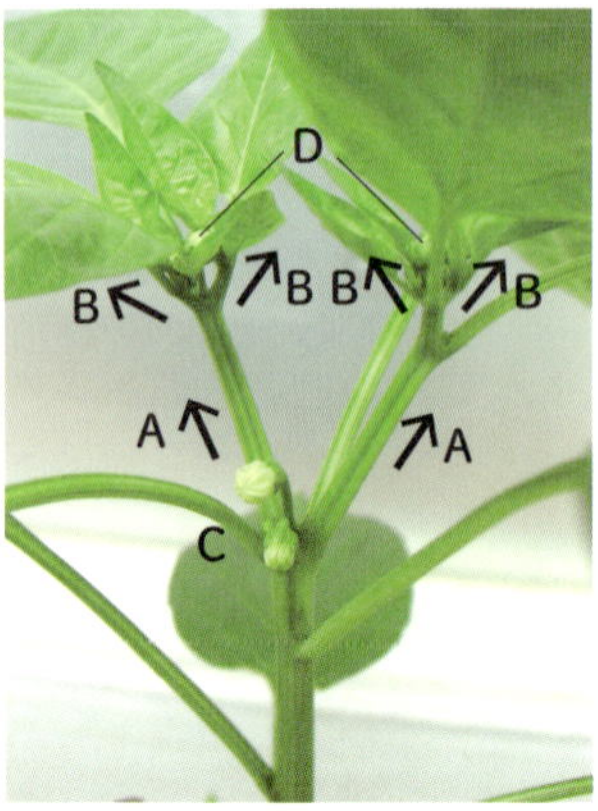

2番花の咲く頃、長さ150cmの本支柱を立て、整枝をする。支柱に沿って2～3本を45度以上の角度で斜めに立てる。

誘引用クリップで茎を留める。

1番果より下のわき芽は早めにかき取る。

ピーマンは、1番花(果)(C)は早めに摘み採り、収穫は2番(D)からにした方がその後の着果が良くなる。完熟果を収穫するパプリカは、株への負担が大きいので2番(D)も摘み採り、3番果以降で収穫する。

コツ

真夏は、果実に直射日光が一日中当たると日焼けするので、軒のないテラスなどでは遮光ネットで日除けする。土表面へ枯草や腐葉土などでマルチするだけでも地温上昇や乾きを抑えられる。

育苗は65日前後かかり、2～3月の種まきは加温が必要。難しい場合は9cmポットの若苗を購入し、2回目の植え替えから始める。種からの育苗や植え替え方法は81頁参照。

1 植え付け

本葉9枚前後で蕾が膨らみ開花直前の苗を風のない晴れた日に13号鉢へ植え付ける。

15cmくらいの深さの植穴を開け、元肥をまとめて入れる。

根と肥料が直接触れないように土(間土)を少し入れ、深さ8cm程度にする。

コツ

栽培期間が長いので、緩効性肥料を植穴施肥にして、肥持ちを良くする。元肥を一つまみほど間土に混ぜ戻すと、根付きが良くなる。

事前に水やりしておいた苗の鉢をそっと外し、根鉢を崩さないように根鉢の表面が1cmほど出るくらい浅く、根鉢と鉢土が密着するよう土を寄せて植える。

長さ75cmの仮支柱を斜めにさして茎を誘引し、たっぷり水やりする。

苗の保温と防風のために、あんどんを作る。苗を囲むように75cmの支柱を4本立て、底を抜いたポリ袋で囲み、洗濯ばさみで留めておく。収穫までの1カ月ほど保温して十分根付かせる。

コツ

5月から6月上旬は強い季節風(メイストーム)が吹き、苗が振り回され気温も安定しない。トウガラシ類は強風で葉が揉まれて傷むと、生育が抑制されてしまうので注意。

トマト・ナス・ピーマンの育苗

トマトの育苗日数は40～50日、ナスは55～65日、ピーマンで65日前後かかります。そのため収穫を暑さが厳しくなる盛夏前から始めるには2～3月の種まきが必要で、加温育苗は必須です。ここでは加温箱（作り方➜28頁）を使ったナス科果菜類の育苗方法を紹介します。

材料　1鉢1株分

- 種…2～3粒
- 128穴セルトレー…1穴分
- ジベレリン…1錠
- 種まき用培養土…約25㎖
- バーミキュライト…少々
- 3号ポリ鉢（0.3ℓ）…1個
- 4号ポリ鉢（0.7ℓ）…1個　※トマト・ピーマン
- 5号ポリ鉢（1.5ℓ）…1個　※ナス
- 培養土…0.7～1.5ℓ※品目による
- 肥料（IB）…トマト約1.8g、約ナス3.6g、ピーマン約2.6g
- 肥料（液肥）…適宜

※IB化成は1粒平均0.7gほど

栽培手順

1 芽出し

種をガーゼなどで包み、100ppmのジベレリン水溶液に浸ける（ジベレリン➜21頁）。28～30℃に設定した加温箱に入れ、ふたをする。処理時間は、トマトが36時間、ナスとピーマンが48時間。

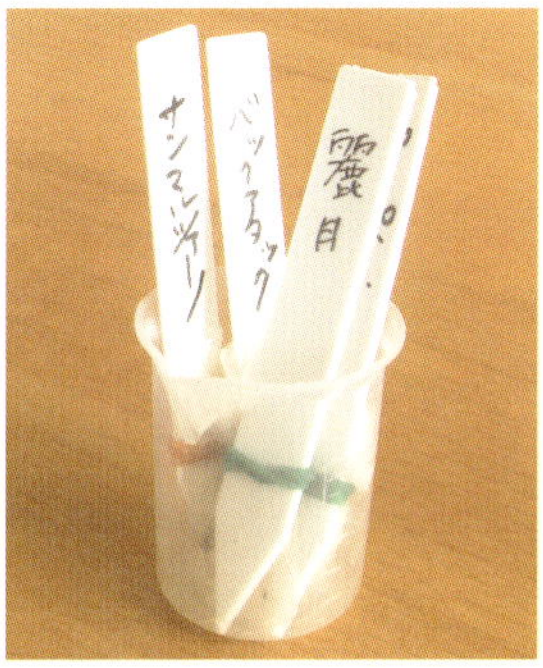

2 種まき

ペーパータオルなどで種の水分をとる。セルトレーに種まき用培養土を入れ、空のトレーを重ねて深さ10㎜の穴を開け、1穴に2～3粒ずつまく。バーミキュライトをかけ、表面をならしたら、水をやる。

3 収穫

未熟果のピーマンは開花後15～25日、完熟果のパプリカは60日ほどで収穫する。茎が弱いためはさみでへた部分を切って収穫する。

4 追肥

植え付け後60日ほどで追肥（8-8-8）約20gを株元から離れた鉢の縁あたりに施し、しっかり水やりする。以後は株の勢いを見ながら2週間おきに同量を施す。500倍の液肥を1週間おきに施してもよい。

追肥の目安…一般的には植え付け後30日から追肥を検討するが、緩効性肥料を植穴施肥した場合、養分が長く供給されるので、60日ぐらいから生育診断をしてピーク前の早めの追肥を検討する。

パプリカの場合…完熟果を収穫するパプリカは、十分に株を作るために、まめな施肥と夕方にバケツでしっかり水をやり、摘花も強めに行なうことで果実のつきが良くなる。

コツ

8月上・中旬に、開花している枝分かれまで主枝を切り戻し、移植ごてで根切りして肥料と水をやると10月末まで収穫できる。秋はできるだけ若採りし、追肥は9月中旬に終わらせる。

生育診断

正常な状態は、開花した花の上に開いた葉が3枚あり成長点があり、2枚下に幼果がある。生育が低下してくると各節から伸びる分枝が細くなり、成長が止まったり、葉が細く小さくなり、果実も小さくなるので肥料や水を早めに施す。ナス同様、短花柱花が多くなり、落花が増えると末期的な症状なので、そのようになったら摘果し、液肥など速効性の肥料を施す。

4 植え替え1回目

トマトは本葉1.5～2枚（種まき後約21日）で4号鉢に、ナスは本葉3枚（20～30日）、ピーマンは本葉4枚（約28日）で3号鉢に植え替える（セル苗の植え替え➜29頁）。
1鉢にトマト約1.8g、ナス、ピーマンは約0.8g、肥料（IB）を苗に触れないところに、指で押し込むようにして施す。植え替え後も引き続き出芽後と同様の温度管理をする。

5 植え替え2回目（ナス・ピーマンのみ）

育苗期間の長いナスとピーマンは2回目の植え替えをする（ポット苗の植え替え➜29頁）。適期は鉢底穴から白い根が見える頃。ナスは本葉4～4.5枚（1回目の植え替え後14日）で5号鉢へ、ピーマンは成長点に小さな花芽が見える頃（20日）に4号鉢へ植え替える。

4号鉢で3㎝、5号鉢で5㎝ほどの厚さの土を入れ、水やりしておいた苗を鉢中央に入れ、周りの隙間に土を入れ、指を差し込んで土を締め、水をやる。肥料（IB）を1回目の植え替え同様のやり方でナスは約2.8g、ピーマンは約1.8gを施す。

6 ずらし・ならし

苗同士での葉が重なってきたら、鉢と鉢の間隔を空ける「ずらし」を行ない、日当たりと通気を良くする。植え付けの7～10日前からは加温をやめ、日中はフィルムを開けて外気に苗をならす「ならし（順化）」を行なう。トマト、ピーマンで夜温15°C、ナスは16°Cを超えたら、夜間もトンネルのフィルムは開けて外気にならす。

播種後のトレーを、出芽まで地温28～30°C（ナスは夜間20°C）に設定した加温箱に入れる。暗くした方が良く芽が出るので、覆土は厚く（10㎜程度）し、ふたをし、室内で管理する。

土の表面が盛り上がってきたら、ふたを外し、箱に支柱を付け、園芸用フィルムを二重にかけてトンネルにし、日当たりの良い外に置く。

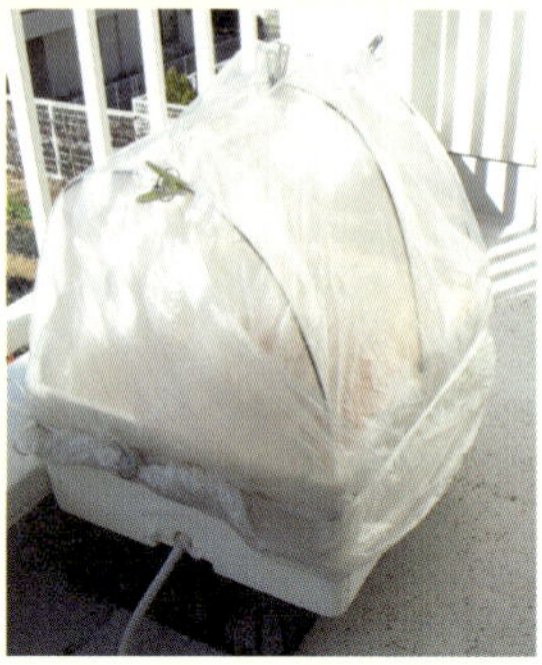

コツ

ふたを外すタイミングが遅れると徒長するので注意する。

温度管理…トマトで2日前後、ナスは4日前後、ピーマンは6日ほどで芽が出始める。出芽後は、日中の地温を25～28°C、夜間は18°Cに設定する。日中は箱内の気温が30°C、高くても35°C以上にならないように、二重トンネルの天井の開閉で調整する。特にピーマン類は高温で焼けやすい。夜間の外気温が14°C以下の時は天井を閉めて室内へ取り込む。雨天は天井を閉めて苗に雨を当てないようにする。

水やり…出芽後は20°C前後のぬるい水にトレーごと腰水し、底面から吸水させる。ヒーターを使うと乾くので注意する。

コツ

日中30°Cを超えると光合成量が低下する。夜間は温度を下げることで呼吸量を抑え徒長や子葉の黄化を防ぐ。

3 間引き

本葉1枚（ピーマンは2枚）になったら、出芽の早すぎる・遅い株、奇形などをはさみで間引いて1穴1株にする。

コツ

この頃から植え替えまでは水の代わりに1000倍程度の液肥を施す。

難易度 ★★★

キュウリ

ずーっととれる

「ずーっととれる」
病気や猛暑に強く、ドカなりしにくく、長く収穫でき食味も良い。白いぼキュウリの「よしなり」もおすすめ。

基本情報

ウリ科キュウリ属

- 発芽適温（地温）：25 ～ 30℃
- 生育適温（気温）：日中25～28℃、夜間12 ～ 15℃前後
- 原産地：インド北部（ヒマラヤ南山麓）からネパール付近（説）
- 日当たり：日なた／半日陰

材料 1鉢1株

- 種…2粒
- 培養土…約26ℓ
- 3.5号ポリ鉢（0.6ℓ）…1個
- 13号ポリ鉢（25ℓ）…1個
- 元肥用肥料（IB）…約88g
- 追肥用肥料（8-8-8）…約130g（10回分）
- 支柱（長さ75cm）…1本
- 支柱（長さ180cm）…1本
- 誘引用クリップ…4個

ここがポイント

1. 若苗を適期に植え付ける。
2. まめな水やりとマルチで乾燥を防ぐ。
3. 収穫が始まったら定期的に追肥する。
4. つる整理や早めの防除で草勢を維持。

原産地は、インド北部のヒマラヤ南山麓からネパール付近とされ、長い雨季は温暖で曇りの日が多い環境です。そのため生育適温は、日中25～28℃で一時的なら最低10℃でも生育します。植え付けには17℃以上の地温が必要で、温暖地なら露地への苗の植え付けは5月中旬から、直まきは6月上旬からできます。

仕立て方は、ネットへ誘引する方法と、支柱へ誘引してつるが上まで伸びたら下げる方法があります。支柱栽培は、鉢ごと移動できるので、露地栽培で問題になる強風、梅雨の長雨、夏の高温・乾燥、台風などへの対処がしやすい利点があります。つる整理も簡単で、つる下げの際に古い下葉を取り除くので採光や通気も良くなります。夏は晴天日の半分ほどの照度でも生育することから、採光性の良い支柱栽培なら半日陰でも栽培できます。

花は同じ株に雌花と雄花が別々に咲きます。雌花の子房は受粉しなくても肥大するので、果実のつけ過ぎで株が疲れがちです。支柱栽培ではつる下げも考慮して雌花が親づるだけ、あるいは親と子づるにドカなりせず平均的につく品種を選びます。また、強光・高温下で蒸散が小さく葉焼けしにくい小葉で、病気に強い露地栽培向きの品種がよいでしょう。

長く収穫するには葉の寿命を長くすること。そのため土の乾きを抑え、果実がつき始めたら栄養が切れないよう定期的に追肥します。

病害虫情報

うどんこ病 白いカビで葉が覆われ、光合成が阻害され生育不良に。病葉は早めに除去。耐病性品種を選択。

べと病 葉に淡褐色の斑点が生じ、やがて葉脈に囲まれた角斑が多発し着果不良に。肥料切れ、なり疲れに注意する。早めに病葉を除去。耐病性品種を選択。

ハダニ類 エンサイ参照（➜48頁）。

アブラムシ類・ウリハムシ メロン参照（➜86頁）。

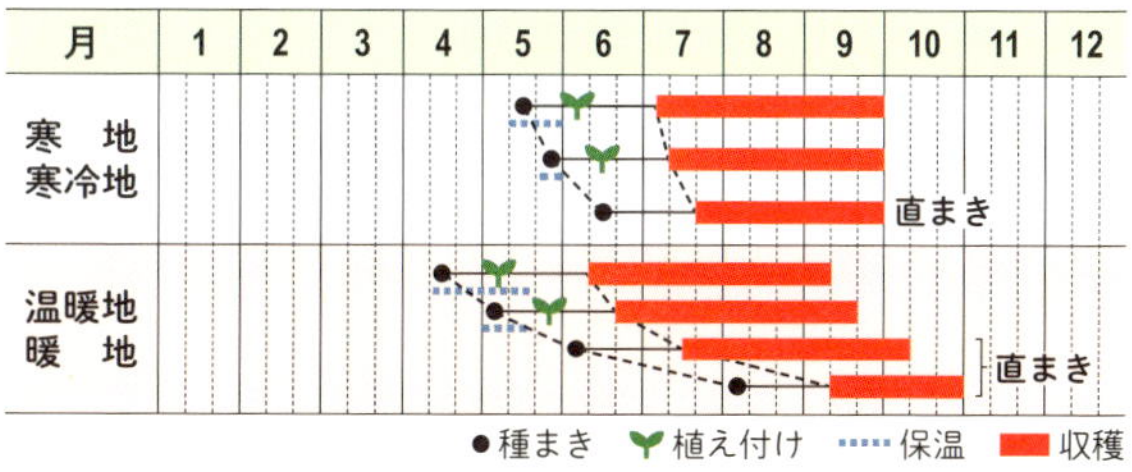

1 種まき

移植の場合…3.5号鉢に土を入れ、深さ1cmの穴を2カ所開ける。

種を1粒ずつ平らな面を下にしてまく。

土をかける。

土をかけ、手で土を押さえる。

水をたっぷりやる。

5月中旬までは鉢は保温箱（➜28頁）を使う。芽が出るまで昼間は地温が25〜30℃になるよう日当たりの良いところ、夜は室内に設置。適温なら3日ほどで芽が出る。出芽後は地温18〜23℃で換気などして調整し、苗が徒長しないよう光によく当て、植え付けまでに徐々に外気にならす。

コツ

植え付けは地温17℃以上が必要（温暖地なら5月中旬以降）なので、保温箱で育苗するなら、その約2週間前に種まきすればその分早く収穫できる。

直まきの場合…6月に入れば平均気温が20℃を超えるので、植え付け用の13号鉢へ種を直接まくこともできる。この場合は、種は多めに3粒まく。

2 間引き

本葉が1枚の時にはさみで間引き、1株にする。

3 植え付け

1週間ほど前に元肥を混ぜた土を入れた13号鉢を準備する。

種まきから15日前後、本葉2〜2.5枚の植え付け適期になったら、風の強くない日を選び、午前中に行なう。苗はあらかじめ水やりしておく。植穴を開け、根鉢を崩さないように注意して9割程度が埋まるよう浅く植え付ける。

仮支柱を斜めにさし、ひもで留める。

最後にしっかり水やりしておく。根付くまでの3日ほどは土が乾き過ぎないように水やりする。

コツ

キュウリは風にとても弱いので、風の強い5月中の植え付けは、風や低温、乾燥のダメージから守るため、本葉4〜5枚で巻きひげが出て自立できるまでは、あんどんで囲って苗を保護するとよい（➜27頁参照）。

4 支柱立てと誘引

本葉が5枚になったら、長さ180cmの支柱を1本立てる。支柱に誘引用クリップでつるを留める。

6 追肥

最初の果実が肥大し始めたら7日おきに1株当たり肥料(8-8-8)約13gを株元から離してばらまき、水やりする。

追肥のタイミング

1. 雌花や収穫する果実が増えたとき。
2. 子づるの発生が悪くなってきたとき。
3. 成長点(親づるの頂芽)が小さくなってきたとき。
4. 新葉の色が薄くなってきたとき。

※特に③④の場合は急いで追肥する。

7 収穫

種まきから早くて40日前後、開花から約7日ほど。果実の長さが20㎝、重さ100gほどになったら収穫する。梅雨明け後は土が乾きやすいので、夕方など涼しい時間帯にバケツを使って水やりする。

コツ

長さ20㎝ほどの市販のキュウリは未熟果で、本当においしいのはもう少し大きめの果実。キュウリは成長が早いので、朝採り損ねても夕方には大きめのおいしいキュウリが採れる。ただし果実をたくさん熟させると株がバテるので、多めに摘果して長く楽しもう。

8 マルチ

キュウリは果実の95%が水分で、葉も水分が多く乾燥に弱い。梅雨明けが近づいたら、乾燥や温度上昇から根を守るため、落ち葉や枯草、腐葉土などを地表面に敷いてマルチに。

9 つる下げ

親づるが支柱の先端まで伸びたら、風のない日を選んでつるを下ろす。まず、下の方の古い葉や子づるをはさみで取り除く。次にクリップを外し、支柱を巻くように親づるを株元へ下ろす。

最後に親づるを誘引用クリップで支柱に留める(支柱誘引用クリップ➜34頁)。

5 つる整理・摘果・摘葉

成長するとつるがたくさん伸び、あちこちに果実がつく。収穫したい果実に栄養を集中させるため、つるを整理しながら育てる。雌花と雄花は同じ葉のわきにはつかない。

雌花

雄花

収穫する最初の果実は、親づるの本葉8枚以降でつけるので、7枚目までのわき芽や雌花は早めに摘み取る。

キュウリの整枝

親づると子づるの両方に雌花がつく品種の場合、子づるの本葉1枚目のわきにつく雌花は残し、2枚目の葉を残して子づるを摘心する。子づるの葉のわきから伸びてくる芽(孫づる)も早めに摘み取る。

子づるの摘心

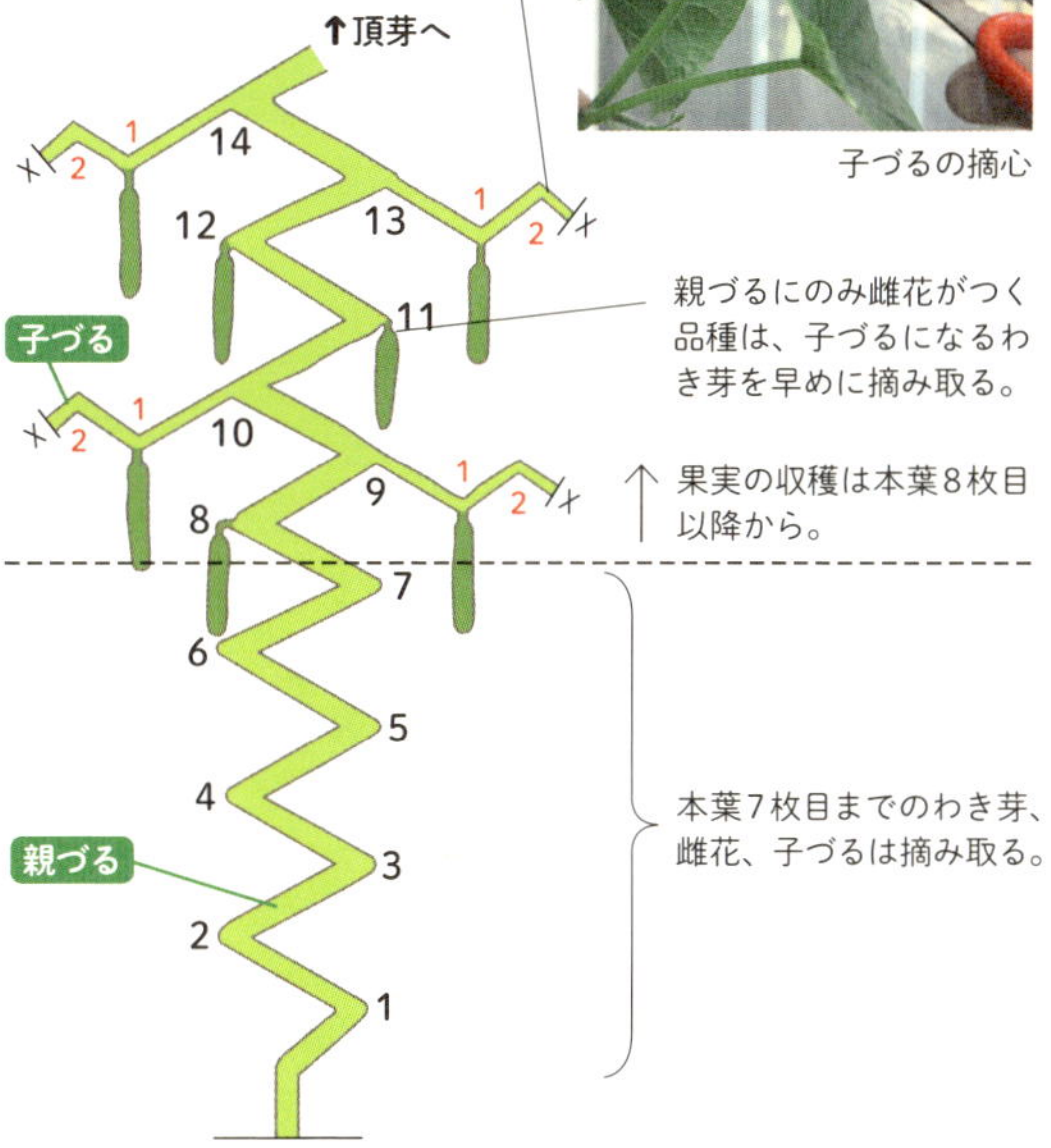

↑頂芽へ
1
2
14
12
13
11
子づる
10
9
8
7
6
5
4
3
2
1
親づる
親づるにのみ雌花がつく品種は、子づるになるわき芽を早めに摘み取る。
果実の収穫は本葉8枚目以降から。
本葉7枚目までのわき芽、雌花、子づるは摘み取る。

摘果…果実がたくさんついて株が疲れ、果実が曲がったり、変形したら、小さいうちに摘み取り、株の負担を減らす。

摘葉…収穫を終えた節までの葉は、つる下げと、病害虫防止のために1日2枚を限度に取り除く。同様に収穫が終わった子づるも取り除く。

難易度 ★★★

メロン

ミニネットメロン「ころたん」。黄緑色の果肉は厚く、収穫時期に果実が外れる。
ノーネットメロンで甘味が強い「プリンス」もおすすめ。

※「ころたん」は苗のみの販売（2025年現在）

基本情報

ウリ科キュウリ属

- 発芽適温（地温）：28 ～ 30°C
- 生育適温（気温）：日中25 ～ 30°C、夜間16 ～ 20°C
- 原産地：西アフリカのニジェール川流域
- 日当たり：日なた

材料 1鉢1株分

- 種…2粒
- 培養土…約26ℓ
- 3.5号ポリ鉢（0.6ℓ）…1個
- 育苗用肥料（IB）…約1.8g
- 13号ポリ鉢（25ℓ）…1個
- 元肥用肥料（IB）…約126g、（過石）…約112g
  （※元肥施肥量は植穴施肥のため通常の30％減）
- 追肥用肥料（8-8-8）…約50g（2回分）
- ひも…適宜
- 支柱（長さ75cm）…5本
- ポリ袋（30ℓ）…1袋
- 洗濯ばさみ…1個
- リング支柱（長さ120cm）…1組

ここがポイント

1. 育苗中は適温をできるだけ維持。
2. 地温16°C以上で浅く植え付け保温する。
3. 子づるを伸ばし孫づるに果実をつける。
4. つるはこまめに整理する。

春まき

フルーティな香りと甘く溶けるような味わいのメロン。露地栽培用のネットメロンの「ころたん」や、ノーネットの「プリンス」は鉢でも栽培できます。

メロンは熱帯原産で高温・乾燥を好み、病害や裂果を引き起こす多雨・多湿は好みません。根の生育に適した地温は16～35℃なので、苗は、最低でも地温16℃を確保して植え付けます。温暖地の場合、5月上・中旬以降ならば地温は16℃を上回ります。種まきは逆算して30日前の4月上・中旬にします。

充実した実をつけるには、つるの整理も大切です。メロンは1つの株に雄花と果実になる両性花をつけます。両性花は親づるにはつかず、親づるから出る子づるのわき芽が伸びた孫づるにつきます。そこで親づるは本葉5枚を残し芽を摘み、葉のわきから出た子づる2本を伸ばします。子づるの本葉9～16枚目のわきから出た孫づるの1枚目の葉のわきにつく両性花に雄花の花粉をつけて実をならせます。不要な子や孫づるは早めに取り除きます。

孫づるにつく両性花は親づるが本葉4枚の苗の時にはすでにできています。育苗中は加温箱などを使い、日中の適温28～30℃を維持してスムーズに両性花を分化させます。

梅雨時は雨の当たらない日当たりの良い軒下などへ移動させると病気にかかりにくくなり、授粉の際に花を濡らさずに済みます。

病害虫情報

つる枯病　地際が湿っていると発病しやすい。浅植えして、雨に当てず土は乾かし気味にする。
ウリハムシ　8mmほどの橙色の甲虫で葉を食害し草勢が衰える。幼虫は根を食害し、萎れがひどくなり枯死することも。手で補殺するが、多発したら薬剤散布を。
アブラムシ類　モザイク病を媒介する。発見したら早めに薬剤散布する。　**ハダニ類**　エンサイ参照（➜48頁）。

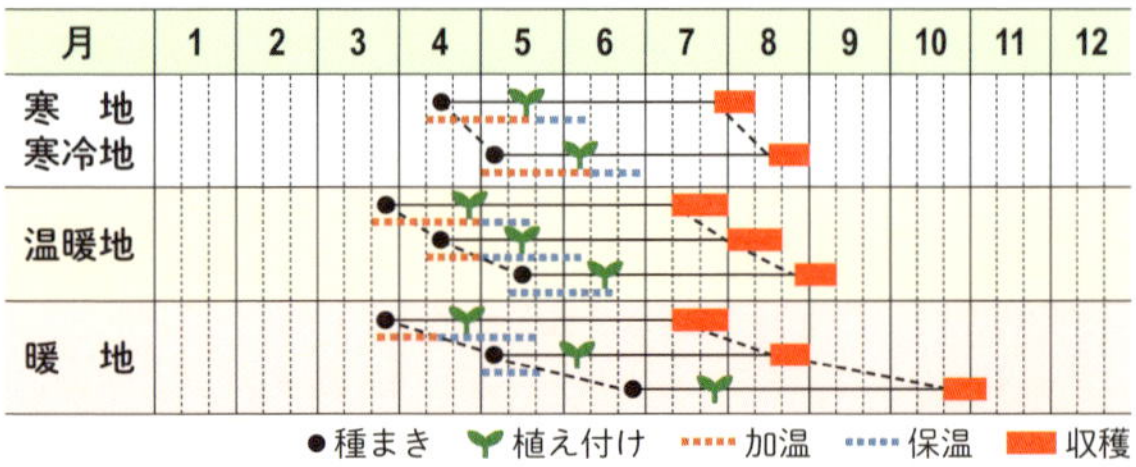

1 種まき

3.5号鉢に土を入れ、深さ1cmの穴を2カ所開ける。種を1粒ずつまき、土をかけ、手で土を押さえ、水をやる。

鉢を加温箱へ入れ、地温を発芽適温の28～30°Cに設定し、日中は日当たりの良いところで気温30～33°C程度、夜間は室内に置き25°C前後を目安に管理する（加温箱は28頁参照）。

コツ

保温箱で育苗する場合はフィルムを二重にし、夜も室内に取り込むなどして、目標の温度に近づける。また、複数株を栽培すると両性花と雄花の開花を合わせやすくなる。

2 間引き

4日前後で出芽したら地温を25～28°Cに設定し、日中28～30°C、夜間22°C前後で管理する。日中は35°C以上にならないよう加温箱の口を開け換気する。併せて肥料（IB）1.8gを鉢縁あたりに指で押し込んでおく。

本葉1枚で1株に間引く。その後は日中の気温はそのまま、夜温は18～20°C、地温は23～26°Cに下げる。本葉2.5枚までは出芽後の温度管理を続ける。

コツ

植え付け前の3日は加温箱の地温を20°Cに設定し、日中は箱の口を開け、夜は13°Cを下回らないよう管理し、できるだけ外気にならす。

3 植え付けと摘心

種まき後30～35日、本葉5枚になったら、風の強くない晴天を選んで植え付ける。

13号鉢の真ん中に深さ13cmほどの穴を開け、元肥を入れる（植穴施肥）。この時②で戻す土に元肥の一部をひとつまみほどまいて「待ち肥」にする。

肥料の上へ土を約5cm戻す。

苗はあらかじめ水やりしておき、鉢からはずし、根鉢の8～9分目までの深さで浅植えし、水をやる。

75cmの仮支柱を斜めに挿し、ひもで留める。胚軸に土がかかるとつる枯病にかかりやすくなるので注意。

本葉5枚を残し、親づるの芽を摘む。

6月上旬頃までは保温して根付きや成長を促し、風よけもかねてあんどんがけをしておく。苗の周りに支柱を4本立て、底を抜いたポリ袋などで囲い、洗濯ばさみで留めておく。

コツ

根付くまで4～5日は乾かさないようにし、開花までの約30日間は、かん水は控え目に。乾いたら水をやる。

メロンの整枝（鉢栽培の場合）

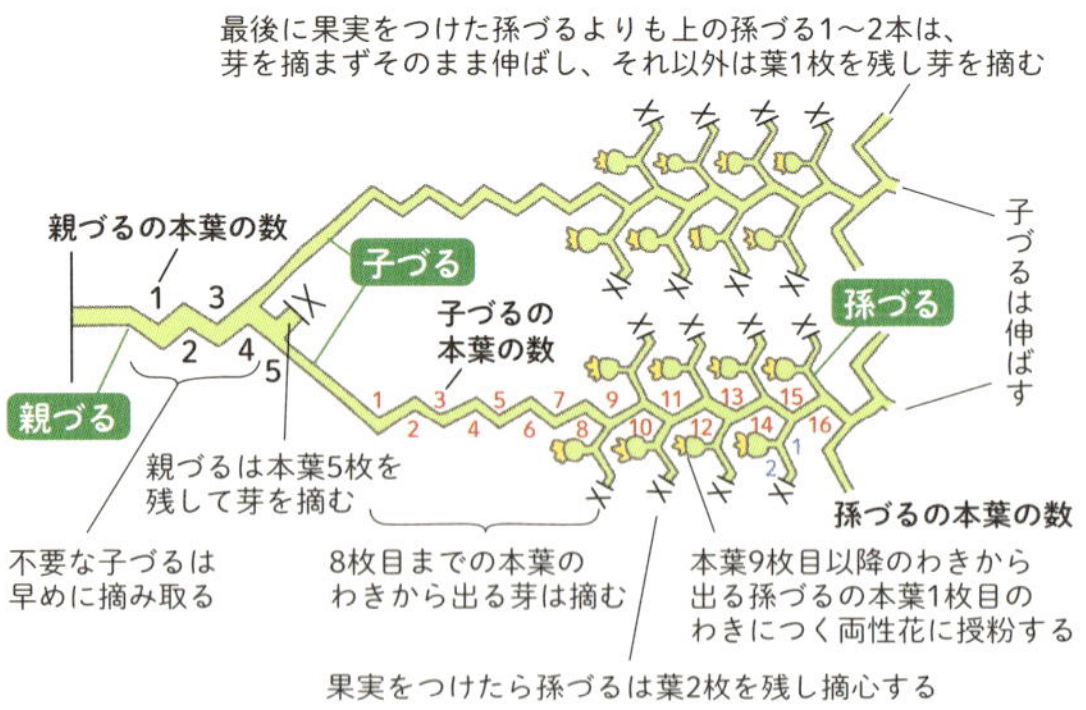
最後に果実をつけた孫づるよりも上の孫づる1～2本は、芽を摘まずそのまま伸ばし、それ以外は葉1枚を残し芽を摘む
親づるの本葉の数
子づる
子づるの本葉の数
孫づる
子づるは伸ばす
親づる
親づるは本葉5枚を残して芽を摘む
孫づるの本葉の数
不要な子づるは早めに摘み取る
8枚目までの本葉のわきから出る芽は摘む
本葉9枚目以降のわきから出る孫づるの本葉1枚目のわきにつく両性花に授粉する
果実をつけたら孫づるは葉2枚を残し摘心する

7 摘果・追肥2回目

授粉後5～6日して果実がピンポン球から卵大になったら育ちやそろいがよく、縦伸びしたものを3～4果残しひもで吊るし、他はすべて摘み取る。

コツ

残す果実の大きさをそろえた方が成長に勝ち負けが出にくい。

果実を残した孫づるは、本葉2枚を残し、果実を残していない孫づるは葉を1枚残して摘心する。最後に果実をつけた孫づるより上では子づる1本に1～2本の孫づるを放任させる。

1回目と同量の肥料を施す。

8 収穫

授粉後約35～45日。「プリンス」は積算温度750～800℃。果梗部に離層ができて軽いヒビが入る直前が適期。「ころたん」は、熟すとへたと果実の付け根に離層ができて果実がはずれる。

コツ

余力があれば2番果が採れる。最初の授粉から約3週間で充実した両性花を授粉する。つる1本に1果を残し肥大させる。

4 子づる整理・支柱立て

植え付け後、約2週間であんどんを外す。親づるから出た元気な子づるを2本残し、他の子づるは取り除く。

リング支柱を立て、子づるを振り分けひもで留める。

5 孫づる整理

子づるの本葉8枚目までの葉のわきから出る孫づるは早めに摘み取っておく。

6 授粉・追肥1回目

植え付けから約30日後、子づるの本葉9枚目以降の葉のわきから出る孫づるの最初の葉のわきに両性花が咲き出したら、めしべの先に雄花の花粉を午前のうちにつける。

雄花の花びらは授粉の邪魔になるので取り除く

授粉

両性花

雄花

最初の授粉に合わせて追肥（8-8-8）約25gを施す。着果したら毎日水やりする。鉢栽培は、高温期に土が乾きやすいので、夕方か朝にバケツを使ってたっぷり水をやる。

難易度 ★★★

小玉スイカ

愛娘さくら

「愛娘さくら」
果実は形が良く、つきも良く、甘くてシャリ感がありばらつきの少ない紅肉の品種。
着果性、そろいに優れ甘みの強い「紅小粋」もおすすめ。

基本情報

ウリ科スイカ属

- 発芽適温（地温）：25 ～ 30℃
- 生育適温（気温）：日中25 ～ 35℃、夜間16 ～ 20℃
- 原産地：アフリカ南部（カラハリ砂漠周辺）
- 日当たり：日なた

材料　1鉢1株

- 種…2粒
- 培養土…約26ℓ
- 3.5号ポリ鉢（0.6ℓ）…1個
- 13号ポリ鉢（25ℓ）…1個
- 育苗用肥料（IB）…約1.4g
- 元肥用肥料（IB）…約116g、（過石）…約170g
- 追肥用肥料（8-8-8）…約124g
- 支柱（長さ75㎝）…5本
- ポリ袋（30ℓ）…1袋
- 洗濯ばさみ…1個
- リング支柱（長さ90㎝）…1組
- ひも…適宜
- 紙ラベル…1枚

ここがポイント

1 出芽を揃えるため適温を維持する。

2 苗は地温が適温になったら植え付ける。

3 まめにつる整理をする。

4 授粉は午前中の早い時間に。

小玉スイカは、果実が吊り下げられ、限られた土でも十分なサイズになるので鉢栽培に好適です。形や果肉の色など品種も豊富です。

原産地はアフリカ南部のカラハリ砂漠周辺で、日射の強い高温・乾燥地帯で極端に雨が少ない環境です。そのため、十分な日照と温度確保、それに雨除けが栽培の基本です。

植え付け時期の地温は最低16℃は必要です。温暖地ならば最低気温が14℃を上回る5月上・中旬以降に植え付け、種まきはその30日前の4月上・中旬にします。発芽や生育適温は25～35℃と高いので、種まきや育苗、植え付け後も一定期間の加温や保温をします。

スイカは、1つの株に雄花と雌花が別々につきます。特に果実になる雌花は親づるよりも子づるにつきやすいので、親づるを摘心し、複数の子づるを伸ばして雌花をつけやすくします。子づるからは孫づるになるわき芽がどんどん出てくるので最初に果実をならせる節までのわき芽は早めに摘み取ります。梅雨時期は雨が続くようならば、特に授粉時期は雨のかからないところへ移動します。

栽培のコツは、しっかり葉やつるを繁らせた上で果実をつけさせること。できれば複数鉢を栽培して雌花と雄花の開花を合わせ授粉しやすくすること。緩効性肥料を施し、葉を枯れ上げさせず果実の肥大時期にそれぞれの葉が十分光合成できるようにすることです。

病害虫情報

うどんこ病　できるだけ日当たりと風通しの良いところで栽培し、発生したら早めに殺菌剤を散布する。
つる割れ病　同じ土を連続して使わない。土はpH6.5～6.7で発生を少なくできる。接木苗が効果的。
炭疽病　茎葉や果実に暗褐色の病斑が生じる。6月以降、雨が多いと発多。日当たりや通気良好な場所で栽培する。
他**つる枯病**、**ハダニ類**、**ウリハムシ**など。

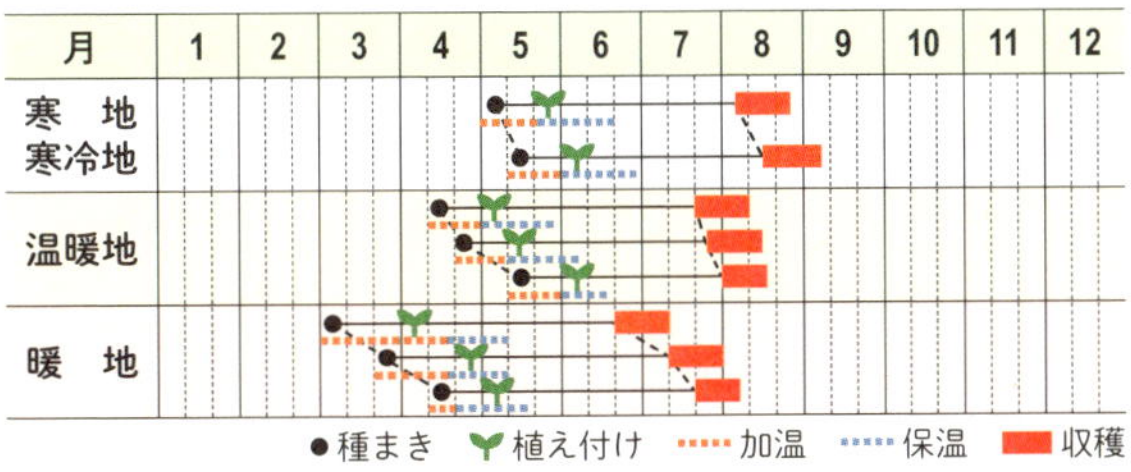

春まき

1 種まき

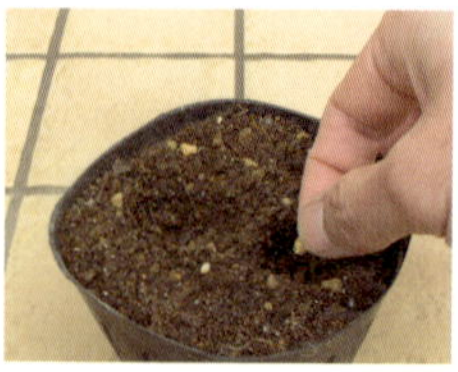

3.5号鉢に土を入れ、深さ1cmの穴を2カ所開け、種を1粒ずつ平らな面を下にしてまく。

土をかけ、手で土を押さえ、水をたっぷりやる。鉢を加温箱（➜28頁）へ入れ、芽が出るまで地温を日中30°C、夜間20°Cに設定する。昼間は日当たりの良い場所、夜は室内に置く。

加温箱がない場合…種を湿ったペーパータオルに包み、ヨーグルトメーカーなどを30°Cに設定して一晩芽出しするとよい。フィルムを二重にした保温箱を使い、夜は室内に取り込むなどして目標の温度に近づける。

2 間引き

6日ほどで芽が出る。出芽したら7日ほどは地温を25～28°Cに設定し、日中の気温は28～30°C、夜間15°C前後で管理する。高温の限界は高いが、日中は箱の中の気温は35°Cを超えないように口を開けて換気する。併せて肥料（IB）1.4gを鉢縁あたりに指で押し込んでおく。本葉1.5～2枚で1株に間引く。この頃から地温は18°Cに設定する。植え付け前7日は、保温だけにして夜も箱を外に出してならしていく。

3 植え付け

種まき後35～40日、苗が本葉5枚になったら、風の強くない日を選んで植え付ける。

苗は事前に水やりしておき、元肥を混ぜた土を入れた13号鉢に1株を植え付ける。深さ8cmほどの穴を開け、苗の根鉢の8～9分目までの深さで崩さないように浅植えする。

コツ

胚軸に土がかかるとつる枯病にかかりやすくなるので浅植えに。

長さ75cmの仮支柱を斜めにさし、ひもで留めておく。最後にしっかり水やりしておく。

植え付け後、保温と風よけのためあんどんがけをする。苗の周りに長さ75cmの支柱を4本立て、底を抜いたポリ袋などで囲う。あんどんがけは2週間ほど行なう。

コツ

根付くまでの4～5日は乾かさないようにし、その後は果実がつくまで、できるだけ水やりは控えめにし、雨に当てないようにする。

4 摘心

本葉のわきから子づるが出るのを促すため、本葉6枚の時に5枚と6枚の間で親づるを摘み取る。

コツ

摘心は植え付けの前でも後でもOK。

5 子づる整理・支柱立て

植え付けから2～3週間後、子づるが30cmほどになったらあんどんを取り除き、元気な子づるを2本残し、不要な子づるは親づるのわきで取り除く。

長さ90cmのリング支柱を立てて、残した子づるをらせん状に伝わせて、ひもで誘引する。

8 追肥

緩効性肥料を用いれば追肥は通常必要ないが、コンテナ栽培では肥料分が抜けやすいので追肥（8-8-8）約124gを施す。授粉の頃や摘果前後で葉色が薄くなり始めたら施用する。肥料を施したら水やりしておく。

9 摘果

果実が直径約5cmの頃、長卵形（縦長）の果実を1株当たり2〜3果残し、ひもで吊るす。残す果実は本葉18枚目から上のものがよく、複数残す場合は同じような大きさの果実を残すと栄養の奪い合いが少ない。

コツ

強い日差しで果実が日焼けしたり、雨などで急に水を吸うと裂皮や裂果するので注意。収穫の10日ほど前から水やりを控えめにすると甘くなる。

10 収穫

授粉後30〜35日が収穫適期。気温が高いと収穫は早まる。小玉スイカの授粉から収穫までの積算温度は700〜750℃なので、気象庁の平年値で計算するか、積算温度計で判断すると正確だ。

コツ

スイカの産地、山形の尾花沢の生産者から聞いた収穫適期を判断するコツは、果実のへたの周りを指の腹でなぞってみて、縞のあるところとないところで凸凹が感じられた時とのこと。これは筆者も採用して便利に使っている。

6 わき芽かき・摘花

子づるを誘引して5〜7日後、子づるの葉のわきから孫づるになる芽が伸びてくる。スイカは子づるの本葉17〜25枚のわきに出る雌花に授粉して実らせる。本葉25枚目までのわき芽（孫づる）は早めにかき取る。また、16枚目までのわきにつく雌花や幼果も早めに摘み取る（整枝図参照）。果実をつけた節より上の孫づるは放任する。

スイカの整枝（鉢栽培の場合）

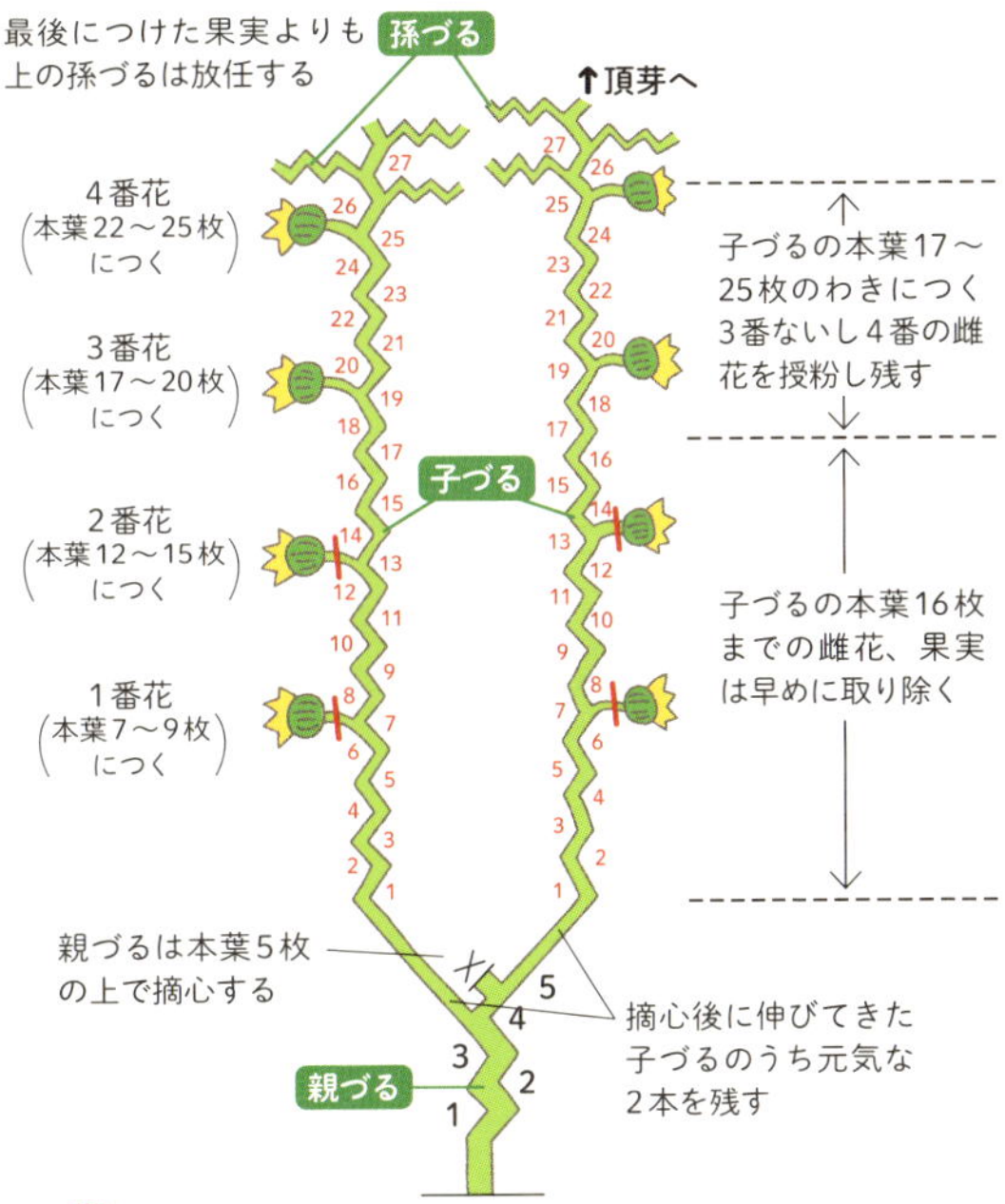

コツ

メロンは孫づる、スイカは子づるに果実をつけるので混同しないように。

7 授粉

子づるの15〜24枚の葉のわきにつくすべての雌花の柱頭に、当日咲いた雄花の花粉をつける。花粉の寿命は短いので、作業は午前6〜9時、遅くとも10時までに終える。

収穫適期は授粉後の日数で判断できるので、授粉した日を紙ラベルなどに記録しておく。

難易度 ★★☆

オクラ

みどり丸ノ助

丸オクラ「みどり丸ノ助」
角オクラに比べ柔らかく、採り遅れても硬くなりにくいので、小果から大果まで長期間収穫できる。曲がりやイボ果の発生が少なく極緑果の莢が収穫できる五角オクラの「ずーっとみどり」もおすすめ。

基本情報

アオイ科トロロアオイ属

- 発芽適温（地温）：25 ～ 30℃
- 生育適温（気温）：日中25 ～ 30℃、夜間20 ～ 23℃
- 原産地：アフリカ北東部
- 日当たり：日なた

材料　1プランター9株分

- 種…12～15粒
- 3号ポリ鉢（0.3ℓ）…3個
- 深型70プランター（36ℓ）…1個
- 培養土…約37ℓ
- 元肥用肥料（IB）…約108g
- 追肥用肥料（8-8-8）…約180g（5回分）
- 支柱（長さ120㎝）…3～4本
- 誘引用のひも…適宜

ここがポイント

1. 種まき後、土は十分な温度を保つ。
2. 苗の植え付けは本葉2枚までに。
3. 早めに収穫し、併せて摘葉・摘芽も。
4. 追肥は2週間おきに。

春まき
夏まき

普段、おなじみのオクラは、莢の切り口が星形の「五角オクラ」。世界には角がさらに多い種類も。沖縄などには切り口が丸い「丸オクラ」もあり、五角オクラよりも硬くなりにくい特長があります。

原産地は、アフリカ北東部はナイル川上流の熱帯地域。栽培には高い温度と強い光が必要です。発芽適温の25～30℃ならば2～3日で一斉に出芽しますが、これより少し低いだけでバラつき10日ほどかかります。生育も25～30℃が適し、10℃以下では育ちません。保温をしない種まきや苗の植え付けは5月下旬からが無難です。

草勢は強くても弱くても形の良い莢を長く収穫できません。植え付けは1カ所3株にすることで、株同士が競って、より深く根を張り、養水分の吸収が良くなります。一方で1株当たりの光や養水分量が減り、草勢が弱まり、莢はゆっくり熟し柔らかくなります。

主茎の先端の莢に栄養を集中させる作業も大切です。側枝が伸びて栄養が分散しないよう、収穫時に下葉やわき芽を取り除きます。さらに葉の形などを頼りに草勢を見極め、弱っていたら莢は早めに収穫し、摘葉せずに追肥と水は十分に。逆に元気過ぎたら多めに摘葉し、追肥は少なめにします。

西アフリカの国々では、オクラのシチューはお母さんの味として親しまれています。

病害虫情報

ワタノメイガ　幼虫が葉を巻いて中から葉を食害する。8～9月の発生が多い。手で捕殺する。

黒斑細菌病　風通しが悪いと葉などに黒褐色の小さな病斑が多数現れる。若い株で被害が大きい。銅剤が有効。

アブラムシ類　葉に群生して生育を阻害し、モザイク病を媒介するので、早期発見、防除に努める。

センチュウ類　オクラを栽培した土を連作して使わない。

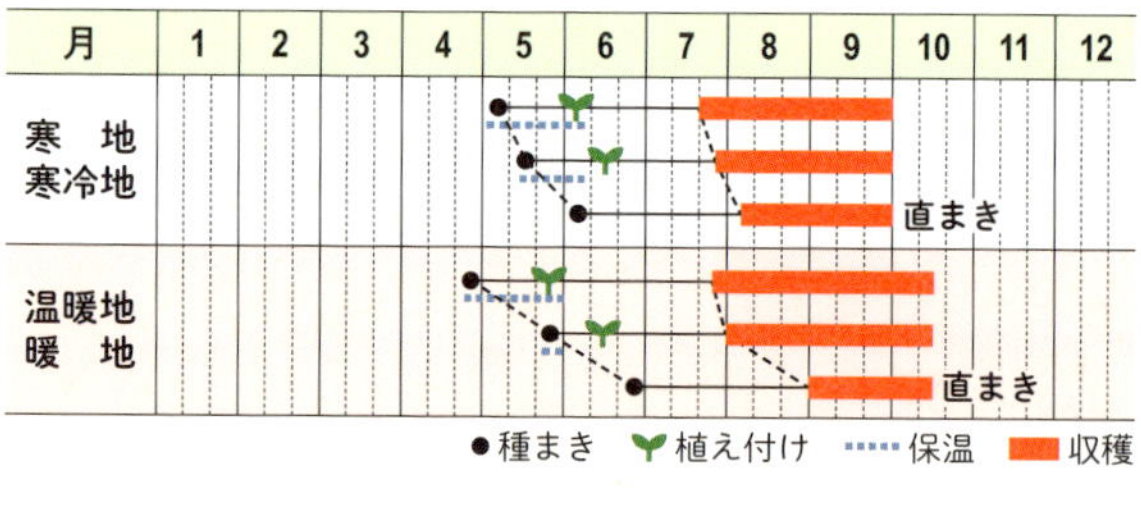

1 芽出し

種まき前に、種をガーゼなどにくるんで丸1日水につける。

コツ

「硬実」(➜21頁)なので、水を吸わせて芽を出やすくする。

2 種まき

3号鉢3個に土を入れる。中央部分に、深さ約1cmのまき穴を4〜5つ開け、1粒ずつ種をまいたら土をかけて手のひらで軽く押さえ、たっぷり水をやる。

芽出しした種は、ペーパータオルなどで軽く水気をとる。

コツ

一斉出芽させるため鉢は日当たりのよいところに置く。

3 間引き

最初の本葉が開くまでにはさみを使って3株に間引く。

4 植え付け

プランターへ元肥を施した土を入れ、20cm間隔で鉢3個の9株分を植え付ける。

種まきから約1カ月、本葉が2枚になるまでに植え付ける。

5 支柱立てと誘引

植え付け後2週間ほどで支柱を3本立て、茎をひもで留める。

支柱がぐらつくようなら4本目の支柱を斜めに挿し、各支柱に縛り付ける。

6 収穫・摘葉

収穫の目安は、五角オクラが開花後4〜5日、丸オクラは5〜7日。収穫したら、莢のすぐ下の葉を2枚だけ残し、その下の葉は取り除く（摘葉）。写真は摘葉後。

コツ

莢は放っておくと硬く、おいしくないばかりか、株も弱ってくる。莢の長さが五角オクラは5〜8cm、丸オクラは12〜15cmが収穫の目安。

7 追肥

追肥は最初の収穫と同時に始める。肥料（8-8-8）約36gを、2週間おきに施し、水をやる。

カエデ葉

モミジ葉

株の状態は葉の形でわかる

モミジの葉のように切れ込みが深く、幅が狭ければ弱っている。逆にカエデの葉のように切れ込みが浅く、幅が広ければ元気が良すぎる印。

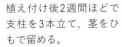

難易度 ★★☆

スイートコーン

ゴールドラッシュ90

「ゴールドラッシュ90」
耐暑性があり、草勢が旺盛で強風でも倒れにくく、甘みが強く食味の良い中晩生品種。
黄と白の粒が3：1に入るバイカラーの晩生品種「ハニーバンタムピーター610」も。

基本情報

イネ科トウモロコシ属

- 発芽適温（地温）：25 ～ 30°C
- 生育適温（気温）：22 ～ 30°C
- 原産地：北米メキシコ高地
- 日当たり：日なた

材料　1鉢2株

- 種…4粒
- ジフィーストリップ（5㎝角）…2個
- 種まき用培養土…約110mℓ
- 深型55プランター（26ℓ）…1個
- 培養土…約26ℓ
- 元肥用肥料（IB）…約54g
- 追肥用肥料（8-8-8）…約48g（3回分）

ここがポイント

1. 適温で一斉出芽、苗の植え遅れは禁物。
2. 追肥はタイミングを逃さず3回施す。
3. 防除を徹底する。
4. 適期に遅れず収穫する。

春まき　夏まき

トウモロコシは、ひとつの株に雄穂と雌穂が別々につきます。この雌穂の粒が未成熟なうちに収穫する野菜がスイートコーンです。

発芽適温（地温）は25～30℃で、最低でも15℃は必要で、出芽後の生育適温も22～30℃と高いことから、5月に露地に種まきし、盛夏に収穫するのが本来の旬です。これより前の気温が低い時期の種まきと育苗は、保温箱を使います。種まきから収穫までが適温で栽培しやすい遅まき（抑制栽培）ならば8月上旬頃まで種まきできます。

雌穂の絹糸（めしべ）に他の株の花粉が風で運ばれ受粉するので、複数の株が必要です。少なくとも2×2株の配置をおすすめします。

光合成能力の高いC4植物で十分な光と水と栄養で収量や甘みが増します。大きな穂にするため、幼穂形成、雄穂出始め、絹糸が出る時期にそれぞれ追肥を施し、水やりします。

子実を充実させるため出穂の頃の防虫も欠かせません。その上で適期収穫します。その時期は1、2割の株で絹糸が出た日からの平均気温の積算温度で500℃前後です。予定日の2～3日前に粒の充実を確認します。

露地栽培なので草勢と根張りが強く、株元に分げつ（わき芽）が出て台風などで倒れにくく、高温下で粒が萎びにくい、遅まきもできる種まきから収穫まで90日以上を要する中晩生や晩生品が適します。

病害虫情報

アワノメイガ　雄穂に誘引され産卵。幼虫は葉の付け根あたりから茎（稈）あるいは雌穂内に入り食害する。出穂始め、出穂、絹糸抽出の3回薬剤散布する。
オオタバコガ　幼虫が雌穂の絹糸や子実を食害。適用がアワノメイガと同じ薬剤の散布が便利。
アブラムシ類　葉、雄穂や雌穂のなかに入り込んで生育を悪くする。出穂の頃に発生しやすいので早めに防除。

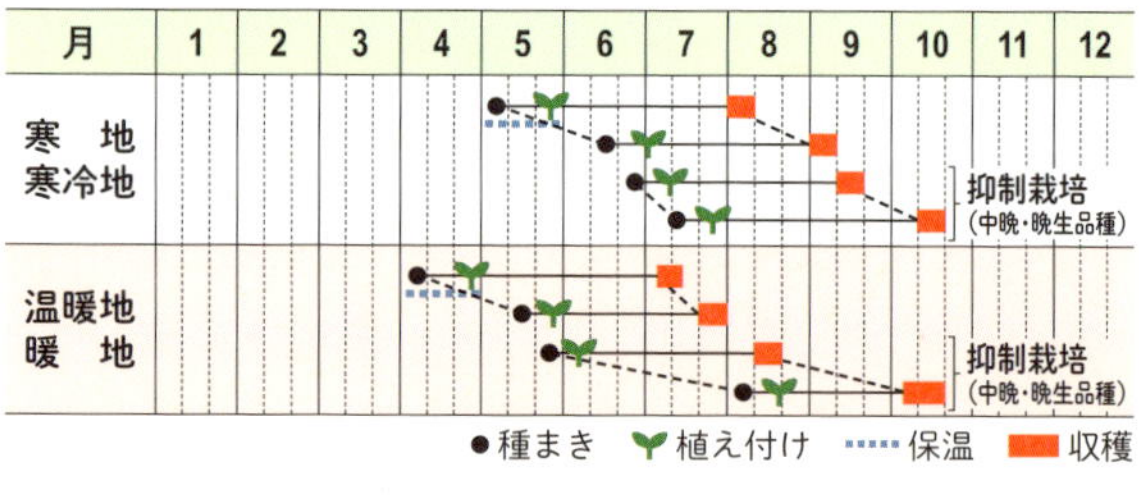

1 種まき

移植の場合…ジフィーストリップへ種まき用培養土を入れ、種を2粒置き、深さ2cmに押し込む。土をかけ、手で軽く押さえ、しっかり水やりする。雨が直接当たらない日当たりの良い場所に置く。

コツ

できるだけ適温の25〜30°Cを維持して一斉出芽させる。5月中旬頃までは保温箱を使うと出芽や生育がスムーズになる。本来、直まきを好むが、育苗なら温度管理しやすく、補植できるなどのメリットもある。また、若苗で植えるので、根鉢が崩れないジフィー製品が好適。

直まきの場合…最低気温が15°C以上になれば、コンテナへ直接種まきできる。1カ所に多めに3、4粒まき不織布をかけておく。直まきの方が生育に勢いが出る。生育は間引きで揃える。

2 植え付け

4日ほどで芽が出てくる。本葉2〜2.5枚になったらジフィーストリップをはさみで切り離し、1鉢にする。

プランターへ元肥を混ぜた土を入れ、35cm間隔で、間引かずそのまま植え付ける。根付くまでの数日は乾燥に注意して水やりする。

コツ

本葉3.5枚で分けつが始まるので、苗は本葉2〜2.5枚で植え付ける。2〜3日遅れるだけで苗が老化するので注意。

3 間引きと追肥1回目

本葉5〜6枚で、成長が早過ぎたり、遅過ぎたりする株を、はさみを使い地際で切り1カ所1株にする。

幼穂を作る時期なので、間引き後に約16gの肥料（8-8-8）をばらまくように施し、土と混ぜ、水やりしておく。

4 害虫防除1回目と追肥2回目

株中央の筒内部に雄穂の穂先が見えたら株全体と、特に筒の中へも薬剤を入れるように散布する。雄穂抽出前後は、一番害虫が発生しやすいので注意。

農薬について

化学農薬は効果が高いが、有機栽培で使用できる微生物農薬のBT剤も効果がある。天然物由来なので使用回数の制限がなく便利（➜32頁）。

この時期、最初に出る雌穂（一番穂）を充実させるため、1回目と同量約16gの肥料を施し、水をやる。

太い茎に本葉が9枚以上、大きな分けつが2本以上あれば生育は順調だ。

5 害虫防除2回目

最初の害虫防除から約1週間後、雄穂がしっかり出た頃、1回目同様、雄穂と葉と茎の付け根を中心に株全体に薬剤散布する。

アワノメイガについて

スイートコーンの重大害虫で、株の先から出る雄穂の出穂前後にメスが雄穂に誘引され、葉裏や雄穂に産卵する。ふ化した幼虫は直接雄穂を、あるいは葉の表面を食害しながら雄穂に侵入し、3日ほどで葉と茎の付け根あたりから茎に入り込み、髄や絹糸から雌穂、未熟粒へと食害範囲を広げていく。

8 2番穂の除去（除房）

2番目の雌穂は出る時期が遅く、収穫はあまり期待できない。1番穂を充実させるため、2番穂は小さいうちに取り除く。難しければ株へのダメージを避け放任する。早生品種は除房で穂の重さが1〜2割増加する。

取り除いた2番穂はヤングコーンとして食べられる。

9 収穫

収穫適期のスイートコーンは、穂の先の粒が良く膨らんで、粒と粒の隙間がなくなり、穂先が少し角ばってくる。積算温度が500℃の収穫予定日の2〜3日前に、試しに穂の先の皮を少し剥いて粒の充実を確認する。

収穫適期の粒は、爪で潰すと乳液が出る。水っぽければ早過ぎ、硬くてでんぷん質ならば熟し過ぎだ。

コツ

採れたてが一番おいしいが、保存する場合は皮をつけたまま冷蔵庫へ入れる。それでも糖分は1日で半減してしまうので1〜2日が限度。

6 授粉

出穂から3〜4日で雄穂が開花し始める。1株は7日ほど、全体では8〜9日ほど開花が続く。

雄穂の開花から1〜3日ほどで、葉のわきにつく雌穂から絹の糸のような絹糸《けんし》（めしべ）が出てくる。

風で自然に受粉させるなら20株ほど必要だが、コンテナ栽培は株数が少ないので、受粉しやすいように2株植えのプランターを2つ並列させるとよい。

午前中10〜11時に茎を揺すると授粉しやすくなる。積極的には花粉を紙の上などへ落として採取し、花粉を絹糸につけて授粉をする。受精すると絹糸は茶色くなる。

コツ

雌穂は10日程度受精能力があるので、絹糸抽出から2〜5日間は晴れた日に積極的に授粉させるとよい。

7 害虫防除3回目と追肥

絹糸の出始めた同時期に1、2回目と同様に雄穂や葉のわき、絹糸を中心に株全体へ薬剤散布しておく。

併せて、受精後の子実を充実させるため1、2回目と同量15gの肥料を施し、水やりしておく。受精後は雌穂を充実させるため乾燥に注意し毎日水やりを。

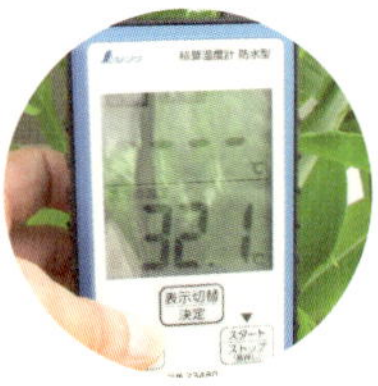

全体の1〜2割の株で絹糸が出たら、気象庁のホームページで地域ごとの平均気温を積算する。または積算温度計で測定を開始して500℃になる時期をチェック。収穫時期を確認する。

難易度 ★★★

イチゴ

東京おひさまベリー

「東京おひさまベリー」
温暖地・暖地向きの栽培しやすい一季なり品種。
1960年に育成された一季なりの代表的品種「宝交早生」も。

基本情報

バラ科オランダイチゴ属

- 生育適温（気温）：日中18 ～ 23℃、夜間5 ～ 10℃
- 原産地：南米原産チリイチゴと北米原産バージニアイチゴの交雑種
- 日当たり：日なた

材料　1プランター5株

- 苗…5株
- 大型73プランター（45ℓ）…1個
- 培養土…約45ℓ
- 元肥用肥料（IB）…約75g、（過石）…約90g
- 追肥用肥料（8-8-8）…約90g（2回分）
- 黒ポリマルチ（幅約95㎝×長さ約150㎝）…1枚

ここがポイント

1. 地域に合った露地向き一季なり品種を選ぶ。
2. 苗は必ず適期に植え付ける。
3. 適期に適量の追肥を施す。
4. マルチで地温上昇と病気予防をする。

イチゴの旬が冬だと思っている人は多いはず。事実、出荷量は1～4月が多く、クリスマスケーキのイチゴも印象的です。でも本来の旬は露地栽培での収穫期の5～6月です。

収穫が終わる頃から8月にかけて株元から繁殖のために「ランナー」と呼ばれる茎が伸び始めます。ランナーには自分の分身の子株ができます。子株は、真夏の暑さが落ち着き、平均気温が25℃を下回り、日長が短くなる9月中下旬から12月上旬まで花芽を作ります。

花芽を作り始めた子株は植え付けに適した苗でもあります。植え付け適期は温暖地以西で10月中。早くても、遅くても春の開花とその後の果実の肥大に影響します。

イチゴには、収穫期間が半年程度の「四季なり」と、1～2カ月の「一季なり」があります。四季なりは環境条件が整った施設栽培向きです。コンテナ栽培では露地栽培向きで食味も良い一季なりがおすすめです。

一季なりは、秋に葉を縮めて休眠し、越冬します。一定期間寒さに遭い目覚めますが、その長さは品種により違います。寒冷地では冬に目覚めないよう休眠が深く、温暖地は中間、暖地では中間や浅い品種が適します。そのため地域に合った品種選びが大切です。

覚醒した株は、気温が上がり始め、日長が長くなる3月上旬頃から葉が伸び始め、3月下旬～4月に花を咲かせ実をつけます。

病害虫情報

灰色かび病　果実で発病すると褐変し、表面に灰色のカビが生える。枯れ葉を取り除き、風通しをよくする。
アブラムシ類　3～4月の新芽が伸びる頃から開花時に発生しやすい。増える前に薬剤で防除する。
うどんこ病　葉や果実表面に白い粉状のカビを生じる。適期の追肥で草勢を維持する。他、**ハダニ**など。

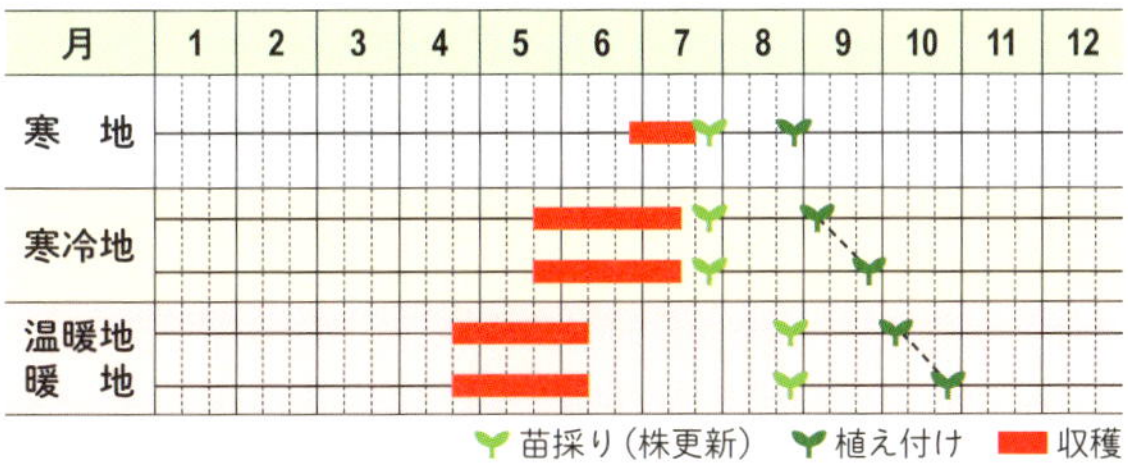

秋植え

1 植え付け

植え付けの際の目印になるランナーと大きな葉が4〜8枚程度ついた、クラウンがなるべく太い（9〜11㎜）、病気や虫食いのない苗を選ぶ。

コツ

購入した苗には親株から伸びたランナーを1本残してある。花はランナー（2本あるときは太い方）の反対側に咲く。

プランターに元肥を混ぜた土を多めに詰める。条間20㎝、株間25㎝の千鳥植えで苗5株を植える。

目印のランナーを自分から見て奥へ、縁から6㎝ぐらいにクラウンの中心が来るように。手前側へ苗を傾け、クラウンが埋まらないよう植え付け、たっぷり水やりする。

クラウン…太くて短い茎に葉と根がついた王冠の形をした部分のこと。中心に葉や花のもとがある。

コツ

根付くまで5日前後は雨の日以外は毎日水やりする。

2 追肥1回目

春の開花に備え、植え付け後1カ月で追肥を施す。株から約10㎝離し、棒で10㎝ほどの穴を開ける。

穴へ肥料（8-8-8）約45gを施す。水やりは雨の日を除き少しずつまめにやる。

3 追肥2回目

新葉の成長のために、年が明け、休眠から覚める少し前、温暖地・暖地で2月中〜下旬、寒地などは消雪後の3月下旬に1回目と同様に約45gを追肥する。追肥の遅れや肥料の施し過ぎは実が柔らかくなるので注意。施肥後に必ずしっかり水やりを。

コツ

株元の土が下がっていたら、クラウンが半分程度隠れるよう土を寄せる。

4 下葉かき

休眠から覚め、新芽が少し伸び、葉が立ち始めたら、冬の間に枯れた葉や紅葉した葉、霜などで傷んだ花などを取り除く。

5 マルチ張り

下葉かきに続けて、地温を上げ、病気や実が汚れるのを防ぐためマルチを張る。

黒のポリマルチをプランターの短辺で縛り、マルチを株の上から覆うように伸ばしてカットし、反対側も縛る。

各株の上でマルチをはさみで切る。

切り口から葉や花房を折らないように丁寧にマルチの上へ引き出す。

中央に水やりや乾きを確認するための切れ込みを入れる。

6 枯れ葉とランナーかき

株元の風通しを良くし、灰色かび病などを防ぐため、常に葉が5〜6枚になるよう枯れ葉を丁寧かつまめに取り除く。この頃伸びてくるランナーは必要ないので摘み取る。

新葉は10日に1枚くらいのペースで開き、それに合わせて下葉は枯れる。

7 授粉

※平均気温が10℃以上になる暖地・温暖地は3月中下旬、寒冷地は4月中下旬から、寒地は5月に開花が始まる。

形のよい実をならせるには、雄しべの花粉が雌しべにまんべんなくつく必要がある。ミツバチが花粉を運んでくれるが、より確実に実をつけるため、梵天や小筆で花の中心を回すように撫でて授粉する。

コツ

花が咲き始めたら、極力日当たりが良く雨が当たらない場所に置き、水やりは、少量を回数多くやること。

生育診断

イチゴの花弁は5枚あるが、株の栄養状態がよいと頂花（果）優勢のため花弁は6～7枚と多くなる。大きな果実を長く収穫するにはこの状態を長く保つことが大切だ。開花時期から収穫時期の早朝に葉先につゆ（溢水）がつくようなら、根が十分に発達した健全な状態で、土の水分量も適したサインだ。つゆが確認できない場合はこまめに少しずつ水やりする。

8 摘花・摘果

イチゴは、花（果）房といって枝分かれしながら房状に花（果実）をつける。1番花（頂花）が1つ咲き、枝分かれして2番花が2つ、その両脇に3番花が合計4つ、3番花の脇に8つの4番花が咲く。4番まですべての花が実になれば、15個のイチゴができる。

頂果が一番大きく、2番、3番と小さくなる。すべての実を残すと果実は小ぶりになり、早めに花や小さな実を摘めば残した実が大きくなるので、4番は早めに摘み取る。

頂花は果形が崩れやすいので摘花する場合もある。1房に5～7果を残すようにする。

コツ

果梗が折れると養分が実へ行き届かず、肥大と味が悪くなるので折らないようにする。

9 防鳥・獣ネット張り

おいしく、赤く目立つ実は動物たちの絶好のターゲット。収穫1週間前には防鳥、防獣用のネットを張る。しっかり囲い、ハクビシン対策はすそも金具などでしっかり留めておく。鳥よけは天部分をネットやテグスなどを張っておく。

10 収穫

収穫までの日数は品種によって異なり、宝交早生で35日ほど、東京おひさまベリーで40～45日前後。開花後35～45日で果実が赤く熟したら収穫する。

コツ

鮮度を保つには果実はできるだけ触らない、そして冷やすこと。気温が低い朝に採り、収穫後は冷蔵庫で冷やす。

11 株更新

苗づくりは、収穫後の株から伸びてくるランナーにつく子株を使う。暖地・温暖地で8月下旬、寒冷地・寒地は7月下旬ごろに行なう。収穫後の株は、枯れ葉や果房を取り除き、アブラムシ、炭疽病を中心に定期防除する。特に炭疽病を防ぐため、株の上からの水やりは避け、できるだけ雨が当たらないようにする。ランナーの発生が悪いときは、早めに液肥を施す。

子株は、1本のランナーに数珠つなぎにできる。9cmポットに培養土を入れ、肥料（IB）2～3粒を施す。根がコブ状になった子株を、ポットの端の方へ置き、根づくまで針金で作ったU字型のピンで留める。

子株のピン止めを行なってから14日ほどして根付いたら親株に近い方のランナーを長めに3～5cm残し、反対側は短く切る。

コツ

子株は、親株に近い方から1次（太郎）、2次（次郎）、3次（三郎）と呼ぶが、1次子株は老化するので使わない。育苗は夏場の作業で、土が乾きやすいのでこまめに水やりし、乾燥に注意する。

難易度 ★☆☆

ダイコン

冬自慢

「冬自慢(ふゆじまん)」
秋冬どりの青首ダイコン品種。3月上中旬までトウ立ちの心配が少ない冬どり品種「冬の守(かみ)」もおすすめ。

基本情報

アブラナ科ダイコン属

- 発芽適温（地温）：24 ～ 28℃
- 生育適温（気温）：17 ～ 20℃
- 原産地：地中海沿岸、中央アジアなど諸説
- 日当たり：日なた

材料　1袋1株

- 種…5粒
- 培養土などの袋…1枚
- 培養土…約14ℓ～
- 結束バンド…1本
- 元肥用肥料（8-8-8）…約18g、（過石）…約3g
- 追肥用肥料（8-8-8）…約15g（3回分）
- 園芸用鉄線（約90cm）…1本
- ひも…1本
- 防虫ネット…1枚

ここがポイント

1. 肥料は1週間前に土へ混ぜておく。
2. 袋へ直に種をまく。
3. 種まき直後から防虫ネットなどで防除する。
4. 収穫は遅れない。

畑がなければ大きなダイコンは栽培できないなんてことはありません。青首ダイコンならば、青首部分は地上に出ていて根は意外と短いので、土の深さは30cmもあれば足ります。さらに根の短いミニダイコンなら20cmほどで十分です。コンテナは、深型プランターでもよいですが、培養土の袋は、根の長さに応じて口をたくし上げたり、下げたりして、深さを変えられ容器としても便利です。

種まきは冬に向け気温が徐々に下がる8月中旬～9月下旬までの秋が一年で一番適しています。ダイコンは、30℃ぐらいの暑さでも発芽できますが、生育の初めは温暖、葉の数を増やす中頃からは冷涼、根が太る生育後期はさらに低い温度が適しています。秋から冬の気温変化が、原産地の気温変化に従っていて生育の適温に重なっていることによります（図）。葉の数を増やす頃と根を太らせる頃には肥料も施しましょう。

秋に種まきするなら、12月までに収穫する「秋冬どり」と、年明け1～2月に収穫する「冬どり」の二つの品種があります。年明け収穫に「冬どり」品種を選ぶのは、寒さに強く肩が痩せたり、葉が傷んだりしにくいためです。ダイコン栽培では季節に応じて病害や生理障害の出にくい品種を選び、生育時期ごとの適温を維持することが大切です。

病害虫情報

キスジノミハムシ　秋まきで10月上旬まで発生し幼虫が根を食害する。高層階ではほとんど発生しない。防虫ネットは目が1mm程度の細かいものを使用する。

ダイコンシンクイムシ（ハイマダラノメイガの幼虫）、アブラムシ類　気温の高い初期は、害虫がつきやすいので、種まき直後から袋の上に支柱で空間を作った上に防虫ネットや不織布などをかけておく。

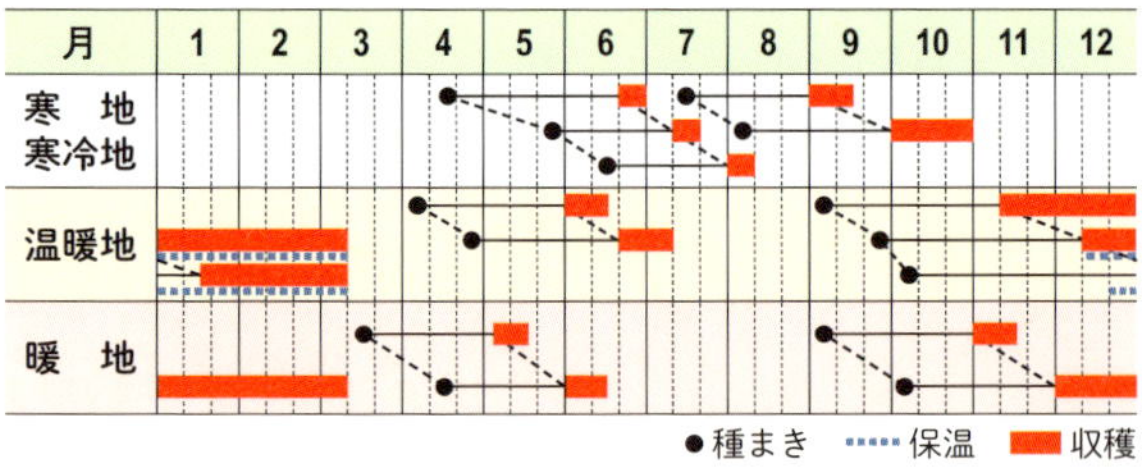

1 種まき準備

肥料と土をなじませるため、準備は種まきの1週間前に行なう。容器として使う培養土の袋が転ばないようにするため、開封前に袋の底の両端を真ん中へ寄せて、結束バンドで結ぶ。

さらに底に割りばしなどで数カ所、水ぬきのための穴を開ける。

袋をひっくり返し、はさみで袋を開ける。

土は袋から一度出し、5の増し土用の土(約1ℓ)をよけ、残りの土に元肥をよく混ぜ、袋へ戻す。縁を巻き下げ、口を大きく広げる。

2 種まき

深さ1～2㎝のまき穴を、空き缶で1カ所開ける。底から1.5㎝のところへ油性ペンで線を引いておくと目安になる。

穴の中へ種を離して5粒をまき、土をかけ、手で土を押さえる。ジョウロなどでゆっくり、たっぷり袋の底から出るまで水をやる。

害虫を防ぐため、園芸用の鉄線をアーチ状にさし、上から防虫ネットをかけて、すそをひもで縛っておく。

コツ

防虫ネットは必ず種まき直後にかける。

3 間引き1回目

生育を揃え、ダイコンの形をよくするため、種まき約1週間後、子葉が十分に開いたら間引いて3株にする。

間引き後もすぐに防虫ネットをかけておく。

コツ

密をさけ、平均的な株を残し、子葉の数や形、色の異なる株、出芽が早い株、遅い株を間引く(➜29頁図12参照)。根は袋の底まで伸びているので、残す株を傷めないよう注意する。

4 間引き2回目

1回目の間引きから約2週間後、本葉4～5枚になったら、間引いて1株に。はさみで株元を切って間引く。

葉の色や形の悪い株、虫に食べられている株や、特に子葉の下の茎(胚軸)が極端に地面から飛び出している株を間引く(➜29頁図12参照)。

コツ

この頃害虫や鳥の被害も小さくなり、より多くの光が必要なので、防虫ネットははずす。

図　横浜の月ごとの気温の平均値とダイコンの生育時期ごとの適温

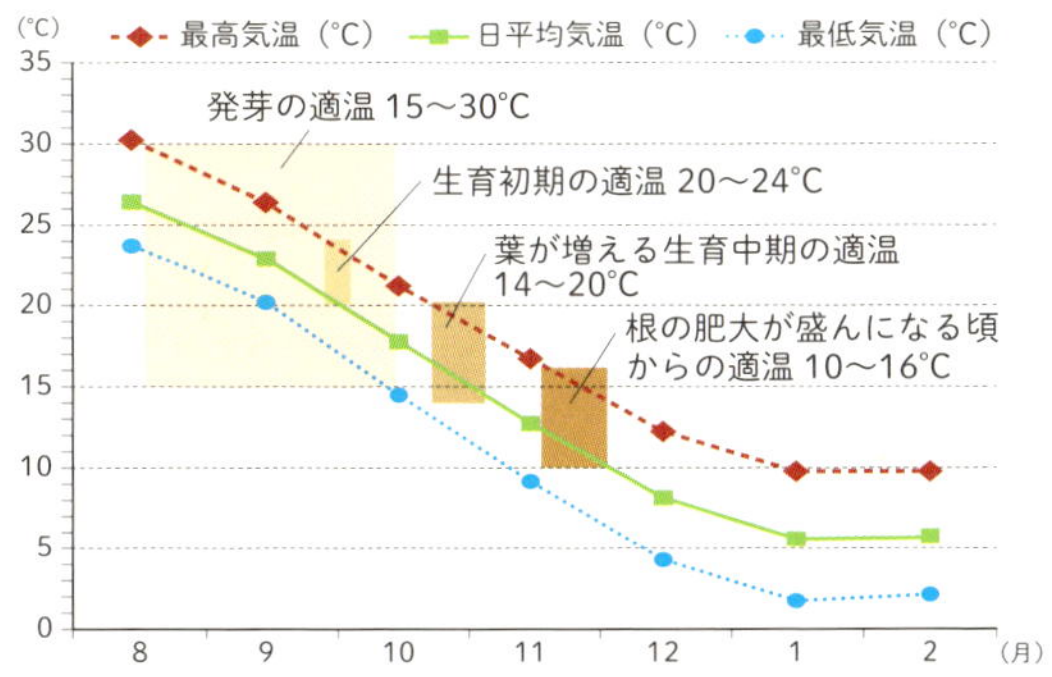

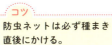

難易度 ★☆☆

ハツカダイコン
（ラディッシュ）

「さくらんぼ」
きれいな球形で、濃い赤色の最短25日ほどで収穫できる早生品種。

基本情報

アブラナ科ダイコン属
- 発芽適温（地温）：24 ～ 28°C
- 生育適温（気温）：17 ～ 20°C
- 日当たり ：日なた

材料　1プランター14株分

- 種…56～70粒
- 小型40プランター（5ℓ）…1個
- 培養土…約5ℓ
- 元肥用肥料（8-8-8）…約28g

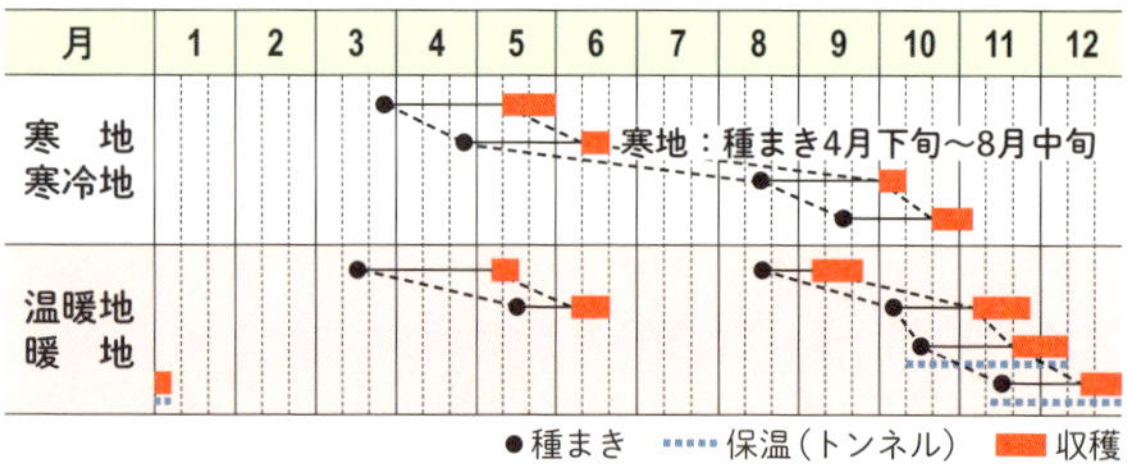

5 追肥1回目・増し土

本葉5～6枚で、子葉の下の茎（胚軸）の皮が剝がれてくる（初生皮層はく脱）頃から、葉の数が増え始める。

株から離して肥料（8-8-8）約5gを追肥する。

さらに1でよけておいた土を足しておく。

6 追肥2回目

1回目の追肥から約2週間後、本葉15～20枚の時期は、葉が立ち、根が太ってくる。1回目と同量の化成肥料を施す。

割りばしなどで土と肥料を混ぜ、水をやる。

7 追肥3回目

9月下旬まきの場合や、年明けどり品種は、耐寒性を高めるため2回目の追肥から1カ月後に1～2回と同量の肥料を施す。

8 収穫

種まきから秋冬どり品種で65～85日、冬どり品種で90～130日ほど。葉が垂れはじめ、中心部分の葉が開いてきたら収穫する。

コツ
春にトウ立ちが始まると根の中心にスが入るので収穫は早めに。

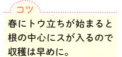

ハツカダイコン（ラディッシュ）はダイコンの仲間なので、その生まれ故郷は、大きなダイコンと同じ中央アジアといわれています。ただ、大きなダイコンが、中国で発達して日本へ1300年ほど前にやってきたのに対し、ハツカダイコンはヨーロッパで発達して明治時代以降に導入されました。

原産地の気温は、冬は氷点下に下がり雨が多く、夏は30℃以上になり乾いているので冬と夏は得意ではありません。生育に適した気温は17〜20℃で、秋に種から芽を出し、根を太らせ、じっと冬をやり過ごし、春に根にたくわえた水分や栄養を使い、花茎を伸ばして花を咲かせ、種をつけます。夏は種で越して、また秋に芽を出すというサイクルで命をつないできました。

ただし、ハツカダイコンという名前の通り、最短約20日という驚異の速さで根が太り収穫できるので開花の早晩の区別なくどの品種も多くの地域で秋だけでなく春も種まきできます。栽培の難しい厳冬期と真夏を除いた栽培期間は、晩春〜初秋まきで25〜30日、生育が遅くなる晩秋〜初冬と初春〜早春でも50〜60日ほどです。

形や色でさまざまな品種があるのも特徴で楽しいです。根部が長い円錐形の品種でも根長は12cmほどなので小型プランターで十分栽培できます。

栽培手順

1 種まき

元肥を混ぜた土を入れた小型40プランターに、8cm間隔・2条で、株間が5cm間隔になるように深さ1.5〜2cm（乾きやすければ深めに）のまき穴を開ける。

種を1カ所に4〜5粒まいたら、土をかけ、よく手で押さえてしっかり水やりし、日当たりの良いところに置く。

コツ

栽培期間が短いので種まき直後から防虫ネットのトンネルや不織布のべたがけをして害虫を防ぐ。気温が低い10月中旬〜3月上旬の栽培は、園芸用フィルムのトンネルで保温して出芽や生育を促す。

2 間引き1回目

3日ほどで出芽する。子葉が開いた頃に1回目の間引きをする。

3 間引き2回目

本葉2枚の頃に間引きをして1カ所1株にする。

株がぐらつくようならば、周りの土を寄せるか、土を足す。

コツ

気温の高い時期は30℃以上にならないようにする。元肥のみで栽培できるが葉色が薄いようならば、500倍程度に薄めた液肥を施す。

4 収穫

本葉5〜8枚、根径2〜3cmで収穫する。収穫期間は7日ほどで、春や秋は3日程度と短い。いずれもスが入る前に収穫する。

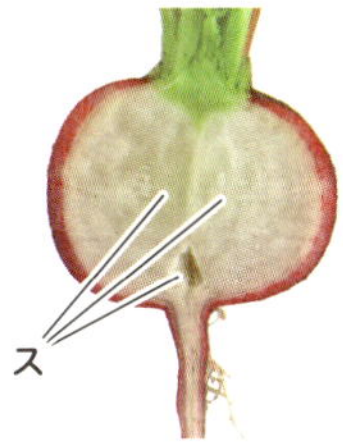

葉柄部分を折ってみて、断面に小さな穴が開いているとスが入っている。

春まき

秋まき

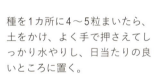

難易度 ★☆☆

カブ

中カブ「玉波」
直径5㎝の小カブサイズから13㎝程度まで肥大し、春・秋まきできる。裂根やス入りが遅く、白さび病に強い。小カブの「たかね」「みふね」もおすすめ。

基本情報

アブラナ科アブラナ属

- 発芽適温（地温）：15～20°C
- 生育適温（気温）：15～20°C
- 原産地：アフガニスタンとパキスタン国境、（2次中心）地中海沿岸やこれに中央アジアを加えた地域など諸説
- 日当たり：日なた／半日陰

材料　1プランター12株分

- 種…24～36粒
- 不織布…1枚
- 標準60プランター（14ℓ）…1個
- 培養土…約14ℓ
- 元肥用肥料（IB）…約24g、（過石）…約7g

※上記の肥料の量は中カブの春秋まきの場合で、冬は春秋の3割増、夏は5割減。小カブは中カブの3割減にする。

ここがポイント

1. まき時期ごとに適した品種を選ぶ。
2. 種まき直後から不織布で覆う。
3. 一斉に出芽させ、間引いてよい株を残す。
4. 収穫は適期に採り遅れない。

カブの原産地は、地中海沿岸を中心とする説、これにアフガニスタンなど中央アジアを加えた説など諸説あります。冷涼な気候を好み、亜寒帯～温帯まで広く栽培されています。

日本には、約80種類以上の在来のカブが存在しています。弥生時代にシベリアまたは中国東北部経由で渡来し、独自に発達したとされる「和種系」と、その後に入ってきた西欧由来の「洋種系」に分けられます。愛知県～福井県を結ぶ「かぶらライン」と呼ばれる境界線の西はトウ立ちしやすい和種系が、東は寒さに強い洋種系が分布しています（図1）。西の代表的な品種には千枚漬けで有名な「聖護院」、中カブの代表品種「天王寺」、東には赤かぶ漬けにされる岐阜の「飛騨紅」、小カブの元祖で東京の「金町」などがあります。

発芽と根の肥大適温は涼しく、種まきは春と秋が適します。特に秋は害虫も少なく栽培しやすく、在来種はこの作型で栽培されます。雑種であるF_1品種は、病気や暑さに強く、寒くても根が太るなど品種により特徴が異なります。まき時期に応じた品種を選びます。

カブは根菜類ですが根よりも主に胚軸が肥大します（図2）。そのため浅型プランターで栽培でき、苗の移植もできます。ただ、根張りは浅く、土の量も限られるので初期の乾きで根が割れる「裂根」や肥料切れで空気が入る「ス入り」に注意し、適期に収穫します。

病害虫情報

アブラムシ類　春まきなどで栽培期間が1カ月を超える場合に注意。種まき直後に不織布をべたがけし侵入を防ぐ。発生したら早めに薬剤を散布する。
コナガ・モンシロチョウ・ヨトウムシ類　真冬を除いて春と秋に幼虫が葉を食害。不織布をかけ、予防的にBT剤を散布しておく。高層階での被害は少ない。
他**白さび病**（➜42頁）、**立枯病**（➜46頁）など。

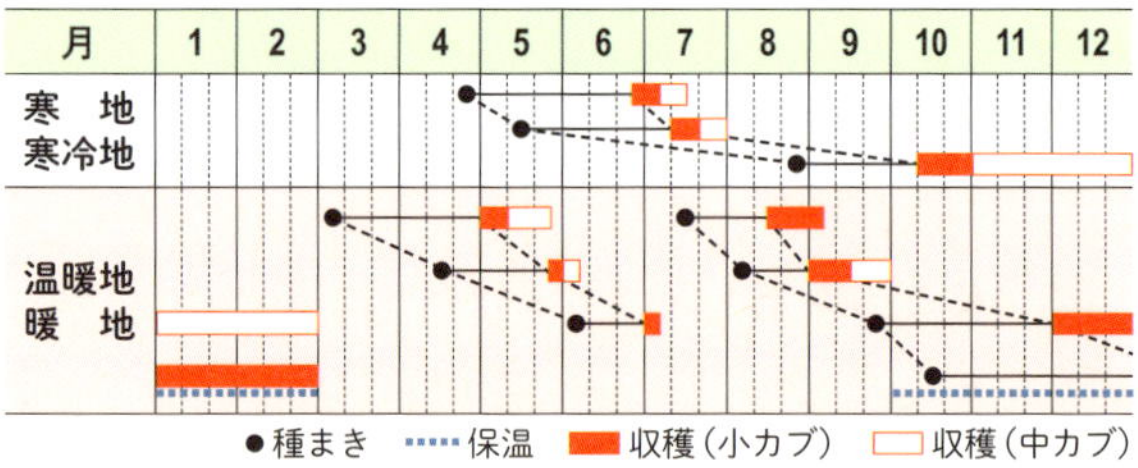

1 種まき

元肥を混ぜた土をプランターへ入れる。表面にペットボトルのふたなどで深さ1cmほどのまき穴を、春や秋まきで株間約10cm×条間15cmで2列開ける。

栽培時期に応じた株間の目安
冬の株間…10 ～ 12cm　温度を保つため狭く
夏の株間…13 ～ 15cm　通気をよくするため広く

小カブのコンテナサイズについて
小カブは、長さ約40cmの小型プランター（約5ℓ）でも栽培できる。

各穴に種を2～3粒まき、土をかけ、手のひらで土を押さえ、優しくたっぷり水やりする。出芽まで乾かさないようにする。

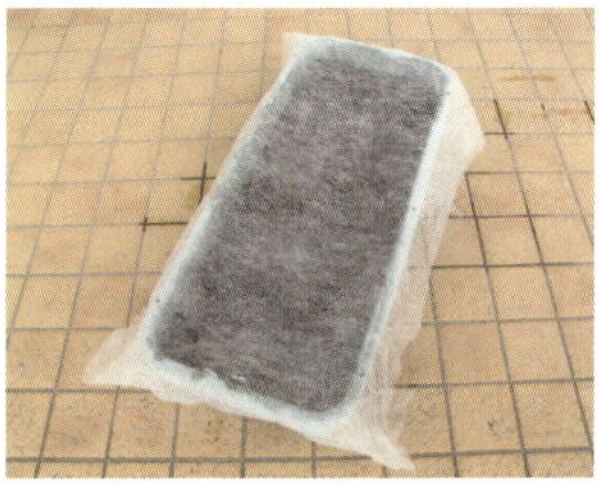

播種後ただちに防虫と保温や保湿のための不織布をかけておく。

冬季の栽培について
日平均気温が10°Cを下回る日が多くなる12～3月中旬は、生育の促進とトウ立ち防止のため不織布に有孔フィルムを重ねたトンネルにして、内部の最高気温が20～25°Cになるよう調整する。

コツ
一斉発芽させるため、土は前日までに湿らせ、まき穴の深さや覆土の量を均一にし、適温を保つ。

2 間引き・土寄せ

2～3日で芽が出てくる。本葉3～4枚までに元気がよすぎる株、弱い株、胚軸の太い株、褐変している株などをはさみで切り、1カ所1株に間引く。

コツ
生育適温は15～20°Cなので、間引きは気温が高めの時期は早めに、低い時期はゆっくりした方が、生育が良くなる。

コツ
土が乾き過ぎると皮が硬くなり玉が裂ける原因になるので、本葉5～6枚までは土の乾きに注意する。一方、梅雨や秋雨時期は、なるべく雨に直接当てないようにする。

間引き後に株がぐらついて傷まないよう土を株元へ寄せておく。

3 収穫

小カブは直径約5cm、中カブで8cm以上になったら順次収穫する。収穫の遅れは、ス入りや裂根、葉が黄色くなる原因に。

収穫適期
- **小カブ　春・秋どり…間引き後3日前後**
  冬どり…7日まで
  夏どり…2～3日
- **中カブ　小カブサイズから長く収穫できる。**

コツ
霜の降りる11～3月は夕方、それ以外の時期はカブの水分が多い朝に収穫。収穫後は早めに水洗いして土を落とし、冷蔵庫の野菜庫などで保存する。

図1　主な在来種の分布
日本全国には、多彩な在来種のカブが存在。「かぶらライン」を境に、西では和種系、東では洋種系が栽培されている。

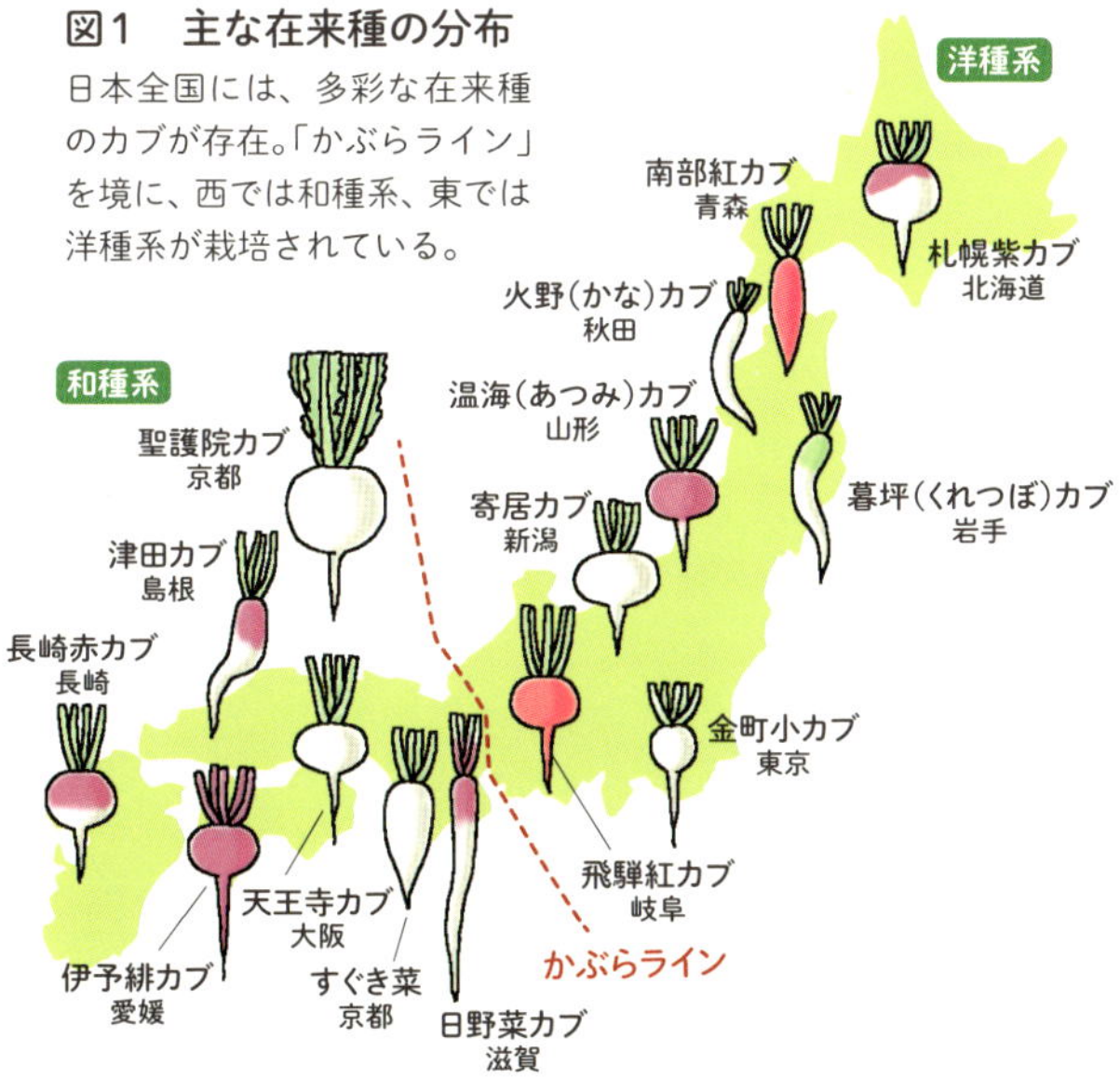

図2　カブの肥大部分
カブで肥大するのは、主に胚軸と呼ばれる部分。そのため他の根菜類では難しいとされる移植もできる。

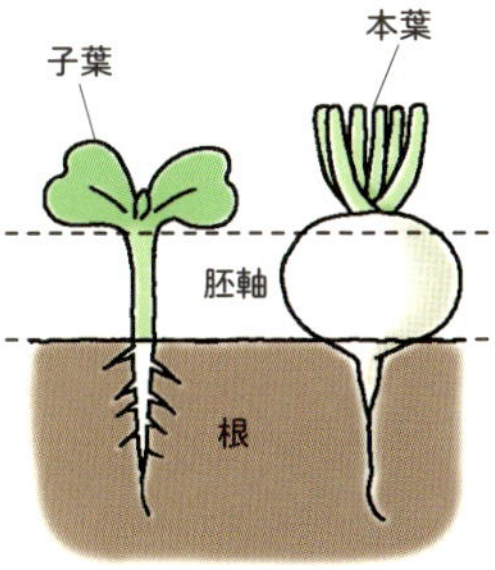

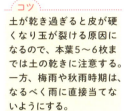

難易度 ★★☆

ニンジン

「おこのみ」
根の割れが少なく、生育旺盛で病気に強く、まき時を選ばない5寸ニンジン。濃オレンジ色でβ-カロテンを多く含む「ベーターリッチ」も。

基本情報

セリ科ニンジン属

- 発芽適温（地温）：15 ～ 25°C
- 生育適温（気温）：18 ～ 21°C
- 原産地：アフガニスタン、（西洋種２次中心）トルコ（アナトリア地方）
- 日当たり：日なた

材料　1プランター20株分

- 種…60粒
- 深型70プランター（36ℓ）…1個
- 培養土…約36ℓ
- バーミキュライト…少々
- 元肥用肥料（8-8-8）…約60g、（過石）…約60g
- 追肥用肥料（8-8-8）…約14g

ここがポイント

1. 早まきやまき遅れに注意。
2. 水分と適温を保ち一斉出芽させる。
3. 本葉4～5枚で間引きと追肥を。
4. 新鮮で消毒されたF1品種の種を使う。

初期のニンジンは、原産地のアフガニスタンで発達し東西へ伝わります。中国を経て17世紀に日本へ伝わったのが東洋種で、赤くて細長い「金時ニンジン」はその代表です。西へ伝わったものはトルコでほかの種と交雑して発達し、17世紀にオランダで橙色の太くて短い「カロテンニンジン」と呼ばれる西洋種ができました。西洋種は主に明治時代に伝来し、現在のニンジンの原形になりました。東洋種は株が小さなうちに低温に反応して花芽を作るので夏まきしかできないのに対し、西洋種は品種により花芽分化とトウ立ちのしやすさに幅があり一年を通して使われます。

栽培は、夏まきが低温に向かう気温変化と生育適温が合っていて、根の肥大後に冬の低温に遭うのでトウ立ちの心配もなく特に適しています。全体では種まきから根の肥大が始まる前半60日の管理が大切です。種まきは気象庁のデータを参考に、平均気温18～21℃の時期の60日前にします。発芽適温を維持し、土の乾きに注意し一斉発芽させます。出芽から35日間の適温は20～25℃で、肥大直前の本葉4～5枚で間引いて生育をそろえ、追肥で健康に、土寄せで根を守ります。根の長さが決まる出芽後30～50日の本葉7枚程度までの適温は18～21℃です。出芽後60日、本葉10枚からの肥大適温は16～18℃。前半の生育が順調なら、良質なニンジンができます。

病害虫情報

黒葉枯病　葉が褐色または黒褐色となり，巻き上がり枯れる。春まきの根の肥大成長期に出やすい。肥切れさせないこと。発生したら殺菌剤を散布する。

ネキリムシ類（タマナヤガなど）　幼虫が夜間に幼苗の地際をかじり切断する。被害株周辺を掘ると幼虫がいる。捕殺、防虫ネットの被覆、ベイト剤を散布。

キアゲハ　幼虫が葉を食害。激発は稀なので捕殺する。

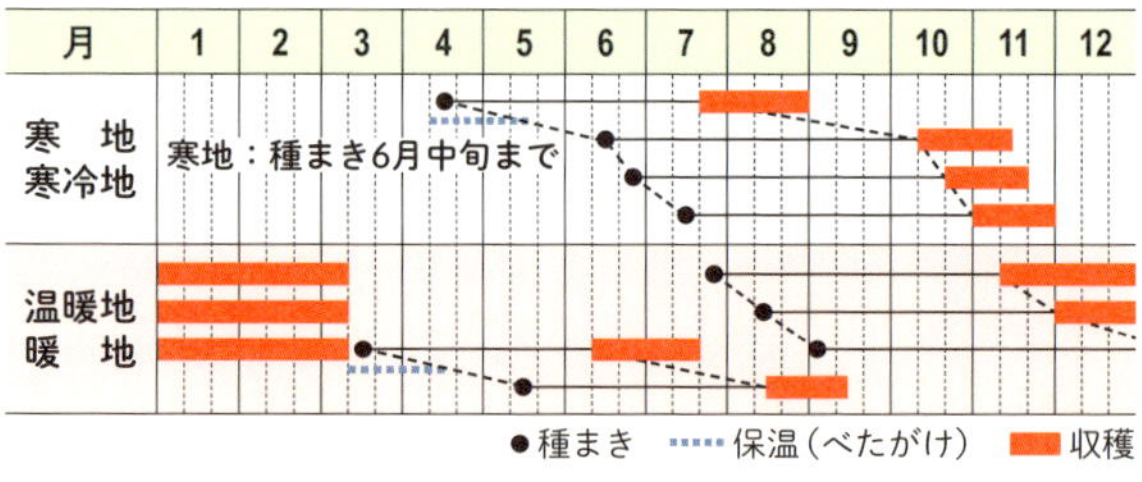

1 種まき

土は1週間前までに元肥を混ぜ、プランターへ入れ、種まき前日には湿らせておく。表面を平らにならし、条間15cm×株間6cm×深さ5mm（ペレット種子は1cm）でまき穴を開け、1穴に種を3粒まく。

バーミキュライトをかけ、土と種が密着するよう手で押さえ、十分に水をやる。発芽適温を維持し、出芽まで8日前後は乾燥に注意し、一斉に出芽させる。

プランターの深さ

ミニや3寸ニンジン…15cm程度［小型、標準プランター］
5寸ニンジン…………20cm以上［深型プランター］
長根種（金時など）……35cm以上［袋で栽培］

株間について

株間は5～8cm。これより広いと根が太くなり、狭いと肥大が遅く、悪く、不揃いになるので注意。

発芽について

ニンジンの種は、発芽に光を必要とするが、昼と夜の温度変化があればあまり気にする必要はない。むしろ覆土が薄いと乾燥や地温の影響を受け、出芽が不ぞろいになる。

春まきについて

寒冷地以北は、4～5月上旬に種をまく。
関東以西は、3月中下旬に晩生品種をまき、7月に収穫する。間引きまで不織布でべたがけして生育を促進させる。

2 間引き・追肥

種まきから35～40日。胚軸が土に沈み込み、株元がしっかりする本葉4～5枚で1カ所1株に間引く。手で抜くか、はさみなどで切り取ってもよい。病虫害に遭っている、勢いが強い弱い、葉色の濃淡の強い、葉が開いている、葉鞘が太く短いものなどを間引く。葉が黄色や紫色のものはウイルス病の疑いがある。

コツ

消毒していない土は、雑草が生えやすいので、すじまきにして3回に分けて間引く。

間引き後、肥大前に体を作り、体力をつけ、病気の感染を防ぐため、追肥（8-8-8）約14gを施す。その後通気と通水性を高め、除草もかねて土を寄せて、水やりする。

3 土寄せ

種まき後50～60日ごろ土寄せする。この頃、土から出てくる根に土をかけ、青首になるのを防ぐ。生育の遅れや病気を防ぐため葉や葉の付け根（葉鞘部分）にかからないよう注意。

4 収穫

種まきから90～120日後、試しに抜いてみて根径5cmになり、尻が詰まってきたら収穫できる。夏まきは5°Cまで肥大が進む。そのままトウ立ちが始まる3月上旬頃まで長期間収穫できる。

保存

湿度を高め、呼吸を抑えるためビニール袋に入れ、冷蔵庫の氷温庫で保存すれば、3～6カ月貯蔵できる（温度0°C、湿度98～100%）。

ミニニンジンを作ろう

ミニサイズの「ベビーキャロット」なら、5ℓ程度の小型コンテナで種まき後最短70日で14株ほど収穫できる。初心者向きの品種だ。

難易度 ★☆☆

ジャガイモ

「男爵芋」
1908年、川田男爵がイギリスから導入した用途の広い早生品種。食味に優れ、ジャガイモシストセンチュウ抵抗性の「キタアカリ」もおすすめ。

基本情報

ナス科ナス属

- 萌芽適温（地温）：20°C前後
- 生育適温（気温）：10 ～ 23°C
- 原産地：南米ペルーからボリビア（アンデス高地）
- 日当たり：日なた／半日陰

材料　1袋1株分

- 種イモ…1個
- 培養土などの袋（14ℓ～）…1枚
- 培養土…約14ℓ～
- 元肥用肥料（8-8-8）…約21g、（過石）…約11g
- 追肥用肥料（8-8-8）…約6g（春作のみ）

ここがポイント

1. 検査済みの種イモを購入して使う。
2. 春作では浴光催芽する。
3. 2度の増し土をする。
4. 収穫は株が黄色くなってから。

種イモを植えて100日ほどで手軽に収穫できるジャガイモは初心者向きの野菜です。南米アンデス山脈の高地原産で、生育は10～23℃が適しています。このため日本では地域によっては春と秋の2回栽培できます。苦手な夏や冬はイモの状態でやり過ごします。

春はサクラのソメイヨシノが咲く平均気温が10℃ぐらいの頃に芽が出るよう、種イモをその20日ほど前（温暖地で3月上～中旬）に植え付けます。土の中の温度が6℃以上あればイモの芽は成長できます。

植え付け前にやってほしいのが「浴光催（育）芽」です。植え付けの20～30日前から、イモに光を当てます。イモは光を浴びて目を覚まし、ずんぐりとした芽を作ります（萌芽）。出芽や生育がそろい、病気の予防にもなり、収穫するイモの品質や収量が高まります。

土から芽が出て10日ほど、土の中では種イモから伸びた茎の少し上の部分から「ストロン」と呼ばれる茎が横に伸びてきます。さらに10日ほどでストロンの先にイモを作り始めます。この2回のタイミングで増し土をします。土は断熱のほか、イモの緑化、病気や株が倒れるのを防ぎます。

収穫は茎葉が枯れてから10日前後でします。長く放置するとイモを腐らせる病気が侵入し、逆に早過ぎても皮が剥けやすく傷イモになるので注意しましょう。

病害虫情報

アブラムシ類　ウイルス病などを媒介。春と秋を中心に発生。早めに薬剤散布し、発生前に収穫する。
ニジュウヤホシテントウ　5月中旬～増加。葉を食害。
そうか病　表面に茶褐色のコルク質の病斑を生じる。堆肥の適量投入、土壌pHを好適な5.0 ～ 6.0に矯正する。
黒あざ病　低温や過湿で発生し、出芽の遅延、不ぞろい、欠株に。十分に浴光催芽してから植え付ける。

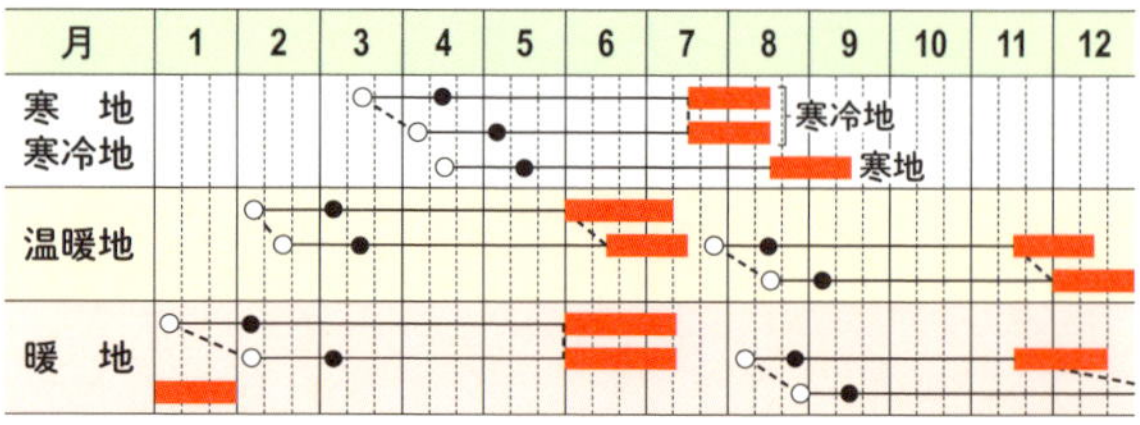

○芽出し　●植え付け　収穫

1 浴光催芽（春作のみ）

植え付け20～30日前、種イモを新聞紙を敷いた段ボール箱などに並べ、日光によく当てる。適温は6～20°C。外はまだ寒いので、日当たりの良い室内で行なう。

2 種イモの調整（春作のみ）

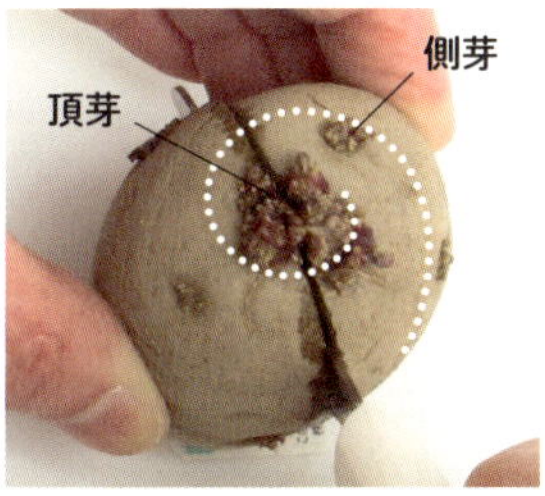

植え付け3～5日前、大きな種イモは、頂芽部分を中心にらせん状についた側芽を残し、1片が30～60gになるよう縦に切り分ける。60g未満の種イモなら、丸ごと使えて調整や病気の心配もない。

切り口を上向きにして、直射日光の当たらない室内で乾かしコルク化させればOK。表面に木灰や石灰を塗布する必要はない。

3 植え付け

後で2回の増し土もするので高さを変えられる袋で栽培。14ℓの袋の場合、高さ20cm（約8ℓ）まで土を入れ、縁を巻き下げる（①）。深さ8～12cmの植穴を掘り、元肥を入れ（②）、間土を入れ、土の表面からイモまで深さ3～5cmで植え付ける（③）。種イモは切り口を下に。丸ごとのイモは頂芽を上に。覆土の後、たっぷり水やりする。

袋を使ったコンテナの作り方はダイコン（➜100頁）参照。

4 芽かき

浴光催芽した場合、20日ほどで芽が出始める。出芽後7日以内に元気の良い茎を3、4本残し、他の茎を取り除く。種イモごと抜かないよう株元を手で押さえる。

5 増し土（1回目）・追肥（春作のみ）

芽が土から出て10日で厚さ5cm分の土（約2ℓ）を足し、ストロンが伸びるスペースをしっかり確保。

春作は追肥（8-8-8）約6gを施しておく。

6 増し土（2回目）

さらに10日後、ストロンの先でイモの肥大が始まるので、袋の縁を上げ、厚さ10cm分の土（約4ℓ）を足す。イモが緑色になると天然毒素による食中毒の原因になるので確実に足す。

コツ

株が大きくなって倒れるようなら、90cm程度の支柱を立て、ひもで縛っておく。

7 収穫

植え付け後100～130日、茎や葉が完全に黄色くなり茎が倒れたら、天気の良い日をねらってイモを掘り出す。

保存

収穫したイモは、貯蔵性を高めるために、日陰に広げて半日ほど干し、土を落とす。その後暗く涼しい（できれば5°C前後）場所で保存する。

秋作にも挑戦しよう

種イモの調整や、1回目の追肥は不要。植え付けは夏の暑さを避け、栽培は降霜で終了する。イモの肥大に最低100日は必要なので、温暖地なら8月下旬～9月上旬に植え付ける。秋作はベランダなどで霜を避けて栽培を続けると、より充実したイモが収穫できる。

難易度 ★★☆

サツマイモ

ベニアズマ

「ベニアズマ」
1985年に育成された古い品種ながら、
収量に優れ根強い人気がある。
病害虫に強く、しっとり甘い食感で
人気の「べにはるか」もおすすめ。

基本情報

ヒルガオ科サツマイモ属

- 発根適温（地温）：30°C前後
- 生育適温（気温）：25 ～ 30°C
- 原産地：中央から南アメリカ北部の高温乾燥地帯
- 日当たり：日なた

材料　1プランターで2株分

- 苗…2本　• 培養土…約26ℓ
- 深型55プランター（26ℓ）…1個
- 支柱（長さ150cm）…2本
- 誘引用クリップ…6～8個
- 元肥用肥料（8-8-8）…約34g、（過石）…約16g、（硫加）…約6g
- 追肥用肥料（8-8-8）…約6g

ここがポイント

1. 新鮮で萎れの少ない苗を使う。
2. 地温が18°C以上で植え付ける。
3. 新しいあるいは消毒した土を使う。
4. 肥料を施し過ぎない。

春植え

ヒルガオ科の植物のサツマイモは、同じ科のアサガオ同様、茎はつる状に伸びます。ただ、つるはアサガオのように何かに絡んで自立することはなく、地面を覆うように広がります。狭い場所での栽培ではつるが意外と邪魔になります。ベランダならばフェンスの外面につるを垂らして栽培できます。庭やテラスなどでは支柱を立て、つるを誘引する方法がおすすめです。太陽の光を効率的に使えるため、イモのできも申し分ありません。

栽培は葉つきの茎を購入し苗として使います。原産地は気温が高く、生育適温は25～30℃ですが、発根は地温18℃以上で始まります。そこで苗は、暖地で5月上旬、温暖地で5月中旬、寒冷地で5月下旬から植え付けます。良い苗は、長さ30cmほど、しおれがなく、開いた葉が6枚前後ついています。苗は2日ほど水挿しし、発根を確認してから曇りや晴れた日ならば夕方に植え付けると、根付き不良による植え傷みや枯れを少なくできます。

原産地の環境はやせて乾いているため、土に窒素分が過剰にあると葉や茎ばかり茂る「つるぼけ」になり、イモの肥大が悪くなります。これは1株当たり約1・6ℓの牛糞堆肥を入れれば十分な量です。ただし、プランターなどの栽培は、肥料分が減りやすいので葉の色に応じ追肥します。また、栽培中は水のやり過ぎに注意して土は乾き気味にします。

病害虫情報

立枯病　土のpHが6.0以上で発生しやすいので、苦土石灰などは施さないようにする。

サツマイモネコブセンチュウ　イモの形が悪くなる。新しい土か、消毒した土を使う。べにはるかなど線虫に強い品種も選択肢。

ハダニ類　乾燥しやすいベランダは栽培には好適だが、ハダニも発生しやすいので、早めに防除する。

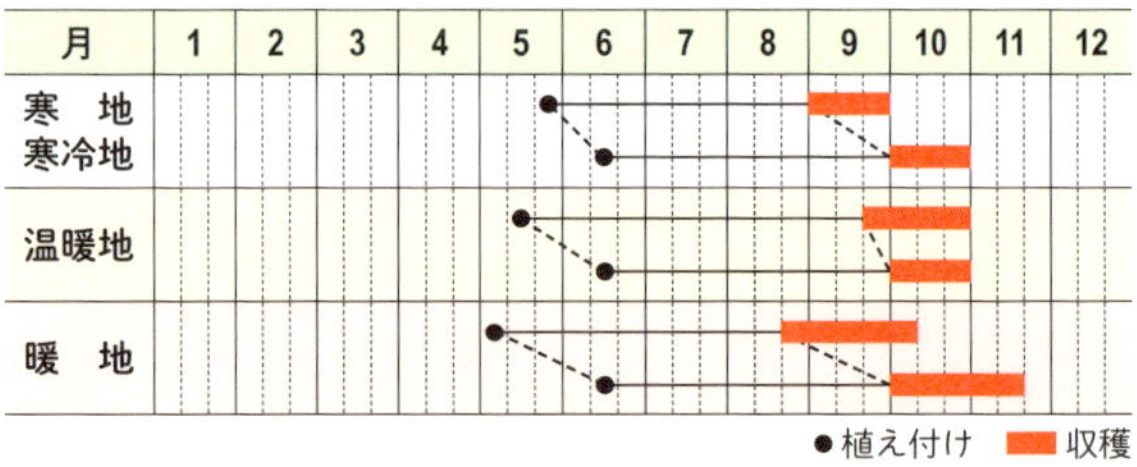

1 苗の準備

苗は、園芸店やホームセンターで購入する。事前にお店へ苗が並ぶ時期を確認しておくとよい。

購入苗は萎れていることが多いので、水挿しして回復させる。植え付け後の萎れを少なくするために、切り戻して水を張った容器に1〜2日ほど挿しておく。

2 植え付け

葉の付け根の茎に発根や発根のふくらみを確認したら早めに植え付ける。

元肥を施した培養土を入れた深型プランターに、真ん中あたりを若干深くした深さ5cmほどの溝を15cm間隔で2本作る。

挿し穂の切り口から葉5、6枚分の茎が船底のようなカーブを描くように苗を置き、穂先と穂先の間が約30cm開くように土をかけ、最後に水やりしておく。

コツ

植え付け後は、コンテナを2、3日風の当たらない半日陰に置く。あるいは新聞紙をかけておくと根付きが良くなる。

3 支柱立てと誘引

植え付け後30〜40日してつるが伸びてきたら…

長さ150cmの支柱を立てて、つるを支柱へ誘引する。

誘引はひもでもよいが誘引用クリップを使うと便利。

4 摘心

つるが支柱の先まで伸びたらつる先を摘心する。

5 追肥

7〜8月に葉の色が黄色くなるようならば肥料(8-8-8)約6gを1回施す。葉の緑が濃い場合は、追肥しない。

6 収穫・保存

植え付けから130〜140日ほどで葉が枯れ始めたら収穫する。霜に当たると腐敗しやすくなる。晴天の日の午前中に掘り上げ、そのままよく干して夕方に取りこむ。

←こんなやり方も……

ベランダからつるを垂らす場合は、支柱は使わないので袋栽培でもよい。

保存

サツマイモは10℃以下になると腐り、高温で芽が出るので、13℃で貯蔵する。収穫後13℃で2〜4週間ほどおいたほうが、でんぷんが糖化して甘みが増す。

難易度 ★★☆

サトイモ

土垂

「土垂（どだれ）」
育てやすく子や孫イモがたくさんつき、肉質がしっかりした粘質の品種。早生の「石川早生」やイモが大きい「蓮葉芋」もおすすめ。

基本情報

サトイモ科サトイモ属

- 萌芽適温（地温）：25 ～ 30℃
- 生育適温（気温）：25 ～ 30℃
- 原産地：インド・東南アジア（マレー半島など）
- 日当たり：日なた

材料　1鉢1株分

- 種イモ…1個（40～50g程度）
- 3.5号ポリ鉢（0.6ℓ）…1個
- 10号ポリ鉢（15ℓ）…1個
- 培養土…20ℓ
- 元肥用肥料（8-8-8）…約25g、（過石）…約14g、（硫化）…約4g
- 追肥用肥料（8-8-8）…約30g（2回分）

ここがポイント

1. 種イモを消毒する。
2. 植え付け30日前から芽出しする。
3. 2回の増し土で子や孫イモを肥らせる。
4. まめに水やりして土を乾かさない。

春植え

サトイモのふるさとは、赤道に近く、雨量が多い東南アジアです。そのため高温・多湿を好みます。また、種子からではなく、「種イモ」と呼ばれるイモから育てます。イモの芽が動くためには15℃以上の地温が必要です。霜の心配がなく、十分に地温がとれる八重ザクラの咲く頃に植え付けます。

栽培のポイントは4つ。まず確実に芽を出させ植え付けた種イモが腐らないようにするためお湯を使って消毒します。

次にサトイモは、植え付けてから出芽するまでに適温でも30日ほどかかります。栽培期間を少しでも長くするため植え付けの30日前に「芽出し」をします。芽出しは、普通に栽培するよりも早く芽を出させることができ、その分、栽培期間を長くでき、より多くの収穫が期待できます。芽が出ている株を使うので、芽が出てこない心配もないですね。

サトイモは、種イモの頂芽が伸び、葉の付け根の茎が肥大して親イモに、子イモは親イモのわき芽が、孫イモは子イモのわき芽がそれぞれ肥大してできます。いずれもイモは暗くて、イモが大きくなる空間がないと肥りません。光を遮り、空間を作るために生育に応じて土を足すことが3つ目のポイントです。

そして4つ目は、サトイモは乾燥を嫌うので、増し土とまめな水やりで土が乾かないようにすることです。

病害虫情報

セスジスズメガ・ヨトウガ　いずれも幼虫（イモムシ）が葉を食害。早めに補殺する。

アブラムシ類　若い葉に春先に発生するので見つけ次第防除する。

ハダニ類　ベランダは軒があると乾燥しやすく葉裏に発生しやすい。発生したら殺ダニ剤で防除する。

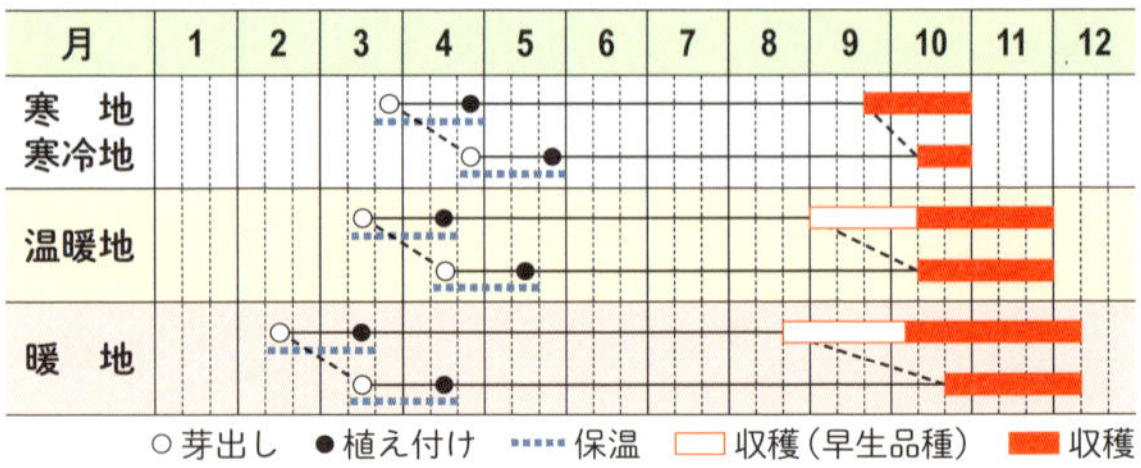

1 芽出し

植え付け約30日前に種イモを、50°Cの湯に温度が下がらないように温度計を確認しながら5～10分間浸し、温湯消毒する。この時、浮きイモは取り除く。処理後は水道水で冷ます。

コツ
大きめのバケツを使うと冷めにくく効率的。

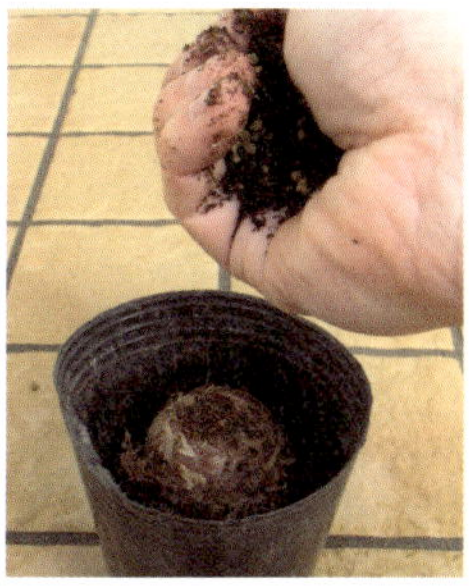

3.5号鉢へ芽を上にして植える。

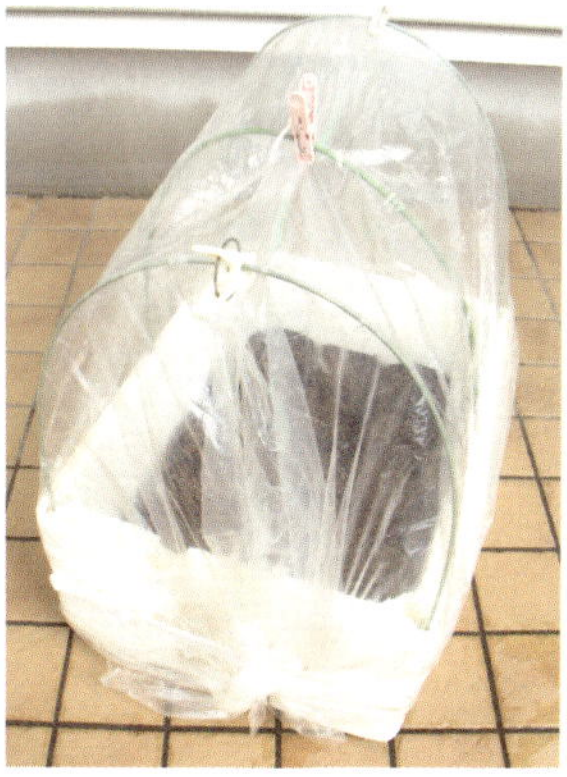

鉢を保温箱へ入れて日なたに置き、25～30°Cで管理する。萌芽は30°Cで7日、20°Cなら14日程度かかる。夜など冷え込むようなら部屋へ取り込む。

2 植え付け

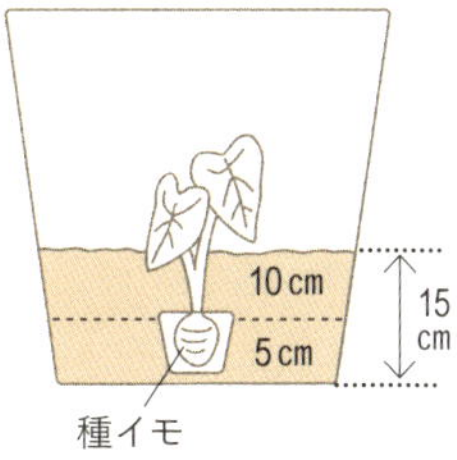

芽出しから約30日後。本葉2～3枚で10号鉢に植え付ける。鉢底から高さ15cmまで肥料を混ぜた培養土（約10ℓ）を入れる。

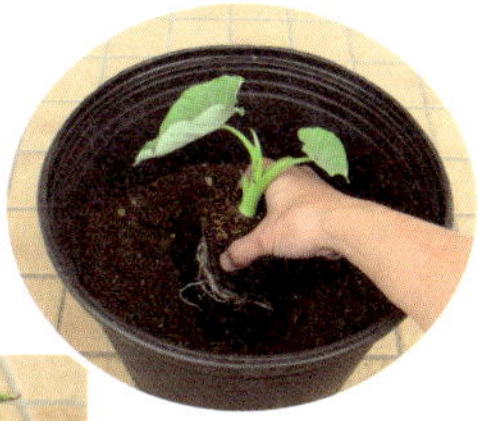

根を傷めないように鉢を外し、深さ約15cmの植え穴を開けて深植えする。最後にたっぷり水やりする。

コツ
わき芽を取り除き、種イモから出る芽はひとつに。わき芽を放置すると複数の親イモができ、イモが密生して形が悪くなる。

3 1回目の増し土と追肥

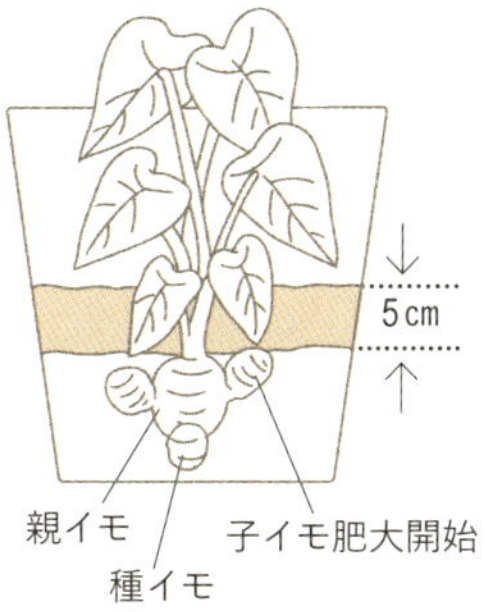

植え付け後3週間程度、本葉6枚で約15gの肥料（8-8-8）を施し、厚さ5cm分の土（約3ℓ）を足し、水やりする。

4 2回目の増し土と追肥

孫イモが肥り始める1回目の増し土から約3～4週間後、1回目同様に肥料約15gを施し、厚さ10cm分の土（約7ℓ）を足し、水やりする。

コツ
乾燥を嫌うのでまめに水やりする。

5 収穫

サトイモは品種によって収穫時期が異なる。中生品種の「土垂」は、霜に1、2回当たって親イモの葉が枯れたら掘り出す。

貯蔵

貯蔵の適温は8～10°C。収穫後にイモを水洗いして、表面が乾いたら、紙袋や段ボールの箱などに入れて、冬に5°C以下にならないところで貯蔵する。

コツ
ベランダは霜が当たりにくく、葉もなかなか枯れないので、11月中を目安に収穫する。

収穫の目安

早生品種（石川早生、蓮葉芋など）
…植え付けから約140日後。
中生品種（土垂、唐芋など）と晩生品種（八ツ頭、筍芋など）
…霜に1、2回当たり、親芋の葉が枯れてから。

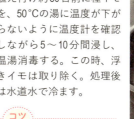

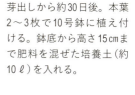

難易度 ★★☆

ショウガ

大ショウガ「近江」
写真は塊茎の肥大良好な晩生の品種。生育旺盛で栽培しやすく、株元が紅色の辛みの強い小ショウガ「金時」もおすすめ。

基本情報

ショウガ科ショウガ属

- 発芽適温（地温）：20℃前後
- 生育適温（気温）：25 ～ 30℃
- 原産地：熱帯アジア（インド・マレー半島など諸説）
- 日当たり：日なた／半日陰

材料　1プランター6株分

- 種ショウガ（大・中）…6個（約480～600g）
  ※小ショウガは18個（約900g）
- 腐葉土…約3ℓ（芽出し用）
- 深型70プランター（36ℓ）…1個
- 培養土…約40ℓ
- 元肥用肥料（IB）…約156g、（過石）…約48g
- 追肥用肥料（8－8－8）…約126g（3回分）

ここがポイント

1. 充実した種ショウガを消毒して使う。
2. 栽培中は温度を、特に初期は十分保つ。
3. 成長に応じて追肥と増し土をする。
4. 土を乾かさないよう注意する。

春植え

多年草のショウガは地下の茎が肥大した「塊茎《かいけい》」を種として使います。塊茎の大きさで小、中、大ショウガの3つの品種群に、また、収穫の仕方で「葉ショウガ」と「根ショウガ」に分けられます。

葉ショウガは、主に小ショウガが使われ、葉付きで若採りした「筆ショウガ」は初夏に出回ります。根ショウガは、すべての大きさのショウガを対象に秋に肥大した塊茎のみを使います。小ショウガは早生で寒さに強く、寒冷地でも栽培できます。大ショウガは晩生で寒さに弱く、主に関東以西で栽培されます。

連作しなければ、病害虫の多くは種ショウガから持ち込まれます。充実した種ショウガを栽培前にお湯を使って消毒し、防ぎます。

熱帯アジア原産とされ、高温と多湿を好み、寒さは苦手です。栽培はフジの花が咲く、温暖地なら4月下旬～5月上旬に始めます。植え付け前に芽出しすると収量を高められます。

最初の塊茎は、種ショウガから伸びた茎の基部が肥大してできます。この塊茎から次の茎が伸び、その基にさらに塊茎ができます。根ショウガの収穫は、新芽を肥大させるためにも都度追肥をします。併せて土を足し、上にできる塊茎の発達するスペースを設けます。

梅雨明けから9月いっぱいは、茎の肥大が盛んで多くの水分を必要とします。この頃は土の乾きに注意しまめに水やりします。

病害虫情報

根茎腐敗病　土の連用（連作）は避け、種ショウガを温湯消毒する。
ヨトウガ　食害を発見したら株元の土中の幼虫（イモムシ）を探して捕殺する。BT剤も効果あり。
アワノメイガ　7月中旬頃から発生し、茎の中を食害。近くにトウモロコシなどのイネ科作物があると飛来するので注意。BT剤を早めに数回散布する。

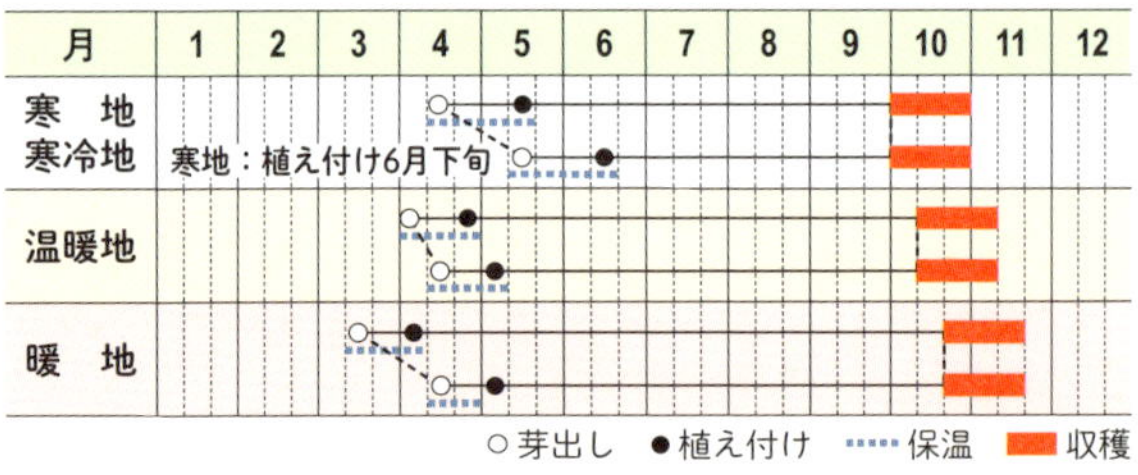

1 芽出し

植え付けの約14日前、種ショウガを50°Cの湯に10分間浸ける。温度計で湯温を確認。大きめのバケツや発泡スチロールの箱を使うと冷めにくく効率的。処理後は水道水で冷ます。

レジ袋などに入れたしっとり湿らせた完熟の腐葉土に種ショウガを入れ閉じる。光は必要ないので室内などで20°C以上に保つ。

コツ

腐葉土は乾燥や温度変化を抑える。土の温度は28°C程度が理想的。日に当てると袋の中が高温になるので注意。

2 植え付け

地温15°C以上で植え付ける。芽が約1cmになったら、前日に2、3芽つくように大ショウガは80〜100g、小ショウガは40〜50gに手で割り調整する。病気の感染防止のため刃物は使わない。

プランターの底から厚さ12cmぐらいまで元肥を加えた培養土を入れ、芽が上になるよう約10cm間隔で種ショウガを置く。さらに厚さ約5cm分土をかけ、水をやる。

コツ

小ショウガは、条間15cm・2条×株間6〜7cmで約18株を植え付ける。

3 1回目の追肥と増し土

約30日後、芽が出始める。さらに30〜40日後、最初の茎（一次茎）の葉が5〜6枚になったら、約42gの肥料(8-8-8)を施し、厚さ約2〜3cm（約4ℓ）培養土を足す。筆ショウガは、この時点で収穫する。

コツ

増し土は多いと塊茎が細長くなるので、肥料が隠れる程度。足し過ぎに注意。

4 2回目の追肥と増し土

1回目から30日後、二次茎基部の塊茎の肥大を促すため1回目と同様に約42gの肥料を施す。乾燥防止と肥大スペースを確保するためさらに5cm（約7ℓ）の厚さで増し土を行ない、最後にしっかり水やりする。

コツ

この頃の株は草丈80〜90cm、茎数で株当たり10本程度。梅雨明けから9月いっぱいは、まめに水やりを。

5 3回目の追肥と増し土

2回目から30日後、三次茎の肥大時期に合わせて3回目の増し土を厚さ5cmになるように足す。暖地や温暖地では増し土前に1、2回目と同様、同量の肥料を施す。台風などに注意し、必要に応じプランターを移動する。

6 収穫

収穫は最低気温13〜15°Cが目安。地上部が8割方黄変したら、好天の日に茎を持ち株ごと掘り起こす。寒さに弱いので降霜前に終わらせる。

良く水洗いし、茎は2〜3cm残し、根を切り落とす。茎はお風呂に入れてショウガ風呂に。

種ショウガの保存について

充実したショウガを根付きのまま20日ほど土中で仮伏せし、残った茎や根を取り除き、発泡スチロールの箱に湿らせた赤玉土を入れ14°C前後の場所で冬越しさせる。10°C以下では腐敗するので注意。

難易度 ★☆☆

サヤインゲン

つるなしジャンビーノ

「つるなしジャンビーノ」
莢が柔らかく、硬くなりにくい平莢品種。歯ざわりのよいつるなし品種「サクサク王子ネオ」や、暑さに強いつるあり品種「南星」もおすすめ。

基本情報

マメ科インゲンマメ属

- 発芽適温（地温）：20 ～ 28℃
- 生育適温（気温）：15 ～ 25℃
- 原産地：北米メキシコ南部から南米アルゼンチン北部にかけての高地
- 日当たり：日なた／半日陰

材料　1鉢2株分（つるなし品種）

- 種…4粒
- 3号ポリ鉢（0.3ℓ）…1個
- 8号ポリ鉢（7ℓ）…1個
- 培養土…約7ℓ
- 元肥用肥料（IB）…約38g
- 支柱（長さ90㎝）…1本
- ひも…適宜

ここがポイント

1. 出芽まで発芽適温を保つ。
2. 苗は遅霜の心配ない時期に本葉2枚で植え付ける。
3. 莢がついたら土の乾きに注意する。
4. 採り遅れのないよう適期に収穫する。

熟した豆はあんこや煮豆にしますが、この豆と莢を未熟なやわらかいうちに収穫する野菜が「サヤインゲン」です。

原産地は、北米メキシコ南部から南米アルゼンチン北部の高地のため、比較的涼しい気温を好みます。種まきは、地温が12～14℃になる温暖地以西で4月中旬頃からできます。発芽適温になるまでは出芽を揃えるため室内などで保温するとよいでしょう。

気温は高い方が花芽が早くでき、草勢も旺盛になるので枝数が増え、花芽はさらに多くなります。枝数は本葉2枚が開いた頃の栄養でも増えるので、この時期を逃さず植え付けることも大切です。ただ、熱帯夜や日中30℃以上の日が続くと花を落としてしまうので、8月には栽培は終了します。秋は、残暑が落ち着く9月中旬から開花させるよう8月中に種まきすれば9月下旬から再び収穫できます。

品種は、つるがあるものとないもの、莢の断面が丸いものや平らなものなどがあります。特につるなし品種は、つるが伸びず、草丈が低いので長い支柱は要らず、つるありよりも小さなコンテナで育てられます。収穫も種まきから50～60日とつるあり品種より10～14日早くでき、手軽で簡単なのが魅力です。ただし、収穫期間はつるありの半分の2～3週間と短いので、長く収穫したい場合は「三度豆《さんどまめ》」の別名のとおり何回かに分けて種まきします。

病害虫情報

アザミウマ類　高温・乾燥下で発生して葉全体に白っぽい細かなすじが出て株が弱る。防除は早めに。

アブラムシ類　肥料の施し過ぎや風通しの悪さが原因に。

根腐病　株全体が黄色くなり生育が悪くなる。過湿や連作を避け、堆肥を入れ、消毒した土を使う。

ハダニ類　エダマメ（➜120頁）参照。

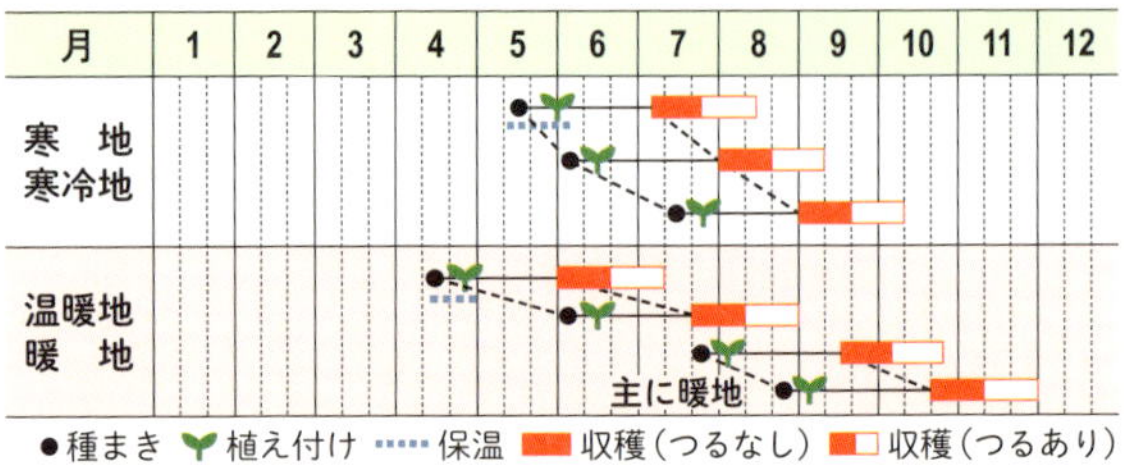

つるなし品種

1 種まき

土を入れた3号鉢に、深さ約2cmの穴を4つ開け、種のへそを下にして1粒ずつまく。土をかけ、たっぷり水をやる。発芽適温ならば、3〜4日で芽が出る。

コツ
発芽適温は20〜28℃なので、気温が低い時期は出芽まで室内か不織布をべたがけして保温する。

2 間引きと植え付け

出芽後7日ほどで最初の本葉(初生葉《しょせいよう》➜121頁)2枚が開いたら、はさみを使って2株に間引く。

間引き後に元肥を加えた土を入れた8号鉢へ苗を植え付ける。枝数を増やすため本葉2枚の時期を逃さず、土がくずれて根を傷めないように注意する。土を寄せたら、水をやっておく。

コツ
苗がぐらつくときは、倒れないように30cmの仮支柱を斜めに挿し、ひもで留めておく。梅雨時は雨が当たらない場所で、梅雨明け後は風通しの良いできるだけ涼しい所で栽培する。

➜「つるあり品種」は手順3へ

3 支柱立て・誘引

植え付けから10日ほどで、倒れないように長さ約90cmの支柱を立て、ひもで縛っておく。

つるあり品種

(品種は「南星」)

1〜2までつるなし品種と同様

材料 **1鉢2株分(植え付けからの材料)**

- 10号ポリ鉢…(15ℓ)
- 培養土…約15ℓ
- リング支柱(長さ150cm)…1組
- 元肥用肥料(IB)…約78g
- 追肥用肥料(8-8-8)…約48g(2回分)

3 支柱立て・誘引

植え付けに合わせて長さ150cmのリング支柱を立てる。

4 追肥

最初の開花後に莢がつく「着莢初期」と、収穫開始後2週間の「収穫盛期」に肥料(8-8-8)約24gを施す。肥料は、土と混ぜ、最後に水やりしておく。

5 摘心・摘葉

親づるが支柱の一番上までできたら、芽を摘む(摘心)。収穫が始まって葉が混み入っていたら、全体の1割程度の葉を摘み、風通しを良くする。

6・4 収穫

開花から約2週間、莢の長さ12〜14cmで、種のふくらみが外からわかるようになったら気温の低い朝に収穫する。半日もすると味も栄養価も落ちるので、新鮮なうちに食べ切る。マメの仲間は新鮮さが大切。調理は1、2分ゆでればOK。

コツ
収穫が遅れるとスジっぽくなり、莢の成長に栄養がとられ、開花が止まるので、早めに収穫する。

難易度 ★★☆

サヤエンドウ（スナップ・グリーンピース）

「あずみ野30日絹莢PMR」
うどんこ病に抵抗性で、極早生・つるありのサヤエンドウ。甘くて食味がよい肉厚な莢の元祖スナップエンドウの「スナック」もおすすめ。

基本情報

マメ科エンドウ属

- 発芽適温（地温）：18～20°C
- 生育適温（気温）：15～20°C
- 原産地：インド、中央アジアから中東など諸説
- 日当たり：日なた

材料　1鉢4株分

- 種…4粒
- 培養土…約25ℓ
- 仮支柱（40㎝）…1本
- 3号ポリ鉢（0.3ℓ）…1個
- 13号ポリ鉢（25ℓ）…1個
- 元肥用肥料（IB）…約8g、（過石）…約20g、（硫加）…約3g
- 追肥用肥料（8-8-8）…約40g（2回分）
- リング支柱（長さ90／150㎝）…1組
- ひも…適宜

※元肥用の肥料は、スナップ、実エンドウは2～3割増

ここがポイント

1. 種まきや苗の植え付けは適期に。
2. 整枝をして莢のつきをよくする。
3. 追肥はタイミングよく。
4. 莢がつき始めたらまめに水やりする。

エンドウの原産地は、地中海周辺や中近東など諸説ありはっきりしていません。ただ、メソポタミアで栽培されるなど最も古い作物の一つであることはわかっています。

収穫時期によりさまざまな使い方ができます。サヤエンドウは未熟な莢を収穫する野菜です。莢が肉厚なスナップエンドウ、熟す前の太った豆だけを使えばグリーンピースです。それに対し、熟して乾燥した豆は穀物として扱われます。いずれも専用の品種があります。

莢がつくためには花を咲かせる必要があります。エンドウは、発芽した種子や幼苗が冬の低温（3～5℃）に遭って花芽を作ります。その後、春になり日が長くなると開花します。

種まきは、冬を除きできます。ただし、夏は花芽を持たせるため、多くの品種は、難しい低温処理が必要です。そこで、温暖地や暖地は秋まきし、冬の寒さが厳しい寒地は春まきします。寒冷地は秋と春の両方でできます。

生育適温は15～20℃で、栽培期間すべてを適温に合わせるのは困難です。そこで冬や夏は低温や高温に強い小苗で越させ、開花から収穫の時期を適温に合わせます。冬や夏に大苗にならないよう適期の種まきが大切です。

土を再利用する場合はマメ類の連作は避けます。根の成長に酸素が必要なので水のやりすぎに注意します。一方で開花後は莢を肥らせるため土が乾かないようにします。

秋まき

病害虫情報

うどんこ病　開花期以降に発生し、葉はうどん粉を吹いたようになり、莢に褐色の斑点が出る。整枝し風通しを良くし、除草や抵抗性品種（PMR）を選んで対策する。
ハモグリバエ類　春に葉に筆描きしたような食害痕が現れる。幼虫や蛹をピンセットなどでつぶす。
アザミウマ類　開花期以後に発生。若莢の産卵痕がかすり状になり、莢の見た目が悪くなる。収穫期後半顕著。

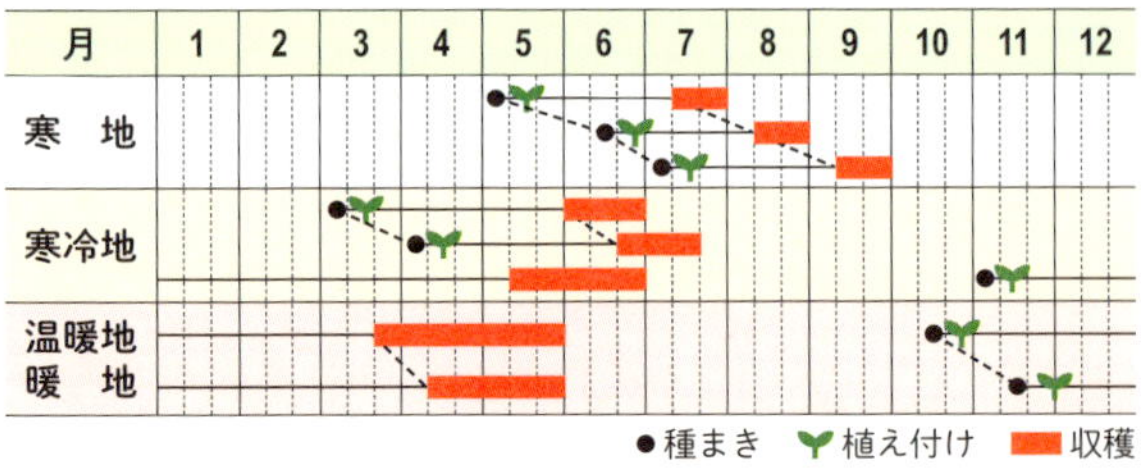

1 種まき

他のマメ類同様に鉢ごと植えられる「ジフィーストリップ(8cm角)」などジフィー製品を使うと、植え傷みしにくいが、エンドウは根鉢が崩れにくいのでポリ鉢でもOK。

3号鉢へ培養土を入れ、深さ2～3cmのまき穴を3、4カ所(スナップや大莢品種は4、5カ所)開け、種のへそを下にして1粒ずつまく。

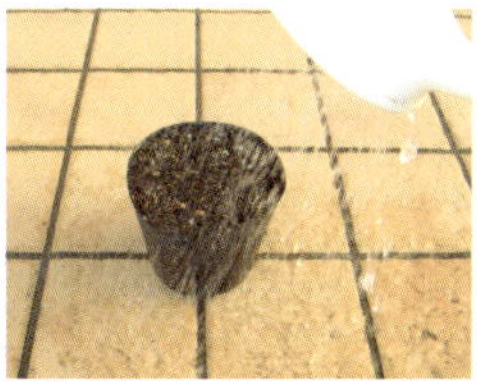

土をかけ、表面を手で押さえたら、水をたっぷりかける。芽が出るまでは土が乾かないように水やりを。

2 植え付け

5～6日ほどで芽が出始める。さらに本葉2～3枚になったら、13号鉢へ植え付ける。苗の鉢をそっと外し、植穴を開け、苗を入れ、土を寄せ、たっぷり水をやる。

仮支柱を立て、ひもで誘引する。大苗は耐寒性が低くなるので必ず本葉3枚までに植え付ける。

3 支柱立て

本葉5枚くらい、草丈15cmほどでつるが伸びてくるので支柱を立てる。

コツ

支柱の長さは、つるあり品種は約150cm。つるなし品種は約90cm。いずれもリング支柱が便利。つるが支柱に巻き付くまでひもで留めておく。

4 整枝(下位分枝)

株元からたくさんつる(分枝)が伸びてきたら、最初に伸びたつる(主枝)を含め1鉢8～9本、1株当たり2～3本になるようにはさみでつるを整理する。風通しが良くなり病害虫の発生も少なくできる。

若いつるは豆苗のように食べられる。

5 1回目の追肥と整枝(上位分枝)

最初の花が咲いて、莢がついたのを確認したら、莢が大きくなるのを助けるため追肥(8-8-8)約20gを施す。

土が乾くと莢が伸びにくく収量が減り、うどんこ病も発生しやすくなるので、莢がつき始めたら、まめに水やりする。

コツ

3月中下旬以降に出るわき芽は、莢になりにくいので早めに取り除く。

6 収穫

莢は適期に早めに収穫する。

収穫の目安

サヤエンドウ…中の豆が目立って大きくなる前の莢の平らなうち。

スナップエンドウ…莢の厚さが1cmくらいの時。

グリーンピース…莢のがくの付け根に白いシワが出た頃が目安

7 2回目の追肥

収穫が始まって2週間後ぐらい。収穫が盛んになってきたら、1回目と同量の肥料を施す。

難易度 ★☆☆

エダマメ

おつな姫

「おつな姫」
茶豆風味で3粒莢率が高く、夏まきにも適した早生品種。香りほんのり夏まきもできる早生品種「いきなまる」もおすすめ。

基本情報

マメ科ダイズ属

- 発芽適温（地温）：25 ～ 30℃
- 生育適温（気温）：20 ～ 25℃
- 原産地：中国東北地方
- 日当たり：日なた

材料　1プランター8株分

- 種…12粒
- 培養土…約14ℓ
- ジフィーポット（直径5.5㎝）…4個
- 種まき用培養土と赤玉土（細粒）を等量混ぜた種まき用の土…300㎖
- 標準60プランター（14ℓ）…1個
- 元肥用肥料（IB）…約16g、（過石）…約8g
- 追肥用肥料（8-8-8）…約8g
- 新聞紙…2～3枚

ここがポイント

1. 種まきは気温が十分に上がってから。
2. 出芽までは水のやり方に注意する。
3. 本葉2枚が開ききる前に植え付ける。
4. 増し土をして、株の倒伏を防ぐ。

エダマメは、ダイズの豆が熟す前に莢ごと収穫して食べる野菜です。ビールのおいしい6～8月の夏に収穫するには、温暖地ならば2～5月中旬に春まきする必要があります。ただ4月いっぱいまでは気温が低く、発芽に適した25～30℃の地温を保てず失敗しがちです。農家は加温や保温で適温を保ち種まきしています。私たちも4月中旬までは加温を、下旬は夜間の保温をすれば栽培できます。

一方で気温が十分に上がる夏まきならば手間をかけずにおいしいエダマメが温暖地や暖地で9月下旬から収穫できます。その場合の種まき適期は、7月下旬～8月下旬です。春と夏の間の種まきは、開花と高温時期が重なり、花粉の受精能力が低下して莢がつきにくくなるので避けます。夏まきは品種選びも大切です。気温が高いと開花や収穫が早まる極早生～中早生の品種を選びます。中・晩生だと莢が充実する前に寒さが来てしまいます。

もう一つ、出芽までの水やりの方法も重要です。ダイズは出芽に多くの酸素が必要です。水が多いと空気が吸えず腐ってしまいます。種をまいたらたっぷりやり、その後は出芽までできるだけひかえるようにします。

ダイズの原産地は中国東北地方。例えば瀋陽の5～9月の平均気温は21℃。これは山形県鶴岡市とほぼ同じです。同地方特産「だだちゃ豆」がおいしいのもうなずけます。

病害虫情報

ダイズサヤタマバエ　未熟な莢の中で幼虫が食害し豆が入らなくなる。夏まきは発生しやすく注意する。

ハダニ類　ベランダなど乾燥しやすい環境で発生。葉の表面はカスリ状になり退色し、たくさん発生すると生育が悪くなる。発生初期に薬剤散布する。

ワタノメイガ　幼虫が葉を巻いて中から葉を食害する。8～9月の発生が多い。手で捕殺する。

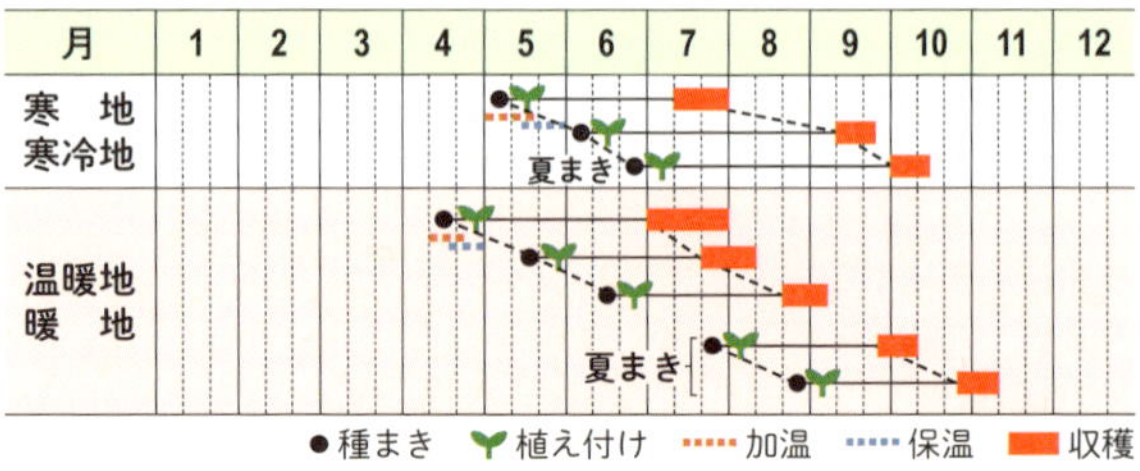

1 種まき

ジフィーポットに種まき用の土を入れ、種のへそを横にして3粒を置き、1粒ずつ指で押し込む。

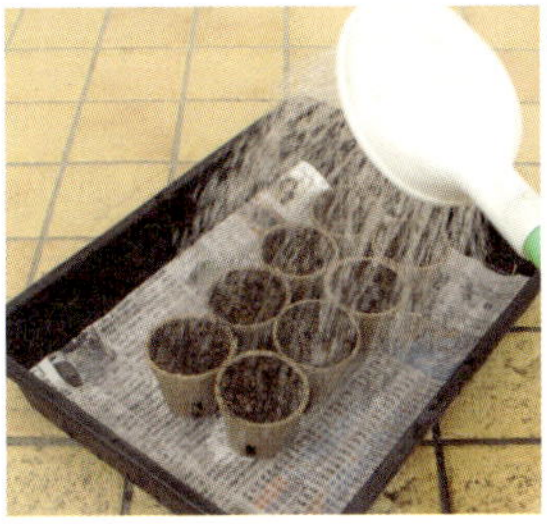

新聞紙を敷いたトレーにジフィーポットを置き、水をたっぷりやる。トレーは、日当たりがよく雨がかからない軒下などへ置く。

新聞紙を上にかけ、乾燥と鳥害を防ぐ。28°Cの適温ならば3、4日で芽が出始める。

コツ

芽が出るまで上からの水やりは種まき直後の1回のみにする。乾いたらポット下の新聞紙へ水やりする。出芽後は上からかけてもよい。

2 間引きと植え付け

種まき後5〜9日ほど、本葉(初生葉《しょせいよう》)2枚が開ききる前に間引いて2株にする。

プランターに元肥を混ぜた土を入れ、植え穴を15cm間隔で4カ所開け、ジフィーポットごと植え付ける。土を寄せ、水をやる。

ダイズやインゲンの本葉は最初の2枚は葉が1枚だけの単葉で、3枚目以降は小葉3枚からなる複葉となる。最初の2枚は形態が違うため「初生葉」と呼び分けられる。

3 増し土

種まきから約18日、初生葉を含む本葉6枚が開いたら株元に土(約3ℓ)を足す。株が倒れると莢つきが悪くなる。夏場は直射日光による地温上昇で根傷みするのを防ぐ。

4 摘心・追肥

植え付け後20〜30日、開花が始まる頃に、本葉6枚を残して芽をはさみで切り(摘心)、葉のわきから出る側枝を伸ばす。伸びた側枝にも莢がつき、たくさん収穫できる。

追肥(8-8-8)約8gを施し、株元に土を寄せておく。開花後は、莢の実を充実させるため、土が乾かないように注意。

コツ

開花が終わり、莢が大きくなる時期は害虫に注意し、発見したら早めに防除する。

5 収穫

株の真ん中あたりの莢がふくらんできたら、株ごと刈り取り収穫する。株から外した莢は鮮度が落ちやすいので早めにゆでて食べる。

コツ

保存したいときは、莢を外さず株ごと新聞紙にくるんで冷蔵庫に入れておく。

難易度 ★☆☆

ラッカセイ

黒ラッカセイ

「黒ラッカセイ」
多い時は1莢に4粒程度の豆が入る。
黒皮で、煎り豆用の半立・中生品種。
煎り、茹で兼用の立性・中生品種
「ナカテユタカ」も。

基本情報

マメ科ラッカセイ属

- 発芽適温（地温）：23 ～ 30°C
（大粒品種25 ～ 30°C）
- 生育適温（気温）：25 ～ 30°C
- 原産地：南アメリカ（ブラジルからアルゼンチンにかけて）
- 日当たり：日なた

材料　1プランター6株分

- 種…6粒　• 培養土…約45ℓ
- ジフィーストリップ（5㎝角）…6個
- 種まき用培養土…約330㎖
- 大型73プランター（45ℓ）…1個
- 元肥用肥料（8-8-8）…約18g、（過石）…約6g、（硫加）…約3g
- 針金で作ったU字ピン…適宜

ここがポイント

1. 適期・適温に播種して一斉に出芽。
2. 開花時期は極力雨に当てない。
3. 莢がつき、肥る時期は乾燥を避ける。
4. 気温が下がり乾燥してから収穫する。

ラッカセイ（落花生）は名前の通り、開花後に莢の元になる子房と花梗《かこう》が発達した子房柄《しぼうへい》が土の中へ入り、先端の子房が膨らんで実の入った莢になるユニークな作物です。

栽培は、種まき、開花、莢がついて肥る3つの時期に注意します。原産地は南米のブラジルからアルゼンチンにかけて。高温・多湿で適度の降雨がある環境を好みます。発芽温度の下限は地温で17℃、最低気温15～17℃ですが、適温は高く、生育中も高温を好みます。種まきは十分に温度がとれるよう余裕を持ち温暖地で5月中～下旬に始めます。また、6月上～中旬の遅まきもできます。

開花は種まき後40日前後。収穫できる莢になる花は開花始めから30日に集中します。この時期が梅雨と重なる5月まきでは雨と低温で開花数を減らさないことが大切です。コンテナの移動で長雨を避け、花数を増やします。

一転、梅雨明け後7月下旬～8月中旬の莢ができて肥る時期は水分が必要です。梅雨明け後の水やりで4割増収した例もあるので、乾燥するこの時期は積極的に水やりします。

現在の品種は、ほとんどが大粒で、草姿は株が立ち株元に莢が集中する早生～中生の立性品種と、分枝が横に伸び途中で立ち上がる中生～晩生の半立性の品種です。収穫までは開花後2～3カ月かかるので、遅まきや寒い地域では早生～中生品種を使います。

病害虫情報

茎腐病　6～7月頃に若い株が急に萎れて黄化し、枯れる。種子伝染するので購入した種を使う。

白絹病　高温期に多湿で地際部を菌糸が侵し、生育不良や枯死する。株元が菌糸で白くなる。感染した株は早めに土と一緒に取り除き土中深くに埋める。

ヒョウタンゾウムシ類　成虫が若葉を食害し葉に左右対称の穴が開く。幼虫が地中で莢を食害する。

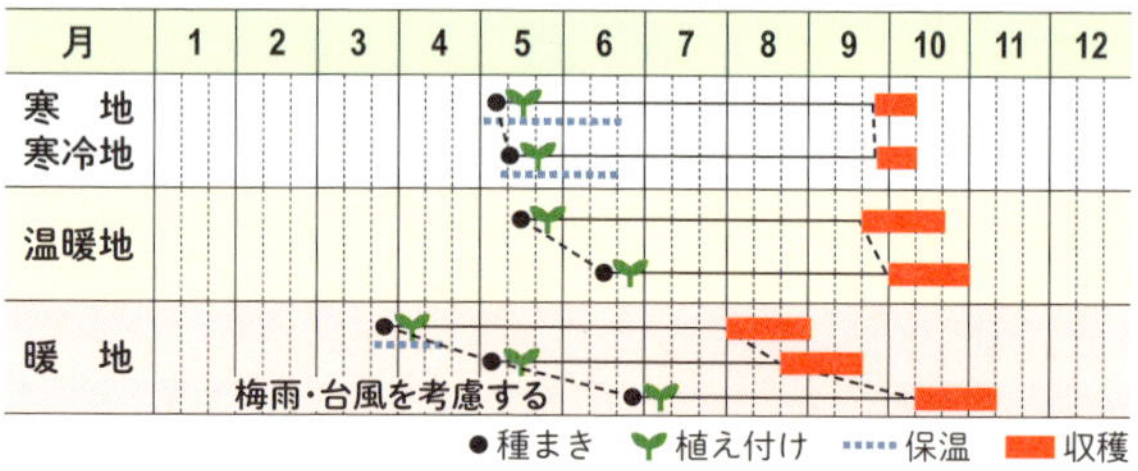

1 芽出し

種を室内で6〜8時間水に浸す。途中、2、3回水を換える。莢から取り出す場合、極大粒と未熟粒は発芽能力が低いので使わないようにする。

ジフィーストリップへ種まき用培養土を詰め、芽出しした種を1粒ずつ横向きに置き、深さ約3cmまで指で押し込む。

コツ

幼根のある尖った方を下向きにした方が出芽はよく、上向きだと悪くなるが、上下を間違いやすいので横向きにまく。

2 種まき

土を厚くかけ、水やりする。土が過湿だと種が腐るので、種まきの際しっかり水をやり、出芽までは乾いてきたらサッとやる程度に。

コツ

適温なら5日ほどで出芽するが、地温が低いと10日ほどかかることも。17℃以下では発芽しないので、適温になるよう保温する。出芽後はナメクジによる食害があるので、見つけ次第捕殺するか粒剤をまく。

3 植え付け

種まき後14日ほど、本葉が2〜3枚になったらジフィーストリップをはさみで切り離して植え付ける。植え付け前にはしっかり水やりを。

元肥を混ぜた土をプランターへ入れ、条間10cm、株間20cmで、全体では6株を植え付ける。

植え付け後は、しっかり水をやる。栽培中の過湿は厳禁だが、葉が閉じていたら乾いているので水をやる。

コツ

カルシウム（石灰）を好むので、土のpHを測定して6.0〜6.5の適正pH以下ならば苦土石灰などで事前に矯正しておく。

4 中耕・土寄せ

7月上〜中旬の開花期に、除草も兼ねて土を軽く耕し（中耕）、土を寄せる。中耕すると子房柄が地中へ潜りやすくなる。梅雨時期なので、雨がかからないよう注意。

5 茎留め

莢がつき始める7月下〜8月上旬、半立ち性の品種（千葉半立、黒ラッカセイなど）は、分枝が伸びて開花が盛んに続く。

分枝がコンテナから出てしまうと、子房柄が土へ潜れないので、分枝を針金を曲げて作ったU字ピンなどで留める。

コツ

莢がつく時期（結莢期）と8月中旬までの莢が肥る時期（莢肥大期）は高温・乾燥期と重なるが、水不足になると空莢が多くなるので水やりする。

6 収穫

掘り取りは早いもので10月下旬から。あわてずに気温が低下し、乾燥してくる時期に行なう。

収穫の目安（開花後の日数）

早生　郷の香など　75日
中生　ナカテユタカ、黒ラッカセイなど　80日
晩生　千葉半立　95日　おおまさり　90日

掘り起こしたら莢部分を上にプランターの上で5〜7日ほど天日干しする。品質が落ちるので霜に当てないこと。

天日干し後、莢を外して雨の当たらない風通しのよいところで40〜50日干してできあがり。花は次々に咲くが、莢になるのは全体の20％以下。空莢が多くても失敗ではない。

炒り豆は…

莢を紙袋に入れて電子レンジ600W1分で加熱し、袋を振る。これを3回くり返すとできあがり。

難易度 ★★☆

ソラマメ

「打越一寸（うちこしいっすん）」
大粒の豆が3粒入る莢が多くつき、
草勢や寒さに強く栽培しやすい。
寒地・寒冷地の春まきで低温処理
を必要としない「駒栄」もおすすめ。

基本情報

マメ科ソラマメ属

- 発芽適温（地温）：20°C前後
- 生育適温（気温）：16 ～ 20°C
- 原産地：中東や北アフリカの地中海沿岸など諸説
- 日当たり：日なた

材料　1プランター2株分

- 種…2粒
- 培養土…約39ℓ
- ジフィーストリップ（5㎝角）…2個
- 種まき用培養土…約110㎖
- 深型70プランター（36ℓ）…1個
- 元肥用肥料（8-8-8）…約82g、（過石）…約18g
- 追肥用肥料（8-8-8）…約42g
- 支柱（長さ150㎝）…4本
- ひも…適宜

ここがポイント

1 播種時期を守る。

2 側枝は早めに4～6本に間引く。

3 不要な若莢を取り除き、1節1莢に。

4 莢がつき始めたら土の乾きに注意。

原産地は中東や北アフリカなど諸説あるソラマメ。人類とのご縁は数千年になる世界で最も古い作物の一つです。栄養豊富で、マメ類の中では寒さに強いことから世界各地で栽培されています。

腐敗や出芽揃い低下による欠株、生育初期にアブラムシがつくことによるウイルス病被害を避けるために育苗します。種まきは、平均気温が発芽適温の20℃ぐらいの頃にします。ソラマメは種まき後、ごく初期に5℃以下の低温に遭い花芽を作ります。そのため、暖地や温暖地では秋まきします。本葉5枚までの幼苗は氷点下5℃でも耐えますが、早く種まきして苗が大きくなると冬越しできません。

一方で、冬の寒さが厳しい寒地や寒冷地は、春まきします。保温などで出芽を促します。この場合、幼苗期に低温に遭わない可能性があり低温処理します。このようにソラマメは、種まきや生育できる時期が限られ、収穫の最盛期は5～6月で今でも旬がある野菜です。

生育の初めに主枝の下位2節から出る複数の側枝を整理し使います。花が咲くと莢は数節、1節に1～3個の莢がつきます。早めに花や莢を摘み1節1莢にし、さらに側枝を摘心して莢に栄養を集中させて収量を高めます。

収穫後は鮮度が落ちやすく「おいしいのは三日だけ」と言われるほど。自分で作れば旬を逃さず採れたての味や香りを楽しめます。

秋まき

病害虫情報

アブラムシ類　春3月以降多発する。若い葉につくので適期に側枝を摘心する。まめに3、4回手で捕殺すると発生が止まる。

モザイク病　葉がモザイク症状になり縮むような症状は、ウイルス感染が疑われるので株ごと抜き取る。

種皮しみ様褐変症（しみ症）　莢の肥大時期の水分不足で種皮にシミ様の褐色の斑点が発生する生理障害。

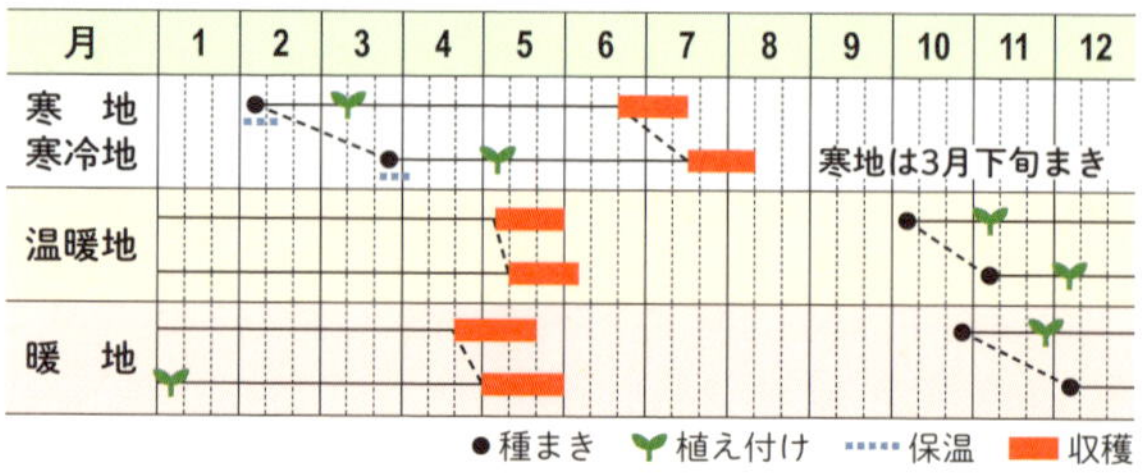

1 種まき

ピートモスでできているジフィーストリップは、鉢のまま植えられ、植え付けの時に土が崩れにくく、根傷みを小さくできる。移植を嫌うマメ類に適している。

鉢へ種まき用の培養土を入れ、へそ（おはぐろ）を必ず真下にして、大きな種が、息ができるようお尻が土から少し出るように差しこむ。最後にしっかり水やりしておく。

種が少し出ているため鳥にいたずらされやすい。出芽まで不織布を1枚かけておく。発芽適温は20℃前後なので、出芽まで夜は室内で管理するとよい。

2 植え付け

種まき後2週間前後で出芽する。ソラマメの子葉は地上で開かず、本葉が出てくる。

出芽後2週間ほど、本葉2枚でプランターへ植え付ける。鉢が連結したジフィーストリップをはさみで切り分けて使う。

株間を40㎝空け、1株ずつ植え付け、根付きを促すため水やりする。

コツ

植え付けが遅くなると、根が傷みやすくなるので適した時期に確実に植える。

3 摘心

種まきから約40日。莢をつけるための茎（側枝）がたくさん出るよう、本葉6枚のうち5枚を残して先端の芽を摘み取る。

4 整枝・追肥・支柱立て・誘引

春になり側枝が伸びてきたら、細かったり伸びが悪かったりする側枝を、はさみで地際から切り、太い側枝を4～6本残すようにする。

整枝後、追肥（8-8-8）約42gを施す。

さらに株元に約3ℓの培養土を足しておく。

6 摘花と摘莢

1節に花が2、3花咲くので、茎に近い花を1花にするか、莢が若いうちに子実(豆)が多く入った形の良い莢を1節に1莢残す。

コツ

大きな莢は摘莢の効果が小さいので、6㎝以内の若莢を摘み採る。莢は肥大に多くの水分を必要とする。土が乾き過ぎないように必要に応じて水をやる。

7 収穫

開花後35～40日。暖地で4月下旬、温暖地で5月中旬、寒地・寒冷地は6月上旬から。立っていた莢が下に垂れ、表面にツヤが出て、背筋が黒褐色になったら食べ頃のサイン。

試しに莢を剥き、豆を取り出し、おはぐろが黒くなり始めていればさらにOK。

続いて150㎝の支柱をプランターの四隅に立てる。

ひもを横に張る。

側枝は、振り分けてひもへ誘引する。

コツ

横に張るひもは、側枝の伸長に応じて上に追加し、同様に誘引する。

5 側枝の摘心

気温が20℃を超えると生育が悪くなり、側枝の上の方は開花しても莢がつきにくく、若い芽にはアブラムシがつきやすくなるので、本葉16枚ほどで側枝の芽を摘み取る。

コツ

早めに摘心することで、残した莢へ栄養が集中し、株全体に光が当たるようになり、莢数や実入りが良くなり、収穫も早まる。

品目ごとの株当たり施肥量と好適pH※1

掲載頁	品目	元肥		追肥			好適pH	備考
		肥料の種類※2	1株当たり施肥量(g)	肥料の種類※3	追肥1回当たりの1株当たり施肥量(g)	追肥回数		
38	ベビーリーフ	速効性(普通)	4(土1ℓ当たり)	—	—	—	6.0～6.5	肥料入りの野菜用培養土であれば原則施肥しないが、再生土を使う場合は土1ℓ当たり速効性(普通)3.8gを施す。
40	サンチュ	緩効性(IB)	14	緩効性(IB)	2	3～4	6.0～7.0	春まき(春どり)の施肥量。秋まき(秋どり)は0.5、秋まき(冬どり)では0.8倍量にする。摘み採り収穫は最初の収穫から1週間に1回500倍に希釈した液肥、あるいは月1回(IB)2g／株を施用。
42	コマツナ	速効性(普通)	2	緩効性(IB)	2	4～5	5.2～6.8	大鉢など等での摘み採り収穫は最初の収穫から月1回(IB)2g／株施用。
44	チンゲンサイ	緩効性(IB)	4	緩効性(IB)	3	1	6.0～6.7	
46	ルッコラ	速効性(普通)	2	速効性(普通)	0.3	1	6.0～7.5	追肥は、株採り収穫後の摘み採り収穫用。
48	エンサイ	緩効性(IB)	6	速効性(普通)	1	8～10	5.5～6.5	追肥は最初の収穫から10～14日おきに施用。
50	バジル	緩効性(IB)	25	速効性(普通)	1	3	6.0～6.5	追肥は最初の収穫から21日おきに施用。
		リン酸(過石)	5					
52	シソ(オオバ)	緩効性(IB)	34	速効性(普通)	1	15	6.0～6.7	追肥は最初の収穫から7日おきに施用。600倍に薄めた液肥でも代用可。
54	ホウレンソウ	緩効性(IB)	3	—	—	—	6.4～7.2	秋まき(秋どり)の施肥量。施肥量は秋まき(冬どり)で1.25倍、冬春／夏まきでは0.4倍にする。
57	ミニセルリー	緩効性(IB)	11	速効性(普通)	5	1	6.6～6.8	追肥は植え付け後30～40日のわき芽かきに合わせて1回施用。
59	スープセルリー(キンツァイ)	緩効性(IB)	1	速効性(普通)	0.2	2	6.6～6.8	追肥は2回の間引きごとに2回施用。 摘み採り収穫で長く栽培する場合は2週間おきに同量を施す。
60	ブロッコリー	緩効性(IB)	20	速効性(普通)	6	3	6.2～6.8	追肥は花芽分化期と花蕾発達期の2回、頂花蕾収穫時の1回の合計3回使用。
62	カリフラワー	緩効性(IB)	49	速効性(普通)	17	2	6.2～6.8	追肥は花芽分化期と花蕾発達期の2回施用。
		リン酸(過石)	11					
64	メキャベツ	緩効性(IB)	54	速効性(普通)	6	4	6.0～7.0	追肥は、1回目が植え付け後14～21日、2回目がその21日後、3・4回目は前の追肥からそれぞれ30日後に施す。
		リン酸(過石)	15					
66	タマネギ	緩効性(IB)	3	速効性(普通)	2	3	6.0～6.8	中生・中晩生品種で12、2、3月各中・下旬の3回追肥。別途育苗用(IB)3.0g。
		リン酸(過石)	0.7					
68	ネギ(根深ネギ)	緩効性(IB)	3	速効性(普通)	0.7	2	6.0～7.0	追肥は、1回目が夏前の植え付け後20～30日、2回目は9月に入ってからの計2回施用。 追肥にリン酸が入っている場合は元肥の過石は不要。畑なら3～5回土寄せ時に同量施用。
		リン酸(過石)	2					
70	葉ネギ	緩効性(IB)	0.7	速効性(普通)	0.2	2	6.0～7.0	追肥は種まき後40日の最後の間引きで1回、その後は葉の色が薄くなってきたら同量を施す。
71	トマト	緩効性(IB)	55	速効性(普通)	6	4	5.8～6.6	別途育苗用(IB)1.8g。植穴施肥は元肥20％減。追肥は第1・3・5花房果実ピンポン玉大、および摘心時に実施。
		リン酸(過石)	21					
74	ミニトマト	緩効性(IB)	77	速効性(普通)	14	10	5.8～6.6	別途育苗用(8-8-8)1.3g、(IB)1.8g。植穴施肥は元肥20％減。追肥は第3花房開花前(第2花房着果)から週1回施す。
		リン酸(過石)	22					
76	ナス	緩効性(IB)	300	速効性(普通)	38	8	6.0～7.0	別途育苗用(IB)3.6g。植穴施肥は元肥20％減。追肥は収穫始めから2週間おきに施用。
		リン酸(過石)	43					
79	ピーマン	緩効性(IB)	204	速効性(普通)	20	7	6.0～6.5	別途育苗用(IB)2.6g。植穴施肥は元肥20％減。追肥は植え付け後約60日から2週間おきに施用。
		リン酸(過石)	52					
83	キュウリ	緩効性(IB)	88	速効性(普通)	13	10	6.0～6.8	追肥は最初の果実の肥大始めから7日おきに施用。
86	メロン	緩効性(IB)	180	速効性(普通)	25	2	6.0～6.8	別途育苗用(IB)1.8g。植穴施肥は元肥30％減。 追肥は両性花開花始めと果実がピンポン玉大の頃の2回施用。
		リン酸(過石)	160					
89	小玉スイカ	緩効性(IB)	116	速効性(普通)	124	1	5.5～7.0	別途育苗用(IB)1.4g。 追肥は授粉や摘果前後の時期に葉色が薄い場合に施用。
		リン酸(過石)	170					
92	オクラ	緩効性(IB)	12	速効性(普通)	4	5	6.0～6.8	追肥は最初の収穫から14日おきに施用。
94	スイートコーン	緩効性(IB)	27	速効性(普通)	8	3	6.0～6.8	追肥は幼穂形成期(本葉5～6枚)、雄穂抽出期(本葉7～8枚)、 絹糸抽出期(雄穂開花の1～3日後)の3回施用。
97	イチゴ	緩効性(IB)	15	速効性(普通)	9	2	5.5～6.5	追肥は植え付け後1カ月と年明け後2月中～下旬(寒地・寒冷地は3月下旬もしくは雪解け後)の2回施用。
		リン酸(過石)	18					
100	ダイコン	速効性(普通)	18	速効性(普通)	5	2～3	5.5～6.8	追肥は本葉5～6枚と15～20枚の2回。9月下旬まきや年明けどりは2回目から1カ月後にもう1回同量を施す。
		リン酸(過石)	3					
102	ハツカダイコン(ラディッシュ)	速効性(普通)	2	—	—	—	5.5～6.8	
104	カブ	緩効性(IB)	2	—	—	—	5.2～6.8	中カブの施肥量。小カブは元肥の量を30％減。
		リン酸(過石)	0.6					
106	ニンジン	緩効性(IB)	3	速効性(普通)	0.7	1	5.8～6.4	追肥は種まき後35～40日(本葉4～5枚)で施用。
		リン酸(過石)	3					
107	ミニニンジン	緩効性(IB)	0.18	速効性(普通)	0.05	2	5.8～6.4	元肥はIB化成約4粒を種まき後条間に均等に指で押し込む。 追肥は1回目が本葉3～4枚、2回目が5～6枚の間引き時に施用。
108	ジャガイモ	速効性(普通)	21	速効性(普通)	6	1	5.0～6.5	追肥は春作のみで出芽後10日で施用。
		リン酸(過石)	11					
110	サツマイモ	速効性(普通)	17	速効性(普通)	3	1	5.5～6.5	追肥は7～8月に葉色が黄色い場合に施用。
		リン酸(過石)	8					
		カリ(硫加)	3					
112	サトイモ	速効性(普通)	25	速効性(普通)	15	2	5.5～6.5	追肥は1回目が植え付け後21日、2回目は1回目の21～28日後で施用。
		リン酸(過石)	14					
		カリ(硫加)	4					
114	ショウガ	緩効性(IB)	26	速効性(普通)	7	3	5.5～6.5	追肥は1回目が植え付け後60～70日、2回目が1回目の30日後、3回目は2回目の30日後。
		リン酸(過石)	8					
116	サヤインゲン(つるなし)	緩効性(IB)	19	速効性(普通)	—	—	6.0～6.5	
116	サヤインゲン(つるあり)	緩効性(IB)	39	速効性(普通)	12	2	6.0～6.5	追肥は1回目が着莢初期、2回目が収穫盛期に施用。
118	サヤエンドウ スナップエンドウ グリーンピース	緩効性(IB)	2	速効性(普通)	5	2	6.0～7.0	追肥は1回目が着莢初期、2回目が収穫開始2週間で施用。
		リン酸(過石)	5					
		カリ(硫加)	0.8					
120	エダマメ	緩効性(IB)	2	速効性(普通)	1	1	6.0～6.5	追肥は植え付け後20～30日(開花開始頃)に施用。
		リン酸(過石)	1					
122	ラッカセイ	速効性(普通)	3	—	—	—	6.0～6.5	
		リン酸(過石)	1					
		カリ(硫加)	0.5					
124	ソラマメ	速効性(普通)	41	速効性(普通)	21	1	6.0～6.5	追肥は側枝の伸び始めに施用。
		リン酸(過石)	9					

※1：コンテナを変えた場合の株数の増減、また成分量の異なる肥料を使う際の施肥量計算の参考にしてください(➜16頁)。
※2：肥料は入手しやすいものとして速効性(普通)は普通化成(8-8-8)、緩効性(IB)はIB化成(10-10-10)、リン酸(過石)は過リン酸石灰(0-17.5-0)、カリ(硫加)は硫酸カリ(0-0-50)を事例として使っています。また、リン酸およびカリは、元肥に使っている緩効性(IB)もしくは速効性(8-8-8)肥料に含まれる各成分の差分で計算しています。
※3：追肥の種類はリン酸の含まれる緩効性(IB)もしくは速効性(8-8-8)肥料を使用していますが、追肥ではリン酸分の施用は必要ない、もしくは少なくてよいので、リン酸分を含まない、あるいは少ない肥料の入手ができるようならそれらを使っても構いません。

● 著者略歴 ●

淡野　一郎（あわの　いちろう）

1963年横浜市生まれ。神戸大学大学院農学研究科を修了後に種苗会社で品種育成、広報宣伝などに携わる。畑のほか、自宅で鉢やプランターなどを使ったコンテナでの菜園歴は20年以上。著著に『かんたん かわいい ミニ&ベビー野菜ガーデニングノート』（農文協）、『ここまでできる！ ベランダでコンテナ菜園』（家の光協会）、『中学校 新技術・家庭　技術分野』（共著、教育図書）など。「畑はベランダ」（朝日新聞）、「わが家で簡単園芸」（産経新聞）などの新聞コラムも多数。

写真 ＝ 表記のないものは淡野一郎

イラスト ＝ アルファ・デザイン

プランター・鉢・袋でここまでできる

コンテナ菜園の完全攻略レシピ

2025年4月5日　第1刷発行

著　者　**淡野　一郎**

発行所　一般社団法人　農山漁村文化協会

〒335-0022　埼玉県戸田市上戸田2丁目2－2

電話　048（233）9351（営業）　048（233）9355（編集）

FAX　048（299）2812　　振替 00120-3-144478

URL　https://www.ruralnet.or.jp/

ISBN 978-4-540-24141-3　　DTP制作／(株)農文協プロダクション

〈検印廃止〉　　印刷・製本／TOPPANクロレ(株)